Scénarios d'action pour l'élimination de la pollution plastique à l'horizon 2040

OCDE
DES POLITIQUES MEILLEURES
POUR UNE VIE MEILLEURE

Ce document a été réalisé avec l'aide financière du Royaume-Uni et de l'Union européenne.

Merci de citer cet ouvrage comme suit :
OCDE (2024), *Scénarios d'action pour l'élimination de la pollution plastique à l'horizon 2040*, Éditions OCDE, Paris, https://doi.org/10.1787/3d74f967-fr.

ISBN 978-92-64-59569-9 (imprimé)
ISBN 978-92-64-79992-9 (PDF)
ISBN 978-92-64-71990-3 (HTML)
ISBN 978-92-64-38825-3 (epub)

Crédits photo : Couverture © FOTOKITA/Shutterstock.com.

Les corrigenda des publications de l'OCDE sont disponibles sur : https://www.oecd.org/fr/publications/support/corrigenda.html.

Préface

Les matières plastiques sont aujourd'hui omniprésentes tant elles offrent une flexibilité et une polyvalence difficiles à égaler. Cependant, la hausse de leur production et de leur utilisation, en particulier dans le cadre d'applications à courte durée de vie, entraîne depuis plusieurs décennies une augmentation des déchets et de la pollution plastiques. Cette pollution se retrouve dans l'eau que nous buvons, l'air que nous respirons et les aliments que nous consommons. Elle représente une menace grandissante pour l'environnement et la santé publique, et elle a des conséquences pour la durabilité de la croissance économique et le bien-être humain. En l'absence de politiques publiques plus ambitieuses, la production, l'utilisation et les déchets de plastique augmenteront de 70 % d'ici 2040.

Les négociations en cours sur un instrument international juridiquement contraignant ciblant la pollution plastique offrent aux gouvernements une occasion unique d'engager une action mondiale vigoureuse contre ce problème d'environnement. Mettant à profit le cadre de modélisation des précédentes publications phares présentées par l'OCDE dans la série *Perspectives mondiales des plastiques*, le présent rapport se propose d'apporter une contribution à ces négociations en décrivant une trajectoire viable vers l'arrêt des rejets de plastique dans l'environnement à l'horizon 2040.

La production, l'utilisation et les déchets de plastique ont plus que doublé depuis 2000, et d'importantes quantités aboutissent chaque année dans l'environnement. Le *statu quo* est intenable, car les flux de plastique et leurs impacts environnementaux continuent de croître rapidement. Au moment où les gouvernements de la planète se réunissent pour tenter de relever ce défi, notre analyse met en lumière les avantages environnementaux et les coûts économiques de plusieurs scénarios d'action publique qui simulent l'application de dix instruments à diverses étapes du cycle de vie des plastiques, de façon plus ou moins rigoureuse et à différentes échelles géographiques.

L'objectif d'élimination de la pollution plastique ne pourra être atteint que si tous les pays mènent une action ambitieuse en appliquant des mesures à toutes les étapes du cycle de vie des plastiques. Pour surmonter les difficultés techniques, économiques et liées à la gouvernance, des efforts appuyés de coopération internationale et de mobilisation de ressources seront essentiels.

Je forme le vœu que les conclusions du présent rapport puissent servir de référentiel aux négociateurs et aux décideurs publics pour élaborer le traité et envisager de nouvelles politiques permettant de mettre un terme à la pollution plastique. L'OCDE est déterminée à aider les gouvernements à concevoir, élaborer et mettre en œuvre les politiques ambitieuses et coordonnées nécessaires pour relever ce défi.

Jo Tyndall

Directrice, Direction de l'environnement de l'OCDE

Avant-propos

Les plastiques sont porteurs de nombreux avantages pour la société, mais leur cycle de vie – de l'extraction des matières premières à l'élimination, en passant par la production des polymères et leur utilisation – contribue largement à la pollution, au changement climatique et à l'appauvrissement de la biodiversité. Les politiques actuelles ne sont pas de nature à peser notablement sur l'évolution des flux de matières plastiques et de la pollution qui en résulte, mais des négociations sont en cours en vue d'élaborer un instrument international juridiquement contraignant sur la pollution plastique propice à des politiques publiques plus ambitieuses et mieux coordonnées.

À la lumière de ces négociations, le présent rapport vise à apporter des éclairages sur l'efficacité potentielle de différentes versions d'un traité international en termes de réduction et d'éradication de la pollution plastique, ainsi que sur les coûts de mise en œuvre correspondants. Il s'inscrit dans le prolongement des rapports *Perspectives mondiales des plastiques : Déterminants économiques, répercussions environnementales et possibilités d'action* et *Perspectives mondiales des plastiques : Scénarios d'action à l'horizon 2060*, tous deux publiés en 2022. Les scénarios d'action qu'il présente portent sur une réduction accélérée des flux et de la pollution plastiques, l'échéance étant fixée à 2040.

La méthodologie appliquée repose sur le cadre méthodologique de base décrit dans les précédents ouvrages de la série *Perspectives mondiales des plastiques*, et permet de quantifier les principaux mécanismes déterminant la production et l'utilisation de plastique, les déchets plastiques et la pollution connexe. À partir de modélisations environnement-économie de pointe, nous présentons dans ce rapport des projections sectorielles et régionales détaillées concernant le cycle de vie des plastiques, y compris pour différents polymères et différentes applications, la production de déchets et leur traitement, ainsi que les rejets dans les milieux aquatique et terrestre.

Sur la base de ces résultats, nous présentons et comparons ensuite différents scénarios d'action plus ou moins ambitieux. Outre le scénario de référence, le rapport décrit cinq scénarios d'action qui se distinguent les uns des autres en fonction de trois caractéristiques : la couverture géographique (mondiale ou limitée aux économies avancées), la couverture du cycle de vie (politiques ciblant largement ce cycle ou uniquement les phases aval) et la sévérité ou rigueur des mesures (rigueur élevée, rigueur faible ou mesures actuelles). Tous les scénarios retiennent dix instruments d'action répartis en quatre catégories en fonction de leur finalité : i) limiter la production et la demande de plastique, ii) encourager la conception pour la circularité, iii) renforcer le recyclage et iv) fermer les voies de rejet.

Ce document a été approuvé par le Comité des politiques d'environnement de l'OCDE le 2 août 2024, et mis en forme pour publication par le Secrétariat de l'OCDE.

Remerciements

Ce rapport a été préparé par Rob Dellink et Elena Buzzi (Direction de l'environnement de l'OCDE), sous la direction de Shardul Agrawala, Chef de la Division de l'intégration de l'environnement et de l'économie de la Direction de l'environnement de l'OCDE. Peter Börkey (Direction de l'environnement de l'OCDE) a accompagné par ses contributions et ses avis d'expert l'ensemble du processus d'élaboration du rapport. Ruben Bibas (Direction de l'environnement de l'OCDE) a contribué au développement et à la mise au point du cadre de modélisation et formulé des commentaires utiles à propos des versions non définitives du rapport. Bum Cheul Park (précédemment Direction de l'environnement de l'OCDE) est le coauteur du chapitre 2 et a contribué à d'autres parties du rapport. Emma DeRoy, Kate Hassett, Yuko Ishibashi, Kumi Kitamori, Elisa Lanzi et Toon Vandyck (tous Direction de l'environnement de l'OCDE) ont formulé des observations utiles à propos des versions non définitives du rapport. Laurent Lebreton (The Ocean Cleanup) a apporté son concours pour la modélisation des rejets de plastique dans les milieux aquatiques.

Illias Mousse Iye (Direction de l'environnement de l'OCDE) a fourni un appui administratif. Emma DeRoy, Sarbjit Gill, Sebastián Higuera et Bum Cheul Park (Direction de l'environnement de l'OCDE) ont apporté de précieuses contributions à la préparation de l'ensemble des graphiques. Elizabeth Del Bourgo et Emma DeRoy (Direction de l'environnement de l'OCDE), ainsi que Catherine Bremer (Direction de la communication de l'OCDE) ont apporté leur concours aux activités de communication et d'ouverture en lien avec le rapport. Le rapport a été préparé pour publication par Meral Gedik (consultant indépendant).

Les auteurs remercient les délégués auprès du Groupe de travail sur la productivité des ressources et les déchets et du Groupe de travail sur l'intégration des politiques environnementales et économiques, qui ont examiné les versions non définitives du rapport. Leurs remerciements vont également au Royaume-Uni et à la Commission européenne, qui ont fourni des contributions financières.

Table des matières

GRAPHIQUES

INFOGRAPHIES

TABLEAUX

ENCADRÉS

Abréviations et sigles

ABS	acrylonitrile butadiène styrène
ACV	analyse du cycle de vie
ANUE	Assemblée des Nations Unies pour l'environnement
APD	aide publique au développement
ASA	acrylonitrile styrène acrylate
CO_2	dioxyde de carbone
EUR	euro
éq. CO_2	équivalent dioxyde de carbone
GES	gaz à effet de serre
Gt	gigatonne (milliard de tonnes)
Md	milliard
Mt	million de tonnes
OCDE	Organisation de coopération et de développement économiques
PBT	polytéréphtalate de butylène
PEBD	polyéthylène basse densité
PEBDL	polyéthylène basse densité linéaire
PEHD	polyéthylène haute densité
PET	polyéthylène téréphtalate
PIB	produit intérieur brut
PNUE	Programme des Nations Unies pour l'environnement
PP	polypropylène
PS	polystyrène
PUR	polyuréthane
PVC	polychlorure de vinyle
REP	responsabilité élargie des producteurs
R-D	recherche-développement
SAN	styrène acrylonitrile
UE	Union européenne
USD	dollar des États-Unis

Résumé

Dans ce rapport, nous étudions les avantages potentiels et les conséquences possibles d'actions internationales plus ou moins ambitieuses pour lutter contre la pollution plastique. Ses principaux messages sont les suivants :

1. **Le *statu quo* est intenable, car les flux de plastique et leurs impacts environnementaux continueront de croître rapidement.**
   a. La production annuelle de matières plastiques passera de 435 millions de tonnes (Mt) en 2020 à 736 Mt en 2040 selon le *scénario de référence*. La part des plastiques recyclés dans le total restera inchangée à 6 % (soit 41 Mt en 2040).
   b. La gestion des déchets devrait certes s'améliorer, mais pas au point d'absorber la croissance des déchets plastiques (qui passeront de 360 Mt en 2020 à 617 Mt en 2040), si bien que le volume de déchets mal gérés devrait atteindre 119 Mt en 2040 (contre 81 Mt en 2020).
   c. Les rejets de plastique dans l'environnement se poursuivront (leur volume passant de 20 Mt en 2020 à 30 Mt en 2040), et les effets délétères sur l'environnement et la santé s'en trouveront amplifiés. Le volume de plastique présent dans les cours d'eau et les océans sera quasiment multiplié par deux pour s'établir à 300 Mt en 2040, contre 152 Mt en 2020.
   d. Les émissions annuelles de gaz à effet de serre (GES) liées au cycle de vie des plastiques atteindront 2.8 gigatonnes d'équivalent dioxyde de carbone (Gt éq. CO_2) en 2040 (soit 5 % des émissions mondiales), contre 1.8 Gt éq. CO_2 en 2020, et seront surtout le fait de la production et de la transformation des plastiques.
2. **On ne pourra pas venir à bout de la pollution plastique par des demi-mesures, qu'il s'agisse d'une action axée uniquement sur l'amélioration de la gestion des déchets, d'une action de vaste portée mais peu rigoureuse ou d'une action ambitieuse sur l'ensemble du cycle de vie menée seulement par les économies avancées.**
   a. L'amélioration de la gestion des déchets dans tous les pays peut permettre de ramener la part des déchets mal gérés à 9 % d'ici à 2040 (contre 23 % en 2020). Néanmoins, 54 Mt de déchets plastiques resteraient ainsi mal gérés en 2040.
   b. L'application de mesures rigoureuses par les seules économies avancées a peu de chances de ramener le volume de déchets plastiques mal gérés en dessous des niveaux de 2020. De même, une action mondiale vaste mais peu ambitieuse n'est guère susceptible d'infléchir sensiblement les tendances du scénario de *référence*.
   c. De telles stratégies « d'ambition partielle » ne permettront pas de faire passer la production et l'utilisation de plastique primaire sous les niveaux de 2020. On ne pourra pas mettre fin à la mauvaise gestion des déchets plastiques sans appliquer des mesures très rigoureuses de limitation de la production et de la demande à l'échelle mondiale.
3. **L'application de mesures rigoureuses le long du cycle de vie des plastiques dans l'ensemble des pays peut empêcher une hausse de la production de plastique primaire par rapport à 2020 et faire cesser presque entièrement les rejets de plastique dans l'environnement à l'horizon 2040.**
   a. L'application conjuguée de politiques rigoureuses ciblant la production et la demande (limitant l'utilisation totale de plastique à 508 Mt en 2040) et de politiques favorisant le recyclage (permettant de quadrupler le taux de recyclage pour le porter à 42 %) peut garantir que la croissance de l'utilisation de plastique est entièrement couverte par les plastiques secondaires.

b. Une telle démarche peut permettre d'éliminer presque entièrement les déchets mal gérés d'ici à 2040 (puisque leur volume serait inférieur de 97 % à celui prévu dans le scénario de *référence*) et de réduire de 74 Mt le volume de matières plastiques parvenant dans les cours d'eau et les océans par rapport au scénario de *référence*.

c. Une action rigoureuse des pouvoirs publics peut ramener les émissions de GES liées au plastique à 1.7 Gt éq. CO_2 en 2040, bien en dessous des projections du scénario de *référence* (2.8 Gt éq. CO_2).

4. **Le coût macroéconomique d'une action mondiale ambitieuse est modeste dans l'ensemble, mais inégalement réparti entre les régions.**

   a. D'après les projections, la mise en œuvre d'une telle action ciblant les différentes étapes du cycle de vie entraînerait une perte de PIB mondial de 0.5 % en 2040 par rapport au *scénario de référence*, mais se traduirait aussi par une très nette amélioration de la situation de l'environnement. En procédant plus lentement, on peut espérer certains avantages économiques à court terme, mais on aboutit à des niveaux de pollution beaucoup plus élevés.

   b. Les pays non membres de l'OCDE supporteront des coûts plus élevés que les pays membres (perte de PIB de 0.6 % par rapport au *scénario de référence* en 2040 pour les premiers, contre 0.4 % pour les seconds), dans la mesure où les efforts les plus importants devront être déployés dans les pays dotés des systèmes de gestion des déchets les moins développés, à commencer par ceux d'Afrique subsaharienne (où la perte de PIB serait de 1.5 %).

5. **L'application d'une approche ambitieuse ciblant l'ensemble du cycle de vie à l'échelle mondiale nécessite de surmonter d'importants obstacles techniques, économiques et de gouvernance.**

   a. L'amélioration de la collecte des déchets, en particulier dans beaucoup de pays à faible revenu et à revenu intermédiaire, est primordiale pour réduire les déchets mal gérés, mais nécessite des cadres d'action solides et des sources de financements suffisants et stables.

   b. Pour mettre fin aux rejets de plastique à l'horizon 2040, il est nécessaire de faire progresser sensiblement le rendement et la qualité du tri et du recyclage des déchets dans l'ensemble des régions du monde (afin de porter le taux de recyclage mondial de 9.5 % en 2020 à 42 % en 2040). Il faut des marchés vigoureux des rebuts et des matières plastiques secondaires pour que le recyclage du plastique soit économiquement viable.

   c. Des efforts de recherche coordonnés et des normes harmonisées au niveau international sont nécessaires pour aboutir à des critères d'écoconception dont l'application permettra d'éliminer progressivement les matières plastiques problématiques ou inutiles et les substances chimiques dangereuses, ainsi que de faciliter le tri et le recyclage des déchets.

6. **Pour mettre fin aux rejets de plastique, il s'agira de mobiliser d'importantes ressources financières et de renforcer la coopération internationale.**

   a. Dans l'hypothèse de politiques inchangées, les besoins mondiaux en investissements pour gérer les déchets plastiques s'élèveront à 2 100 milliards USD entre 2020 et 2040. En cas d'application de politiques de réduction des déchets et de réorientation des flux d'investissement vers le tri et le recyclage des déchets, les investissements supplémentaires nécessaires pour mettre fin aux rejets de plastique pourraient se limiter à 50 milliards USD d'ici à 2040.

   b. La mise en œuvre de politiques efficaces nécessitera de mobiliser différentes sources de financement public et privé et de mettre les flux de capitaux au service d'interventions le long du cycle de vie des plastiques, notamment pour déployer à plus grande échelle les systèmes de réemploi et promouvoir l'écoconception.

c. On s'attend à ce que les pays en développement, qui sont souvent les plus vulnérables à la pollution plastique, engagent des efforts majeurs. Cela souligne la nécessité de renforcer la coopération et le financement internationaux. Le financement du développement peut jouer un rôle de catalyseur et mobiliser d'autres sources de financement.

d. Une montée en puissance de la coopération technique, du renforcement des capacités et du transfert de technologie est essentielle pour mettre en place des cadres d'action solides, fiabiliser les recettes nécessaires au financement de la collecte et du traitement des déchets dans le pays (responsabilité élargie des producteurs, par exemple) et cibler les applications problématiques.

7. Il est primordial de mettre fin aux rejets de plastique, mais d'autres facettes de la pollution plastique nécessitent également des interventions.

a. Nonobstant les importants avantages découlant d'une action mondiale ambitieuse, les politiques modélisées sont insuffisantes pour lutter contre toutes les facettes de la pollution plastique plutôt que contre les seuls rejets dans l'environnement. Des interventions ciblées supplémentaires seront nécessaires pour réduire les risques associés à la pollution par les microplastiques et aux substances chimiques préoccupantes.

b. Même dans le scénario d'action mondiale ambitieuse, la quantité de plastique présent dans les cours d'eau et les océans continuera d'augmenter pour atteindre 226 Mt en 2040 (contre 151 Mt en 2020). Des interventions de dépollution efficaces et économes seront nécessaires pour atténuer les risques environnementaux et sanitaires, surtout dans les endroits très pollués.

c. Pour réduire davantage encore les émissions de GES liées au plastique afin qu'elles soient compatibles avec la réalisation des objectifs de l'Accord de Paris, il conviendra de prendre des mesures ciblées, y compris, le cas échéant, de réformer le soutien public à la production et à la transformation de polymères primaires.

1 Vers l'élimination de la pollution plastique : cartographie des voies possibles

Ce chapitre présente les principaux éclairages apportés par le rapport et les replace dans un contexte plus large. Il fournit également une vue d'ensemble du cadre de modélisation et décrit les scénarios élaborés dans ce rapport en matière de politiques publiques.

1.1. Contexte et objectifs

Le rôle important et croissant joué par les plastiques dans l'économie, associé à l'attention accrue que portent le grand public, les scientifiques et les pouvoirs publics à leur devenir dans l'environnement, a entraîné une vigilance sans précédent à l'égard des conséquences sanitaires, environnementales et socioéconomiques liées au cycle de vie des plastiques. D'une part, ceux-ci apportent d'innombrables avantages à la société, comme le montre l'utilisation généralisée des matières plastiques dans les produits de consommation tels que les récipients de boissons, le matériel médical de protection ou encore les matériaux légers et bon marché utilisés pour les voitures. D'autre part, la production, l'utilisation et l'élimination des plastiques ont des répercussions négatives graves sur l'environnement et la santé humaine, ainsi que sur nos économies et nos moyens de subsistance (OCDE, 2023[1] ; OCDE, 2023[2]).

En mars 2022, les 193 pays membres de l'Organisation des Nations Unies (ONU) ont pris la décision historique d'élaborer un instrument international juridiquement contraignant sur la pollution plastique, y compris en milieu marin, fondé sur une approche globale qui couvre l'ensemble du cycle de vie des plastiques (Résolution 5/14 de l'Assemblée des Nations Unies pour l'environnement [ANUE] intitulée « Mettre fin à la pollution plastique : vers un instrument international juridiquement contraignant »). Bien que les pouvoirs publics ressentent de plus en plus l'urgence d'atténuer et de prévenir les nombreuses conséquences néfastes de la pollution plastique, les politiques actuelles n'ont pas permis d'infléchir les tendances concernant les flux de matières plastiques dans l'environnement et la pollution qui en résulte. Le futur instrument juridique représente une occasion unique pour l'action publique de passer à la vitesse supérieure et de catalyser l'intervention immédiate et au niveau mondial qui s'impose pour lutter contre la pollution plastique. Le Comité intergouvernemental de négociation (CIN) chargé d'élaborer cet instrument a commencé son travail au second semestre 2022, avec l'ambition de mener à bien les négociations d'ici fin 2024 (UNEP, 2024[3]) et d'adopter un traité début 2025.

Dans le cadre des négociations internationales, les décideurs et les négociateurs débattent des stratégies, des objectifs et des mesures qui permettraient d'atteindre l'objectif ambitieux fixé par la Résolution 5/14 de l'ANUE. Dans ce contexte, on observe une volonté politique de plus en plus affirmée de mettre en œuvre des approches exhaustives, couvrant la totalité du cycle de vie des plastiques, en vue de l'objectif international commun d'éliminer la pollution plastique à l'horizon 2040. Outre la contribution apportée par certains pays membres au CIN, les initiatives internationales suivantes visent à soutenir cette ambition :

- Les signataires de la Coalition de haute ambition pour mettre fin à la pollution plastique[1] (2024[4]) ont appelé à la création d'un traité international juridiquement contraignant, fondé sur « une approche globale et holistique capable de mettre fin à la pollution plastique d'ici 2040, notamment en s'engageant à prendre des mesures immédiates à tous les niveaux et tout au long du cycle de vie des plastiques », afin de protéger la santé humaine et l'environnement tout en contribuant à la restauration de la biodiversité et à l'atténuation du changement climatique.
- En avril 2024, les ministres du Climat, de l'Énergie et de l'Environnement du G7 (2024[5]) ont réitéré leur engagement à mettre fin à la pollution plastique, annonçant l'objectif « de ramener à zéro toute pollution plastique supplémentaire d'ici à 2040 » et de prendre des mesures ambitieuses tout au long du cycle de vie des plastiques pour mettre fin à la pollution plastique. Ils appellent par ailleurs la communauté internationale à faire de même, dans le but de réduire et, le cas échéant, de restreindre la production et l'utilisation de polymères plastiques primaires à l'échelle planétaire.

Parallèlement, les préférences des pays et des régions du monde varient en ce qui concerne le type et la rigueur des instruments d'action susceptibles d'être employés pour atteindre ces objectifs. En conséquence, les positions sur la portée du futur traité et ses éléments divergent, notamment s'agissant de l'importance des mesures visant à réduire la production et la demande de plastiques primaires par rapport à celles portant sur l'amélioration de la collecte et de la gestion des déchets. En outre, certains pays pourraient être confrontés à des difficultés considérables pour accroître leur action et leurs investissements. La suppression des décharges à ciel ouvert et du brûlage à l'air libre ainsi que la mise en place de systèmes de collecte et de gestion des déchets constituent des défis de premier plan pour de nombreux pays à faible revenu. L'absence d'un soutien suffisamment fort à la mise en œuvre des politiques pourrait faire obstacle à leur efficacité en matière de réduction des rejets de plastiques dans l'environnement, sans parler de leur élimination.

Sans préjuger de leur issue, ce rapport entend fournir des éléments utiles aux négociations en cours en apportant un éclairage sur les conséquences et les avantages potentiels de différents degrés d'ambition de l'action internationale visant à éliminer la pollution plastique. Pour ce faire, il élabore et compare plusieurs scénarios d'action qui simulent différents degrés de rigueur des mesures, de couverture du cycle de vie et de couverture géographique.

Ce rapport vise à fournir des éclairages sur les principales questions suivantes.

- Quel ensemble de mesures permettrait de parvenir à une économie des plastiques qui soit durable et mettrait les pays sur la voie de l'élimination de (certains aspects de) la pollution plastique d'ici 2040 ? Quelles possibilités s'offriront aux décideurs, à quels obstacles seront-ils confrontés et quelles devront être leurs priorités pour atteindre cet objectif ?
- Quelles sont les conséquences environnementales (mauvaise gestion des déchets, rejets dans l'environnement, notamment dans les cours d'eau et les océans, émissions de gaz à effet de serre...) et économiques (incidence sur le PIB, coûts de gestion des déchets...) si on limite le degré d'ambition des mesures ?
    - Une couverture limitée du cycle de vie, moyennant un ensemble de mesures mettant l'accent sur l'amélioration de la collecte et de la gestion des déchets, mais peu ou pas d'interventions pour réduire les apports et les flux de plastique (primaire) dans l'économie.
    - Une couverture géographique restreinte, avec une ambition élevée limitée à un groupe d'économies avancées mettant en œuvre un ensemble de mesures ambitieuses couvrant la totalité du cycle de vie dans le but d'éliminer la pollution plastique d'ici 2040[2].
    - Une action étendue pour ce qui est de la couverture géographique et du cycle de vie, mais avec une rigueur faible des mesures, par exemple des taux d'imposition faibles et des objectifs de recyclage peu ambitieux.

Ce rapport est structuré comme suit. Le présent chapitre fournit une vue d'ensemble de la méthode utilisée ainsi qu'un résumé de haut niveau des principaux éclairages découlant de l'analyse. Le chapitre 2 présente les projections et les conclusions issues du scénario de *Référence* à l'horizon 2040. Le chapitre 3 expose en détail le cadre de modélisation et présente les scénarios d'action utilisés dans l'analyse. Le chapitre 4 examine les répercussions des scénarios ayant une ambition partielle. Le chapitre 5 met ensuite en évidence les avantages de scénarios plus intégrés et plus ambitieux, qui combinent une action étendue des pouvoirs publics à l'échelle mondiale et tout au long du cycle de vie. Le chapitre 6 compare les coûts macroéconomiques et ceux de la gestion des déchets dans les différents scénarios. Enfin, le chapitre 7 remet les résultats dans un contexte plus large en soulignant les difficultés à surmonter pour concrétiser les avantages environnementaux de manière efficace et économe.

1.2. Vue d'ensemble du cadre méthodologique

L'analyse des scénarios d'action se fonde sur les deux précédents rapports *Perspectives mondiales des plastiques* publiés par l'OCDE et utilise le même cadre de modélisation que ces derniers pour quantifier les principaux mécanismes à l'origine de la production et de l'utilisation de plastiques, ainsi que des déchets et de la pollution qui en découlent (OCDE, 2023[1] ; OCDE, 2023[2])[3]. L'infographie 1.1. présente succinctement le cadre de modélisation.

ENV-Linkages, le modèle d'équilibre général calculable dynamique interne de l'OCDE, est utilisé pour estimer le niveau des activités économiques à l'origine de l'utilisation de plastiques. Il s'agit d'un modèle dynamique multisectoriel et multirégional qui relie l'activité économique aux questions énergétiques et environnementales ; il fournit des projections annuelles de l'activité économique et des pressions environnementales entre 2020 et 2060[4]. ENV-Linkages a été amélioré grâce à l'ajout de données sur l'utilisation de plastiques, les déchets plastiques et leur traitement en fin de vie (voir OCDE (2022[6]) pour de plus amples détails). Le cadre de modélisation relie directement l'utilisation de plastiques à des intrants spécifiques dans les processus de production et à la consommation de biens, permettant ainsi des projections sectorielles et régionales détaillées du cycle de vie des plastiques, par polymère et par application. Un vaste éventail d'instruments peuvent être modélisés dans ce cadre, notamment les mesures en amont et en milieu de cycle visant à influencer la production et la consommation, ainsi que les mesures en aval destinées à améliorer le recyclage et à réduire la mauvaise gestion des déchets.

Infographie 1.1. Vue d'ensemble du cadre de modélisation employé dans le rapport

Infographie 1.2. Les leviers d'action et les dix instruments considérés dans l'analyse

	Limiter la production et la demande	Encourager la conception pour la circularité	Augmenter le recyclage	Fermer les voies de rejet
	Taxes ciblées visant à réduire certains plastiques (p. ex. emballages)	Critères d'écoconception et normes de produits pour le réemploi, la durabilité et la réparation	Objectifs de contenu recyclé	Amélioration de la collecte, du tri et de la gestion des déchets (y compris grâce au recours à des instruments économiques)
	Taxes s'appliquant à tous les plastiques afin de décourager la production de plastiques primaires	Interdiction de certains plastiques à usage unique	Amélioration du tri et du recyclage	Amélioration de la gestion des déchets municipaux
		Critères de conception pour remplacer les plastiques (si avantageux)	Responsabilité élargie des producteurs (REP) pour les emballages et les biens durables	
Autres solutions potentielles (non modélisées)	- Restrictions, plafonds ou objectifs concernant la production de polymères primaires - Réforme des subventions aux combustibles - Interdiction de certaines applications des polymèresfossiles	- Critères d'écoconception pour remédier aux rejets de microplastiques - Critères d'élimination progressive des produits chimiques préoccupants ainsi que des applications et des plastiques problématiques	- Taxes de mise en décharge et d'incinération - Systèmes de consigne	- Mesures visant à prévenir les rejets provenant d'activités maritimes (p. ex. engins de pêche) - Mesures visant à atténuer les rejets de microplastiques - Enlèvement des plastiques déjà présents dans l'environnement

Source : élaboré par les auteurs.

Dans ce rapport, les scénarios d'action regroupent des ensembles de mesures variés. Tous les scénarios intègrent (en totalité ou en partie) les dix mêmes instruments d'action intervenant à plusieurs étapes du cycle de vie des plastiques, mais postulent des degrés d'ambition variables. Outre un scénario de *Référence*, le rapport décrit cinq scénarios d'action qui diffèrent selon trois aspects : la couverture géographique (mondiale ou économies avancées seulement), la couverture du cycle de vie (politiques ciblant l'ensemble de ce cycle ou sa partie aval seulement) et la sévérité ou rigueur des mesures (rigueur élevée, rigueur faible ou mesures actuelles). Trois scénarios hypothétiques d'ambition partielle simulent des orientations stylisées pour le traité international actuellement en cours de négociation, à savoir :

- une action très rigoureuse, mais axée exclusivement sur l'amélioration de la collecte et du traitement des déchets en aval (leviers d'action 3 et 4), avec une portée mondiale (scénario *Action mondiale en aval, Rigueur élevée*) ;
- une action très rigoureuse tout au long du cycle de vie des plastiques, mais limitée à un ensemble choisi d'économies (scénario *Action des économies avancées sur le cycle de vie, Rigueur élevée*) ;
- une action et des objectifs mondiaux communs sur le cycle de vie des plastiques, mais avec des mesures relativement peu sévères (scénario *Action mondiale sur le cycle de vie, Rigueur faible*).

Deux scénarios hypothétiques intégrés d'ambition élevée sont également examinés :

- une action mondiale sur la totalité du cycle de vie, mais avec des mesures plus ou moins sévères (scénario *Action mondiale sur le cycle de vie, Rigueur variable*) ;
- une action mondiale très rigoureuse, avec des mesures ciblant l'ensemble des quatre leviers d'action (scénario *Action mondiale sur le cycle de vie, Rigueur élevée* [*Ambition mondiale*]).

Le Tableau 1.1 décrit les scénarios et présente une visualisation des ensembles de mesures modélisés dans chaque scénario. Le chapitre 3 donne davantage de précisions sur la structure des scénarios d'action et sur les instruments d'action modélisés. La mise en œuvre chiffrée des scénarios d'action dans le cadre de modélisation est détaillée à l'annexe B.

Tableau 1.1. Vue d'ensemble des scénarios d'action élaborés dans ce rapport

Intitulé complet	Description	Visualisation[1]
Scénario de Référence	Le scénario de *Référence* reflète les effets des politiques actuelles et les projections concernant l'évolution des déterminants socioéconomiques de la production et de l'utilisation de plastiques ainsi que l'évolution des technologies.	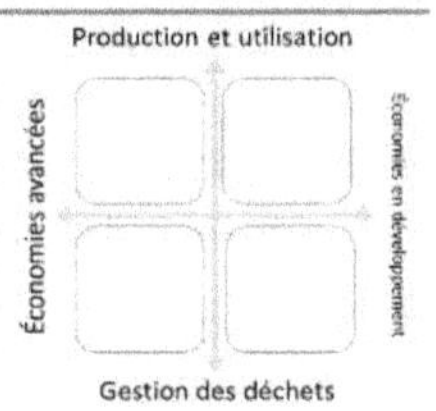
	Scénarios d'ambition partielle	
Action mondiale en aval, Rigueur élevée	Le scénario *Action mondiale en aval, Rigueur élevée* correspond à une situation où les négociations aboutissent à un traité focalisé sur les objectifs et les mesures de gestion des déchets (leviers 3 et 4 de l'ensemble de mesures), sans mesures supplémentaires pour limiter la production et la demande ou améliorer l'écoconception. Il modélise un cadre d'action très rigoureux à l'échelle mondiale en vue d'améliorer la collecte, la gestion et le recyclage des déchets plastiques, ainsi que le ramassage des déchets municipaux. En revanche, les politiques actuelles continuent de s'appliquer pour ce qui est de l'action sur la production et la demande de plastiques et de l'encouragement de la conception pour la circularité.	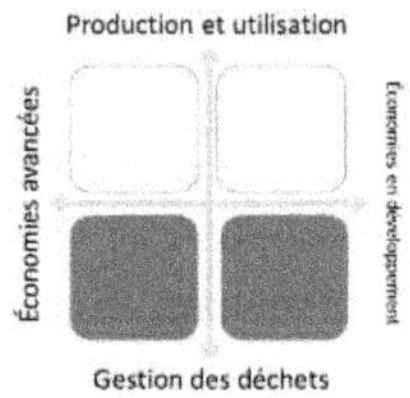
Action des économies avancées sur le cycle de vie, Rigueur élevée	Le scénario *Action des économies avancées sur le cycle de vie, Rigueur élevée* reflète une situation dans laquelle, en l'absence d'objectifs juridiquement contraignants très rigoureux convenus à l'échelle planétaire, seuls quelques pays durcissent les mesures le long du cycle de vie des plastiques. Les économies avancées (représentées ici par les pays de l'OCDE et les pays de l'UE non membres de l'OCDE) mettent en œuvre des mesures très rigoureuses, tandis que les autres ne vont pas au-delà des progrès déjà prévus par le scénario de *Référence*.	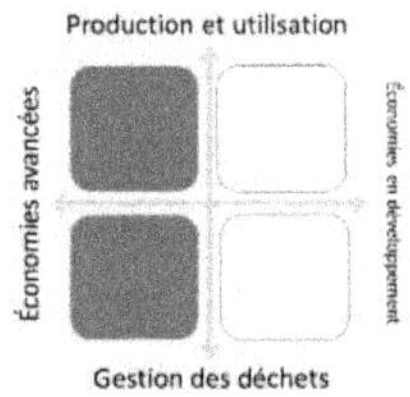
Action mondiale sur le cycle de vie, Rigueur faible	Le scénario *Action mondiale sur le cycle de vie, Rigueur faible* reflète un résultat caractérisé par l'absence d'objectifs juridiquement contraignants très rigoureux convenus à l'échelle internationale. Ce scénario suppose que l'ensemble des pays prennent graduellement des mesures supplémentaires qui correspondent aux quatre leviers d'action, mais que ces mesures sont relativement peu rigoureuses.	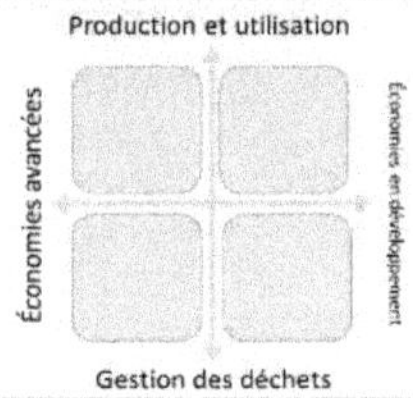
	Scénarios intégrés d'ambition élevée	
Action mondiale sur le cycle de vie, Rigueur variable[2]	Le scénario *Action mondiale sur le cycle de vie, Rigueur variable* correspond à une situation où l'action publique cible toutes les étapes du cycle de vie des plastiques, mais de façon plus ou moins rigoureuse selon les groupes de pays. • Les économies avancées agissent énergiquement sur l'ensemble du cycle de vie des plastiques (comme dans le scénario *Action des économies avancées sur le cycle de vie, Rigueur élevée*). • Les autres pays mettent en œuvre une action très rigoureuse en ce qui concerne les mesures en aval (comme dans le scénario *Action mondiale en aval, Rigueur élevée*) et une action peu rigoureuse pour ce qui est des mesures en amont et en milieu de cycle (comme dans le scénario *Action mondiale sur le cycle de vie, Rigueur faible*).	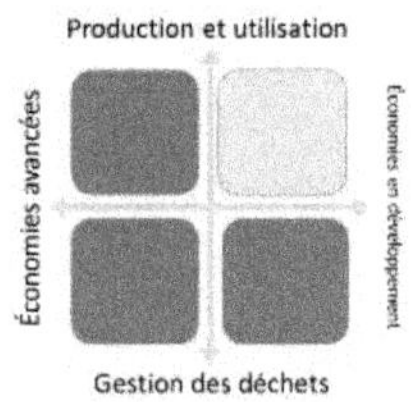
Action mondiale sur le cycle de vie, Rigueur élevée [Ambition mondiale]	Le scénario *Action mondiale sur le cycle de vie, Rigueur élevée [Ambition mondiale]* modélise une approche exhaustive et coordonnée qui implique une intensification des mesures tout du long du cycle de vie des plastiques, conformément à l'ambition commune de mettre fin à la pollution plastique d'ici 2040. Ce scénario reflète un objectif commun avec une portée plus limitée : mettre fin aux rejets de macroplastiques d'ici 2040. Ce scénario sert de point de départ pour réfléchir aux possibilités qui s'offrent, aux obstacles à surmonter et aux priorités à définir pour tracer la voie vers la réalisation de l'objectif à 2040[3].	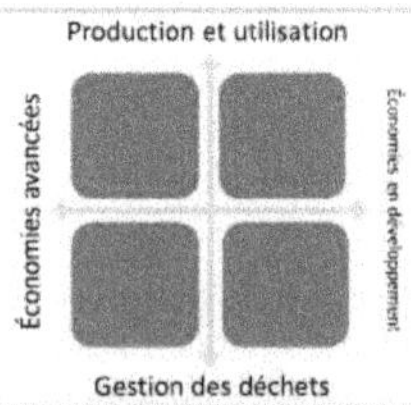

1. Les cases blanches représentent le scénario de *Référence*, c'est-à-dire les politiques actuelles et les hypothèses qui les accompagnent ; les cases en bleu clair rendent compte d'une action peu rigoureuse et les cases en bleu foncé correspondent à une action très rigoureuse.
2. Le scénario *Action mondiale sur le cycle de vie, Rigueur variable* pourrait être décrit plus précisément ainsi : Action mondiale en aval, Rigueur élevée ; Action des économies avancées en amont/milieu de cycle, Rigueur élevée ; et Action des économies émergentes et en développement en amont/milieu de cycle, Rigueur faible.
3. Le chapitre 6 explore une variante du scénario *Action mondiale sur le cycle de vie, Rigueur élevée* [*Ambition mondiale*] appelée *Action mondiale sur le cycle de vie, Retardée*, où les objectifs sont atteints en 2060 plutôt qu'en 2040.
Source : élaboré par les auteurs.

Encadré 1.1. Clarifications concernant la portée du présent rapport et les limites de l'analyse

Les projections ne sont pas des prédictions ou des prévisions ; il s'agit davantage de représentations stylisées de la manière dont des hypothèses spécifiques, par exemple concernant les changements de politiques publiques, agiront sur l'évolution de variables clés. Les modèles constituent une version stylisée de la réalité, qui néglige de nombreux facteurs susceptibles d'influencer les résultats économiques et environnementaux. Les projections à long terme sont inéluctablement entourées d'incertitudes, puisqu'il n'est pas possible de prévoir les changements socioéconomiques des prochaines décennies avec un degré élevé de précision. Néanmoins, les scénarios d'action demeurent précieux dans la mesure où ils peuvent mettre en évidence les conséquences possibles à long terme des choix politiques actuels, ainsi que les coûts et les avantages d'une politique publique ambitieuse.

En comparant les divers scénarios hypothétiques présentés dans ce rapport, les décideurs peuvent se faire une idée des conséquences environnementales et économiques de différents choix dans l'élaboration d'un instrument international juridiquement contraignant sur la pollution plastique. Les scénarios d'action présentés dans ce rapport ne sont pas destinés à représenter précisément les négociations en cours concernant le traité ni à décrire les positions spécifiques des pays. Cependant, ils ont été conçus à la lumière des questions transversales actuellement débattues dans le cadre des négociations relatives au traité, notamment l'équilibre entre les mesures visant à limiter la production et la demande de plastiques et celles destinées à améliorer la gestion des déchets.

Les auteurs sont conscients que la pollution plastique englobe l'ensemble des émissions et des risques résultant du cycle de vie des plastiques (OCDE, 2023[2]). Toutefois, aux fins de la modélisation analytique utilisée dans le présent rapport, ils ont construit les scénarios d'action en se concentrant sur les rejets de macroplastiques dans l'environnement (y compris en en identifiant la part qui se retrouve dans les cours d'eau et les océans). Cette orientation est dictée par les données et les informations limitées disponibles concernant d'autres aspects, comme par exemple :

- les rejets de microplastiques ou l'efficacité des mesures visant à atténuer la pollution par les microplastiques. Cependant, la quantification des rejets de microplastiques est abordée dans les rapports précédents, qui comportent des efforts similaires de modélisation (OCDE, 2023[1]) ;
- les émissions de gaz à effet de serre (GES). Ce rapport ne peut quantifier les émissions de GES qu'à certains stades du cycle de vie des plastiques, en particulier la production et la transformation, ainsi que lors du recyclage et de l'incinération en fin de vie. L'analyse des politiques d'atténuation du changement climatique qui visent spécifiquement à réduire les émissions de GES n'entre pas dans le cadre de ce rapport. Cependant, (OCDE, 2023[1]) examine les interactions entre les politiques relatives aux plastiques et les politiques d'atténuation ;
- divers autres effets résultant du cycle de vie des plastiques, parmi lesquels la raréfaction des ressources, l'utilisation des sols, la formation d'ozone troposphérique et la toxicité pour l'être humain, sortent également du champ de ce rapport. Toutefois, (OCDE, 2023[1]) expose en détail une analyse (mondiale) du cycle de vie (ACV) concernant la production et l'élimination de sept polymères communément utilisés, en mettant en évidence les effets sur l'utilisation des sols, la formation d'ozone, l'eutrophisation, l'écotoxicité, la toxicité et l'acidification, avec des projections jusqu'en 2060.

La modélisation fait principalement appel à des instruments économiques pour représenter les interventions à des étapes spécifiques du cycle de vie des plastiques, comme les taxes sur la consommation de plastique des ménages et des industries en aval. Ces instruments sont efficaces et économes et offrent un point de repère par rapport auquel les pays peuvent évaluer d'autres instruments. Faute de modélisation détaillée pour la production de plastiques à l'échelle régionale, le présent rapport ne modélise pas les mesures qui viseraient directement à maîtriser ou à restreindre d'une manière quelconque la production totale de plastiques ou celle de plastiques primaires. Cependant, dans le modèle économique, le comportement des agents est motivé par l'écart entre les prix à la production et à la consommation, ce qui fait qu'une taxe sur la consommation a un effet équivalent à une taxe à la production avec des répercussions partielles sur le consommateur. En raison d'un manque de données, l'analyse ne prend pas en considération les options de réforme des subventions à la production de plastiques primaires, par exemple les subventions aux combustibles fossiles utilisés comme matière première.

Certains scénarios d'action présentés dans ce rapport se fondent sur l'analyse exposée dans l'ouvrage (OCDE, 2023[1]). L'Encadré 1.2 précise la portée de la présente analyse par rapport à ces travaux antérieurs.

Encadré 1.2. Quel est le lien entre cette analyse et les Perspectives mondiales des plastiques de l'OCDE ?

Ce rapport emploie la méthode élaborée dans les rapports Perspectives mondiales des plastiques de l'OCDE (OCDE, 2023[2] ; OCDE, 2023[1]), notamment le modèle ENV-Linkages, qui calcule les rejets de macroplastiques. Les rejets de macroplastiques dans l'environnement aquatique sont établis à partir des projections ENV-Linkages en utilisant un modèle spatialement explicite (Lebreton, 2024[7]) qui évalue la probabilité que les déchets plastiques finissent dans les milieux aquatiques (OCDE, 2023[1]). Les émissions de GES liées aux plastiques sont également quantifiées dans le modèle ENV-Linkages. La quantification des autres effets néfastes des plastiques sur l'environnement et la santé sort du champ de cette analyse, même si certains de ces aspects sont évalués qualitativement pour fournir davantage de contexte.

Certains scénarios d'action présentés dans ce rapport ont déjà été examinés dans les *Perspectives mondiales des plastiques* (OCDE, 2023[1]). Une version antérieure du scénario *Action mondiale sur le cycle de vie, Rigueur faible* était appelée « Action régionale » dans le rapport précédent, et une version antérieure du scénario *Action mondiale sur le cycle de vie, Retardée* était appelée « Ambition mondiale ». Les calculs de ces scénarios ont été refaits en utilisant des projections économiques de référence actualisées (OCDE, 2021[8]) et en procédant à des adaptations mineures des ensembles de mesures mises en place. Les chiffres présentés ici constituent donc une mise à jour de ceux figurant dans le rapport *Perspectives mondiales des plastiques*. Les projections numériques ci-incluses diffèrent légèrement de celles des scénarios du rapport *Perspectives mondiales des plastiques*, ce qui s'explique par des variations dans les tendances économiques sous-jacentes du scénario de référence, mais les tendances d'ensemble des flux de plastiques restent très similaires.

1.3. Principaux enseignements tirés de l'analyse

Ce rapport examine les conséquences environnementales et économiques de scénarios reflétant des niveaux d'ambition divers. Comme décrit à la section 1.2 et illustré au Graphique 1.1, tous ces scénarios intègrent (en totalité ou en partie) les dix mêmes instruments d'action, mais avec des degrés d'ambition variables en ce qui concerne trois aspects :

- la **rigueur** des **mesures**, c'est-à-dire les objectifs envisagés pour chaque mesure modélisée ;
- la **couverture du cycle de vie**, avec soit des mesures visant essentiellement à améliorer la collecte et le traitement des déchets, soit des interventions sur l'ensemble du cycle de vie des plastiques ;
- la **couverture géographique**, c'est-à-dire l'application de mesures plus ambitieuses soit par un ensemble de pays sélectionnés, soit par toutes les régions du monde.

Graphique 1.1. Visualisation des scénarios d'action modélisés dans le rapport

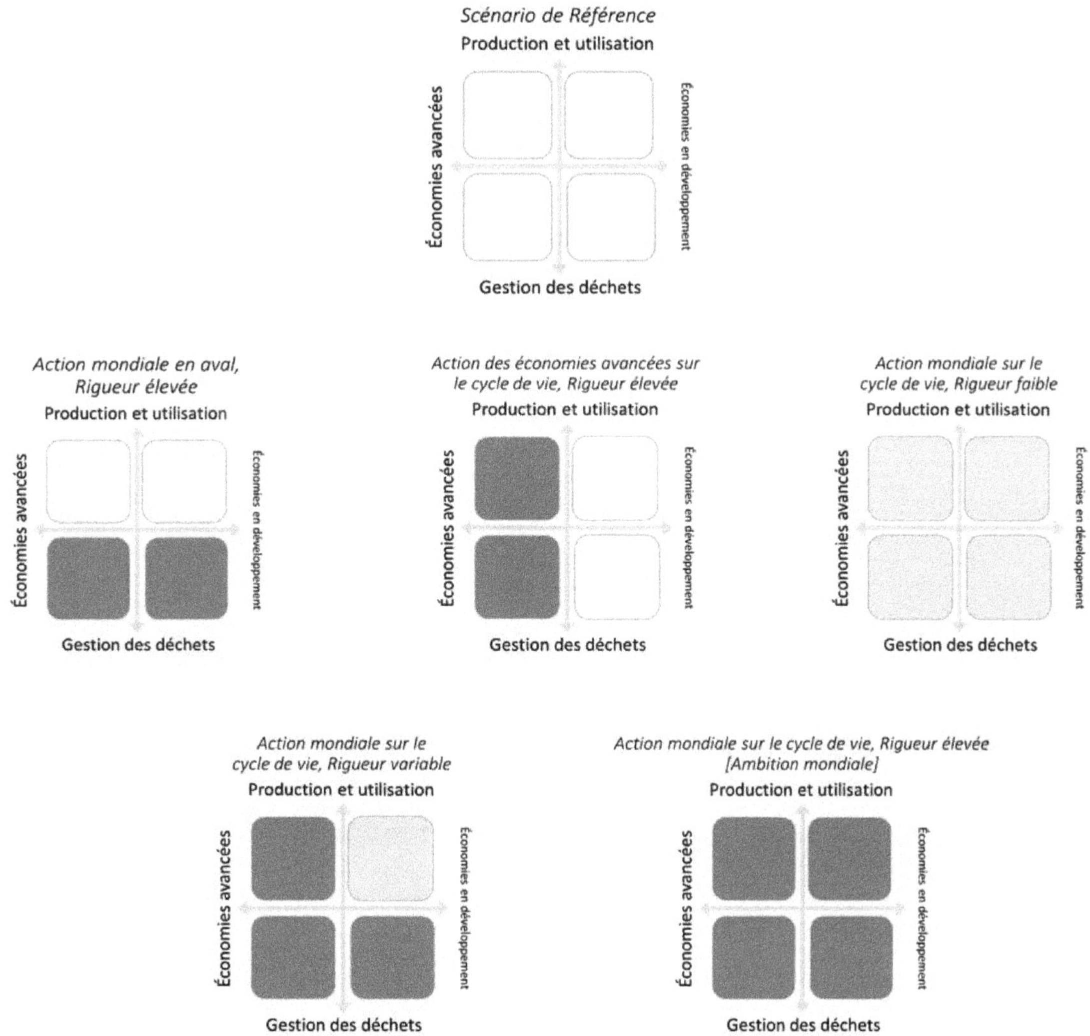

Note : les cases blanches représentent le scénario de *Référence*, c'est-à-dire faisant l'hypothèse du maintien dans le temps des politiques actuelles ; les cases en bleu clair reflètent une action peu rigoureuse et les cases en bleu foncé une action très rigoureuse.
Source : élaboré par les auteurs.

Les bienfaits écologiques des scénarios d'action modélisés dépendent de quatre leviers d'action : i) la réduction de la production et de l'utilisation de plastiques primaires ; ii) la réduction de l'intensité d'utilisation de plastiques dans l'économie ; iii) l'augmentation des taux de recyclage ; iv) l'élimination des rejets plastiques dans l'environnement[5].

1.3.1. Sans changement de politique, la pollution plastique devrait continuer à augmenter

Le scénario de *Référence* prévoit un accroissement de la population (mais pas dans toutes les régions), une hausse des revenus dans toutes les régions, ainsi que des évolutions technologiques engendrant des améliorations de l'efficacité de la production et des changements structurels (allant notamment vers une plus grande part de services) dans toutes les régions. La conjonction de ces facteurs entraîne une augmentation au niveau mondial de 70 % des volumes de plastique qui sont produits, utilisés et transformés en déchets chaque année entre 2020 et 2040 (Graphique 1.2). L'utilisation totale de plastiques passerait de 435 millions de tonnes (Mt) en 2020 à 736 Mt en 2040, les plastiques primaires représentant approximativement 94 % du total sur cette période. Cette augmentation concerne toutes les applications et tous les polymères. C'est dans les économies émergentes et en développement comme l'Inde et l'Afrique subsaharienne que l'utilisation de plastiques devrait augmenter le plus rapidement.

Graphique 1.2. Les emballages, les textiles et les transports stimuleront la croissance de la production et de l'utilisation de plastiques

Production et utilisation de plastiques dans le monde en millions de tonnes (Mt) par application (diagramme de gauche), et par polymère (diagramme de droite), en 2020 et en 2040

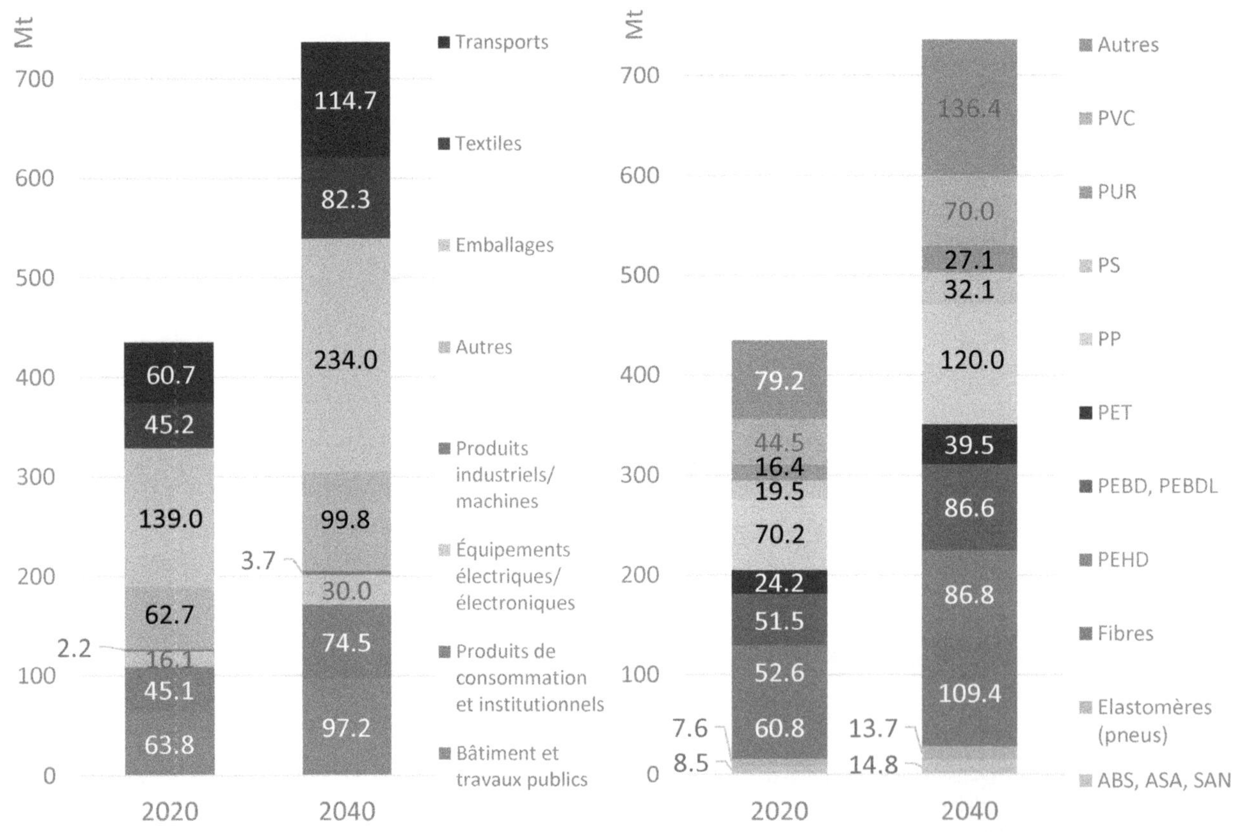

Source : modèle ENV-Linkages de l'OCDE.

StatLink https://stat.link/tgbvor

Malgré les progrès en matière de collecte, de tri et de traitement des déchets qui sont attendus à politiques inchangées, l'accroissement des déchets plastiques produits (617 Mt en 2040 contre 360 Mt en 2020) entraînerait une augmentation des volumes absolus de déchets mal gérés (autrement dit les déchets qui ne sont pas éliminés de manière rationnelle d'un point de vue environnemental), de 81 Mt en 2020 à 119 Mt en 2040 (Graphique 1.3 ; diagramme de gauche) dans le scénario de *Référence*. De même, alors que les volumes recyclés devraient continuer à augmenter, la mise en décharge et l'incinération des déchets resteraient des modes de traitement importants des déchets plastiques en fin de vie du fait de la hausse de la production de déchets plastiques.

En l'absence de mesures plus strictes, l'expansion rapide de la production et de l'utilisation de plastiques ainsi que des déchets plastiques aggraverait encore davantage les risques environnementaux associés. En raison de l'augmentation des déchets plastiques mal gérés, les rejets de macroplastiques dans l'environnement devraient continuer à augmenter pour s'élever à 30 Mt par an en 2040 (par rapport à une estimation de 20 Mt en 2020). La majorité des rejets de plastiques (en poids) concerne les milieux terrestres, mais une part importante se retrouve dans les milieux aquatiques (9.3 Mt à l'horizon 2040 ; diagramme de droite du Graphique 1.3). Les projections du modèle indiquent que, d'ici 2040, les plastiques accumulés dans l'environnement s'élèveront à 300 Mt rien que dans les cours d'eau et les océans (contre une estimation de 152 Mt en 2020). En d'autres termes, à moins de renforcer les mesures de lutte contre la pollution plastique, le volume total de plastiques accumulés dans les milieux aquatiques en à peine 20 ans (148 Mt de stocks accumulés) sera approximativement aussi important que la totalité des rejets accumulés historiquement dans ces mêmes milieux avant 2020 (152 Mt).

Graphique 1.3. Les effets néfastes du plastique devraient augmenter sensiblement en l'absence de mesures plus ambitieuses

Devenir des plastiques en fin de vie (diagramme de gauche) et rejets de plastiques dans les milieux naturels (diagramme de droite) en millions de tonnes (Mt), scénario de *Référence*

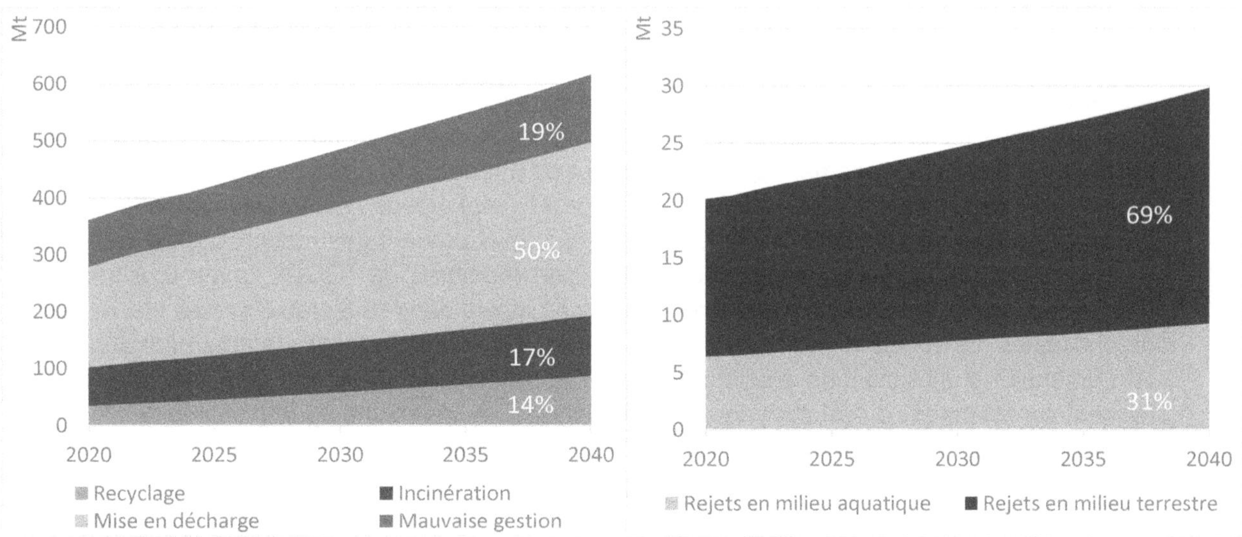

Note : dans les deux diagrammes, les pourcentages indiquent la part du total en 2040.
Source : modèle ENV-Linkages de l'OCDE.

StatLink https://stat.link/54m2tc

Outre les rejets de plastiques, d'autres types de pollution associés à la production et au cycle de vie des plastiques devraient également connaître une hausse notable. Cette étude ne permet pas de quantifier toutes les sources de pollution liées à la production, à l'utilisation et au traitement en fin de vie des plastiques. L'évaluation générale des répercussions environnementales présentée dans le rapport (OCDE, 2023[1]) met en évidence l'accroissement important d'un large éventail de problèmes pour l'environnement et pour la santé humaine dans les décennies à venir à cause de la pollution due aux plastiques. En particulier pour la projection de *Référence*, les émissions de gaz à effet de serre (GES) devraient augmenter du fait de la hausse des volumes produits, transformés et gérés au stade de déchets. Malgré les politiques actuelles d'atténuation du changement climatique, les émissions de GES liées aux plastiques devraient représenter 5 % des émissions planétaires de GES en 2040 (2.8 milliards de tonnes d'équivalent dioxyde de carbone [Gt éq. CO_2]), ce qui n'est pas conforme à l'Accord de Paris[6]. Dans le scénario de *Référence*, l'étape de fabrication des plastiques – production et transformation – représente près de 90 % des émissions quantifiées liées aux plastiques[7]. En conséquence, d'autres effets négatifs sur les écosystèmes, le bien-être humain et les économies côtières continuent de s'amplifier dans le scénario de *Référence*, ce qui risque d'entraîner des dommages potentiellement irréversibles.

1.3.2. Les mesures d'ambition partielle permettraient au mieux de ralentir les rejets de plastiques

Aucun des scénarios caractérisés par une ambition limitée en termes de couverture du cycle de vie, de couverture géographique ou de rigueur (*Action mondiale en aval, Rigueur élevée* ; *Action des économies avancées sur le cycle de vie, Rigueur élevée* ; et *Action mondiale sur le cycle de vie, Rigueur faible*) ne parviendrait à modifier notablement les tendances de la pollution plastique, tous aboutissant à des résultats limités au regard des quatre leviers d'action et des avantages écologiques associés (Graphique 1.4).

- Aucun de ces scénarios ne peut **stabiliser la production et l'utilisation de plastiques primaires à des niveaux égaux ou inférieurs à ceux de 2020**, ce qui est essentiel pour : i) réduire les émissions de GES et les autres effets négatifs associés à l'extraction et à la production ; ii) ralentir l'utilisation de plastiques dans l'économie et diminuer le volume de déchets à gérer. Les mesures plus strictes visant à limiter la production et la demande ainsi qu'à améliorer l'écoconception, mises en œuvre dans le scénario *Action des économies avancées sur le cycle de vie, Rigueur élevée*, font baisser l'utilisation de plastiques primaires uniquement dans les économies en question.
- **La réduction de l'intensité d'utilisation de plastiques dans l'économie mondiale** permettrait un découplage de la croissance économique et de la production et de l'utilisation de plastiques, facilitant ainsi le développement économique tout en atténuant la pollution plastique. Le scénario *Action des économies avancées sur le cycle de vie, Rigueur élevée* est partiellement efficace, mais les améliorations sont en grande partie limitées aux pays prenant des mesures, c'est-à-dire ceux de l'OCDE et les pays de l'Union européenne non membres de l'OCDE, avec une très faible incidence sur les autres pays et des retombées marginales dans l'ensemble sur les flux mondiaux de plastiques. Le scénario *Action mondiale en aval, Rigueur élevée* n'a pratiquement aucun effet sur l'intensité d'utilisation de plastiques dans l'économie mondiale, car ses mesures mettent l'accent sur les étapes d'aval du cycle de vie des plastiques. Avec une rigueur limitée des mesures, le scénario *Action mondiale sur le cycle de vie, Rigueur faible* ne diminuerait que partiellement l'utilisation et l'intensité d'utilisation de plastiques.
- **L'augmentation des taux de recyclage pour en faire la principale solution de gestion des déchets** est un préalable à la transition vers une économie circulaire, et elle est essentielle pour produire les débris nécessaires à la production de plastiques secondaires susceptibles de remplacer les plastiques primaires. La hausse des taux de recyclage contribuerait par ailleurs à éviter la mauvaise gestion des déchets. Tous les scénarios qui incluent des mesures très rigoureuses en aval (*Action mondiale en aval,* Rigueur *élevée* et *Action des économies avancées sur le cycle de vie, Rigueur élevée*) conduiraient à de vastes améliorations en matière de recyclage. En supposant que les obstacles actuels au développement du recyclage mécanique

soient levés, le scénario *Action mondiale en aval, Rigueur élevée* permettrait de quadrupler le taux de recyclage dans le monde. Ainsi, d'ici 2040, 42 % des déchets plastiques seraient collectés pour être recyclés, traités et utilisés pour la production de plastiques secondaires. Le scénario *Action mondiale sur le cycle de vie, Rigueur faible* est moins efficace pour améliorer le recyclage, et les progrès en la matière sont limités à un sous-ensemble de pays dans le scénario *Action des économies avancées sur le cycle de vie, Rigueur élevée*.

- Pour ce qui est des **rejets de plastiques dans l'environnement**, un aspect central de la pollution plastique, ils baissent fortement dans le scénario *Action mondiale en aval, Rigueur élevée* (-55 % par rapport au scénario de *Référence*), ce qui montre que des mesures rigoureuses en aval sont importantes pour réduire la mauvaise gestion des déchets et les rejets de plastiques. En revanche, le scénario *Action mondiale en aval, Rigueur élevée* ne ferme pas toutes les voies de rejet en l'absence d'action permettant de ramener l'utilisation de plastique et les volumes de déchets qu'elle engendre à des niveaux plus gérables.

Graphique 1.4. Aucun des scénarios d'ambition partielle ne permet d'éliminer les rejets de plastiques dans l'environnement

Indicateurs clés dans les scénarios d'ambition partielle en 2040, par rapport aux niveaux de 2020 et au scénario de *Référence*

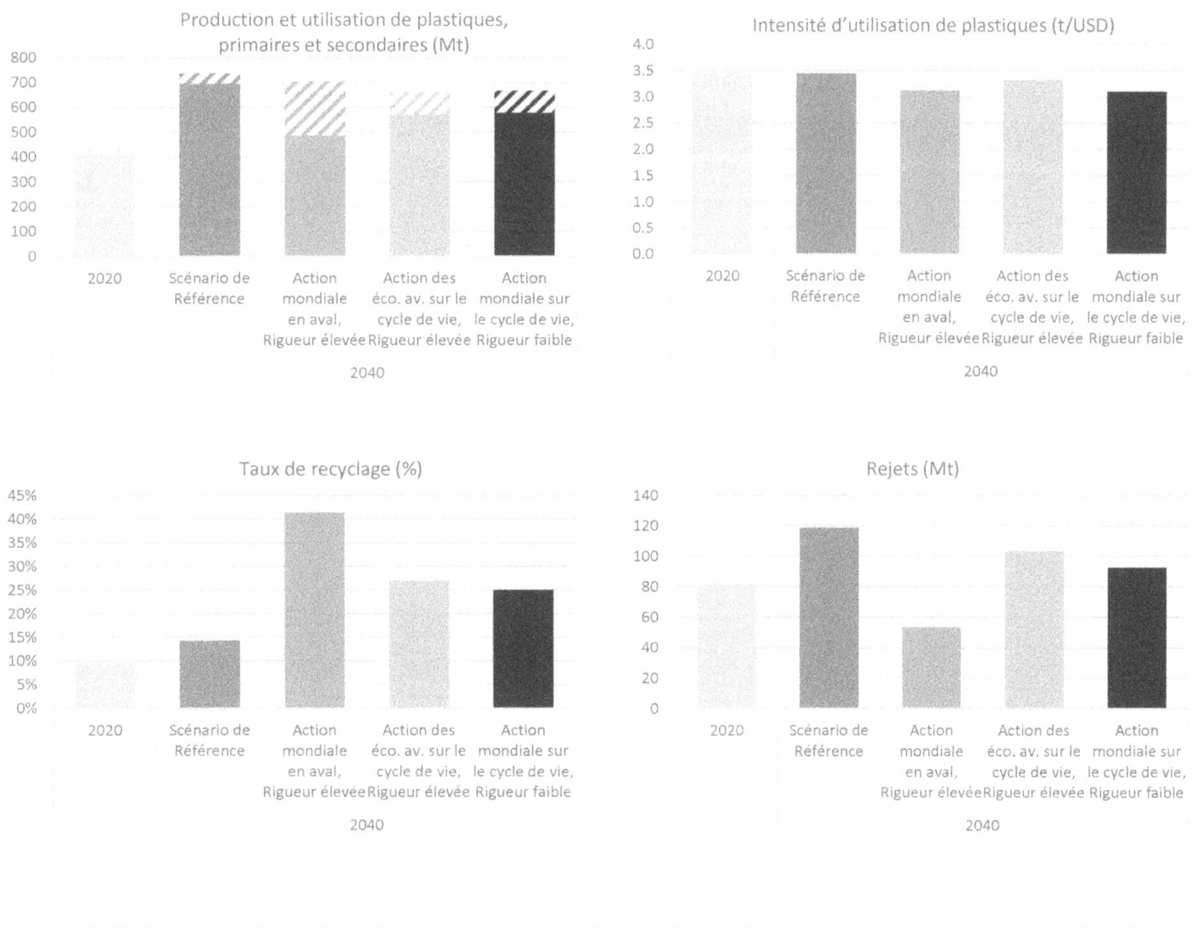

Note : pour l'utilisation de plastiques, la partie rayée des colonnes indique les plastiques secondaires. « éco. av. » signifie « économies avancées ».
Source : modèle ENV-Linkages de l'OCDE.

StatLink https://stat.link/jkhrdu

L'effet combiné des mesures sur le cycle de vie (pour limiter la production et la demande, favoriser l'écoconception et améliorer la collecte et la gestion des déchets), selon la simulation du scénario *Action mondiale sur le cycle de vie, Rigueur variable*, engendrerait des incitations suffisantes pour modifier les flux de plastiques à l'échelle mondiale, faisant ainsi passer tant la production et l'utilisation de plastiques que les rejets dans l'environnement sous les niveaux de 2020 (Graphique 1.5). En conjuguant la baisse de la demande totale de plastiques et l'augmentation du recyclage, ce scénario garantit que toute croissance de l'utilisation de plastiques est couverte par les plastiques secondaires. Cependant, le scénario *Action mondiale sur le cycle de vie, Rigueur variable* n'entraînerait que des progrès mineurs en ce qui concerne le volume total de plastiques (primaires et secondaires) produits et utilisés ainsi que l'intensité d'utilisation de plastiques. De plus, ce scénario n'élimine pas complètement les rejets de plastiques dans l'environnement, faute d'une action ambitieuse en amont et en milieu de cycle (pour limiter la production et la demande et pour promouvoir l'écoconception) dans les économies les moins avancées.

Graphique 1.5. Le scénario *Ambition mondiale* améliore les résultats sur tous les indicateurs clés par rapport aux scénarios d'ambition partielle

Indicateurs clés dans les scénarios d'ambition élevée en 2040, par rapport aux niveaux de 2020 et au scénario de *Référence*

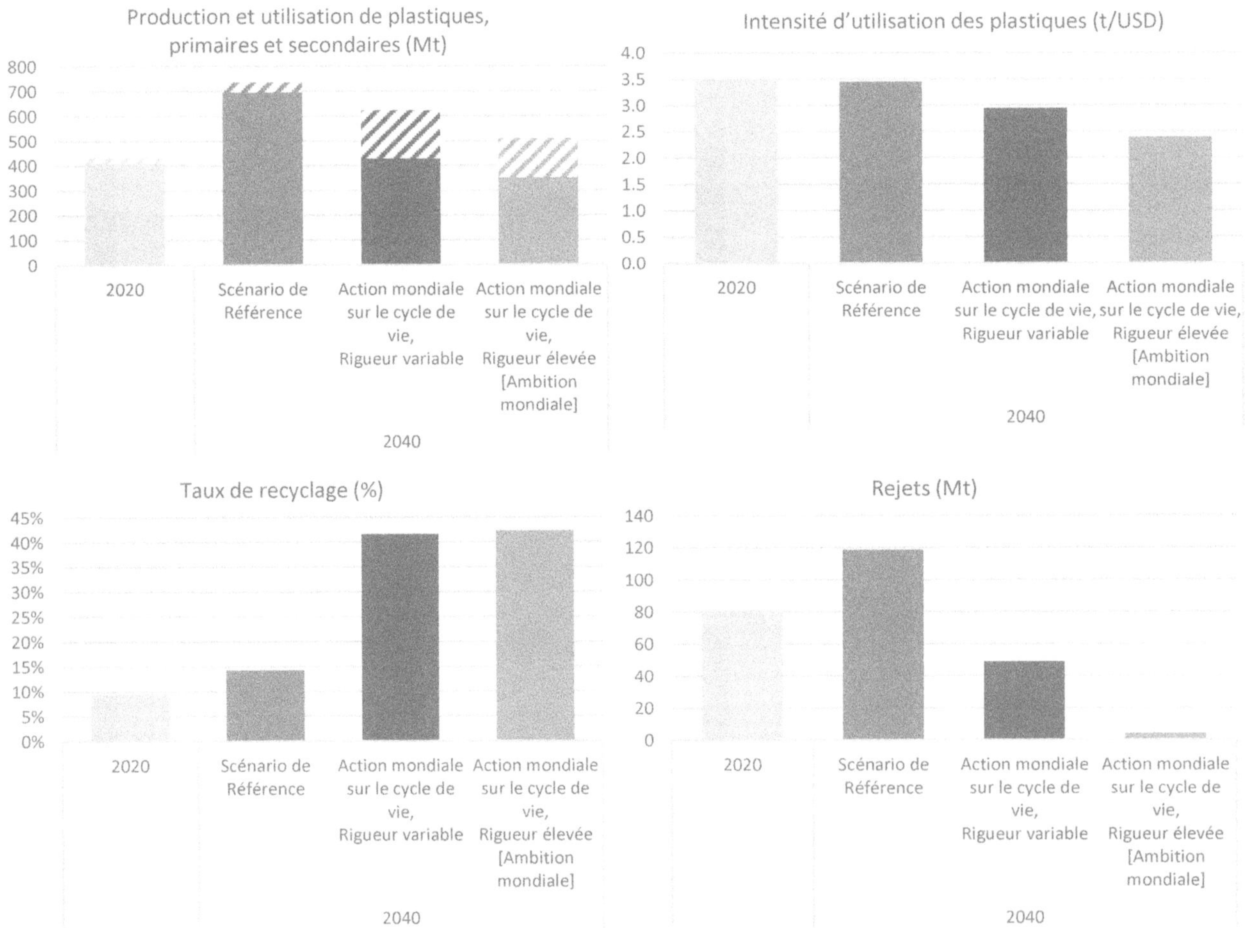

Note : pour l'utilisation de plastiques, la partie rayée des colonnes indique les plastiques secondaires.
Source : modèle ENV-Linkages de l'OCDE.

StatLink https://stat.link/db6s3n

En revanche, la mise en œuvre d'un ensemble de mesures très rigoureuses dans toutes les régions du monde et couvrant les quatre leviers d'action (*Action mondiale sur le cycle de vie, Rigueur élevée* [*Ambition mondiale*]) surpasserait les autres scénarios à de multiples égards, comme l'illustre le Graphique 1.5. Seul le scénario *Action mondiale sur le cycle de vie, Rigueur élevée* [*Ambition mondiale*] est susceptible de mettre fin à la mauvaise gestion des déchets plastiques et aux rejets de plastiques, car cela nécessite à la fois de limiter les quantités totales de déchets produits et d'améliorer les systèmes de gestion des déchets.

1.3.3. Très rigoureux et couvrant tout le cycle de vie, le scénario Ambition mondiale peut définir une voie à suivre viable pour éliminer les rejets de plastiques à l'horizon 2040

Le scénario *Action mondiale sur le cycle de vie, Rigueur élevée* [*Ambition mondiale*] permettrait d'éliminer presque totalement la mauvaise gestion des déchets et les rejets de macroplastiques d'ici 2040. Dans ce scénario, il ne reste que 4 Mt de déchets mal gérés et 1.2 Mt de rejets de macroplastiques en 2040 (Graphique 1.6 ; 3e et 4e diagrammes)[8]. Dans les pays disposant de systèmes perfectionnés de gestion des déchets, les rejets de macroplastiques diminuent déjà de manière constante dans le scénario de *Référence*, mais dans les autres régions, cet ensemble de mesures permet de juguler une progression des quantités annuelles de rejets de plastiques qui s'annonce significative dans le scénario de *Référence*.

Les projections indiquent qu'un renforcement ambitieux des interventions en aval dans le cycle de vie des plastiques sera nécessaire afin de réduire les rejets de plastiques. En particulier, il sera capital de permettre à tous les pays de disposer de systèmes de gestion des déchets appropriés à l'horizon 2040 pour mettre fin aux rejets de macroplastiques. Si la plupart des pays développés ont déjà généralisé la collecte et le traitement des déchets municipaux, ce n'est pas le cas d'une grande partie des pays en développement, notamment en dehors des zones urbaines. Pour mettre un terme à la pollution plastique, il est urgent de commencer par développer les systèmes de collecte des déchets, car les déchets non collectés sont le plus souvent mal gérés et peuvent finir dans les milieux naturels ou être brûlés de manière informelle, ce qui a de lourdes conséquences pour la santé humaine et les écosystèmes naturels. Parallèlement, les pays membres et non membres de l'OCDE doivent également développer les infrastructures de traitement des déchets en vue d'améliorer le recyclage.

Graphique 1.6. Une action globale sur l'ensemble du cycle de vie contribue à éliminer les rejets de plastiques

Résultats obtenus dans le scénario *Action mondiale sur le cycle de vie, Rigueur élevée* [*Ambition mondiale*], variation en pourcentage par rapport au scénario de *Référence*

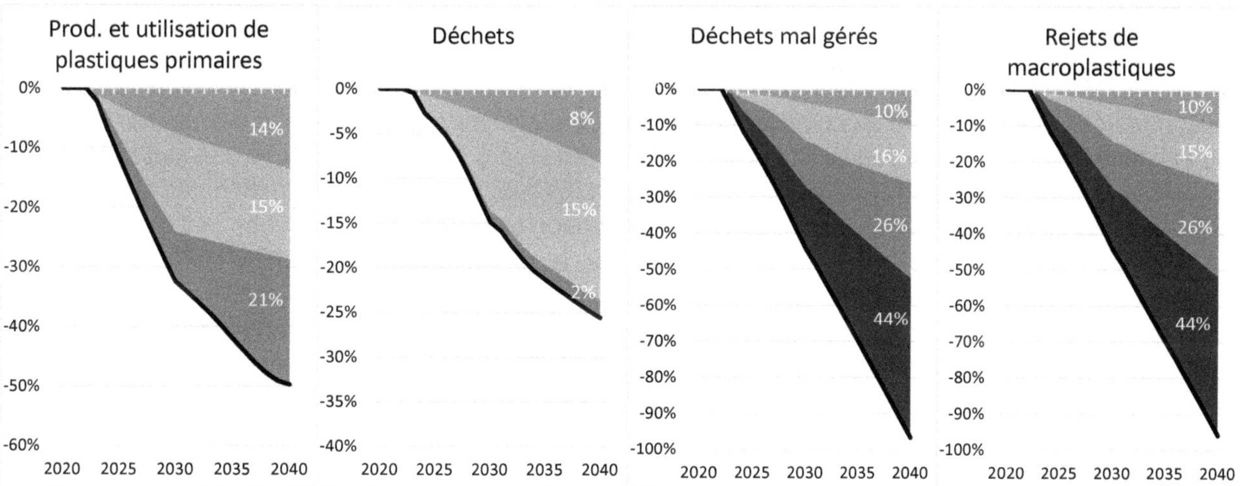

Note : « prod.» signifie « production ».
Source : modèle ENV-Linkages de l'OCDE.

StatLink https://stat.link/8pbvxm

Les interventions permettant de limiter la production et la demande de plastiques primaires et de stimuler l'écoconception des produits et des emballages en plastique sont essentielles pour réduire les volumes de déchets plastiques à collecter et à traiter, ainsi que pour atténuer les effets néfastes sur l'environnement et la santé le long du cycle de vie des plastiques. Les mesures du scénario *Action mondiale sur le cycle de vie, Rigueur élevée* [*Ambition mondiale*] réduiraient de moitié l'utilisation de plastiques primaires (pour les emballages comme pour les autres applications) par rapport au scénario de *Référence* (Graphique 1.6 ; 1er diagramme). Cet effet est principalement induit par les mesures destinées à limiter la production et la demande et à améliorer l'écoconception pour la circularité. L'utilisation globale de plastiques serait réduite d'un tiers (élément non illustré par le graphique). Grâce à une croissance moindre de l'utilisation de plastiques, les déchets plastiques générés diminuent d'un quart par rapport au scénario de *Référence* (Graphique 1.6 ; 2e diagramme). Le fait d'éviter la production de 158 Mt de déchets environ d'ici 2040 (par rapport au niveau du scénario de *Référence*) atténuerait la sollicitation des systèmes de gestion des déchets dans le monde entier. Soulignons également que la production de déchets prévue dans les pays non membres de l'OCDE évoluerait différemment entre 2020 et 2040 : au lieu de doubler comme dans le scénario de *Référence*, elle augmenterait de 40 % au cours dans le scénario *Action mondiale sur le cycle de vie, Rigueur élevée* [*Ambition mondiale*][9].

Les leviers d'action consistant à limiter la production et la demande et à encourager la conception pour la circularité contribuent également à réduire les volumes de déchets plastiques mal gérés et rejetés dans l'environnement. En diminuant les quantités totales de déchets produits, il est possible d'améliorer sensiblement les résultats en aval, même en l'absence d'améliorations apportées aux systèmes de gestion des déchets. Pour éliminer complètement les rejets de plastiques, il est toutefois également essentiel de faire des efforts pour augmenter le recyclage ainsi que pour améliorer la collecte, le tri et le traitement des déchets, ces deux éléments contribuant respectivement à 26 % et à 44 % de la baisse totale des rejets. L'ensemble complet de mesures du scénario *Action mondiale sur le cycle de vie, Rigueur élevée* [*Ambition mondiale*] facilite en outre la transition vers une utilisation plus circulaire des plastiques, car la production de plastiques secondaires augmente parallèlement à la disponibilité accrue des débris provenant des activités de recyclage en aval. De ce fait, la demande de plastiques primaires serait plus faible qu'en 2020.

L'ensemble complet de mesures envisagées en amont, en milieu de cycle et en aval dans le scénario *Action mondiale sur le cycle de vie, Rigueur élevée* [*Ambition mondiale*] promet d'avoir d'importantes retombées positives à l'échelle mondiale sur les écosystèmes et la santé humaine. Les mesures de prévention des déchets combinées à l'amélioration de la collecte et de la gestion des déchets entraînent presque immédiatement une réduction des rejets de plastiques dans l'environnement et leur quasi-élimination à l'horizon 2040. Ce scénario devrait également avoir des retombées bénéfiques considérables sur la santé humaine, en particulier en atténuant les effets néfastes qui découlent de pratiques à risque en matière d'élimination des déchets, comme la pollution de l'air causée par le brûlage à l'air libre.

Soulignons que le cycle de vie des plastiques est étroitement lié au changement climatique, car la plupart des plastiques sont d'origine fossile et les plastiques primaires d'origine fossile sont aujourd'hui les plus produits et les plus utilisés. Comme l'explique le rapport (OCDE, 2023[1]), une réduction des émissions de GES liées aux plastiques est indispensable pour concrétiser les scénarios climatiques ambitieux, dont les scénarios de neutralité en GES. S'il venait à se réaliser, le scénario *Action mondiale sur le cycle de vie, Rigueur élevée* [*Ambition mondiale*] pourrait aboutir en 2040 à une réduction de 41 % des émissions de GES liées aux plastiques par rapport aux niveaux prévus en cas de politiques inchangées (1.7 Gt éq. CO_2, contre 2.8 Gt éq. CO_2 dans le scénario de *Référence*). Ce scénario permettrait d'éviter une hausse notable des émissions par rapport aux niveaux de 2020, mais il ne serait pas compatible avec les ambitions de l'Accord de Paris.

Le scénario *Action mondiale sur le cycle de vie, Rigueur élevée* [*Ambition mondiale*] permet une diminution très importante de l'accumulation de plastiques dans les milieux aquatiques par rapport au scénario de *Référence*, empêchant l'accumulation de 64 Mt de plastiques supplémentaires dans les cours d'eau et

11 Mt dans les océans. Même si tous les principaux flux aboutissant dans les milieux aquatiques sont nettement moins élevés dans ce scénario que dans le scénario de *Référence*, les stocks devraient néanmoins croître et atteindre 226 Mt de plastiques accumulés en 2040 d'après les projections. Étant donné que même l'élimination complète des rejets de plastiques à l'horizon 2040 ne peut pas empêcher une augmentation des stocks de plastiques dans les océans et les cours d'eau sur cette période, des mesures correctrices efficaces et économes seront requises pour atténuer les risques de pollution terrestre et aquatique par les plastiques.

Malgré les avantages importants attendus dans le scénario *Action mondiale sur le cycle de vie, Rigueur élevée* [*Ambition mondiale*], les dix instruments d'action modélisés pour éliminer la mauvaise gestion des déchets plastiques et les rejets de macroplastiques ne suffiraient pas pour régler pleinement tous les aspects de la pollution plastique. L'élimination progressive des produits chimiques préoccupants est également nécessaire afin de réduire les risques pour la santé humaine et l'environnement et de permettre un réemploi en toute sécurité ainsi que des taux de recyclage plus élevés. Il est en outre essentiel de progresser dans la lutte contre les rejets de microplastiques, comme les granulés de plastique et les microplastiques provenant des pneus des véhicules, des textiles ou encore des peintures (voir également la section 1.3.4).

1.3.4. Un ensemble d'interventions est néanmoins nécessaire pour surmonter les obstacles techniques et économiques de poids à la concrétisation du scénario Ambition mondiale

Le scénario *Action mondiale sur le cycle de vie, Rigueur élevée* [*Ambition mondiale*] augmentant sensiblement le niveau de rigueur des dix instruments d'action inclus dans l'ensemble de mesures, il y aura des obstacles techniques et économiques non négligeables à surmonter pour permettre sa concrétisation.

Limiter la production et la demande, notamment en améliorant l'écoconception et en développant les systèmes de réemploi. Pour faire baisser la demande de plastiques et la découpler de la croissance économique, il est essentiel de promouvoir l'écoconception des produits et des emballages, en conformité avec le réemploi en toute sécurité et le recyclage, par exemple l'élaboration de normes de produits au niveau international. Les modèles de réemploi pourraient jouer un rôle essentiel pour réduire la demande d'applications à courte durée de vie et pour continuer à utiliser les matériaux plastiques plus longtemps avant leur élimination, mais des incitations publiques plus fortes et des normes de réemploi harmonisées sont requises afin de faciliter les investissements dans les infrastructures et le développement des modèles de réemploi. Il sera nécessaire de faire progresser la recherche concernant les incidences sur l'environnement des matériaux de substitution dans différentes applications en vue de mieux éclairer la conception des produits et d'éviter le risque d'effets imprévus liés aux matériaux de substitution. En outre, même si le scénario *Action mondiale sur le cycle de vie, Rigueur élevée* [*Ambition mondiale*] pourrait aboutir à une réduction de 41 % des émissions de GES liées aux plastiques, la production de plastiques émettrait toujours 1.7 Gt éq. CO_2 en 2040.

Améliorer la collecte, le tri et le traitement des déchets, en particulier dans les pays en développement. Il est essentiel d'améliorer la collecte des déchets pour réduire le volume de déchets mal gérés, en particulier dans les économies émergentes et en développement. De nombreux pays à faible revenu et à revenu intermédiaire utilisent moins de plastiques et produisent moins de déchets plastiques que les économies avancées. Toutefois, ces pays manquent de services performants de collecte et de gestion des déchets, recourant souvent au ramassage informel et à des pratiques telles que la mise en décharge à ciel ouvert et le brûlage à l'air libre, qui aggravent les problèmes environnementaux et sanitaires. Les difficultés de gouvernance et les ressources financières limitées freinent actuellement la mise en place rapide d'une infrastructure efficace de gestion des déchets dans ces contextes. Des solutions garantissant l'intégration du secteur informel dans les systèmes de gestion des déchets permettraient aux ramasseurs informels de participer à l'amélioration des systèmes de réemploi et à la hausse des taux de collecte tout en atténuant les préoccupations liées à la santé des travailleurs. Parallèlement, l'atténuation de la progression attendue de la demande peut jouer un rôle important dans la gestion des coûts de la collecte et du traitement des déchets.

Encourager l'amélioration du tri et du recyclage ainsi que l'innovation technologique. Le scénario *Action mondiale sur le cycle de vie, Rigueur élevée* [*Ambition mondiale*] postule également de très nettes améliorations en matière de recyclage dans toutes les régions, avec un taux de recyclage moyen à l'échelle mondiale passant de 9.5 % en 2020 à 42 % en 2040. Cela inclut aussi une large augmentation du recyclage mécanique en ce qui concerne les polymères et les applications pour lesquelles le recyclage est actuellement minimal. La concrétisation de cette ambition nécessiterait d'améliorer nettement les rendements et la qualité du recyclage, ainsi que de réduire les pertes de recyclage pour garantir une disponibilité suffisante de débris. Des investissements calibrés dans les technologies de recyclage, en association avec une amélioration de la conception pour la circularité, sont nécessaires pour accroître les sources de matières premières viables pour le recyclage mécanique. Le développement de marchés performants des débris plastiques et des plastiques secondaires est essentiel pour assurer l'intérêt économique du recyclage des plastiques. Si les percées techniques attendues ne se matérialisent pas, il faudra redoubler d'efforts sur d'autres aspects, par exemple faire baisser l'utilisation de polymères difficiles à recycler ou réduire la demande de manière plus importante, pour atteindre les objectifs de l'ensemble de mesures.

Améliorer la gestion des déchets municipaux. Même la mise en œuvre de l'ensemble de mesures ambitieuses envisagée dans le scénario *Action mondiale sur le cycle de vie, Rigueur élevée* [*Ambition mondiale*] n'éliminerait pas complètement la pollution plastique. À l'horizon 2040, près de 4 Mt de plastiques seraient encore mal gérés dans ce scénario, principalement en raison des dépôts sauvages difficiles à collecter au moyen du ramassage des déchets municipaux. Une forte augmentation de la gestion des déchets municipaux sauvages est prévue, en particulier en Afrique et en Inde (de 65 % en 2020 à 75 % en 2040 dans ce scénario).

Encourager la recherche afin de favoriser la mise en œuvre de mesures efficaces et économes ciblant les rejets de microplastiques. Les rejets de microplastiques demeurent largement ignorés dans tous les scénarios. Si la réduction de l'intensité d'utilisation de plastiques dans l'économie peut permettre de les faire baisser, des solutions ciblées sont également requises. Celles-ci peuvent comprendre des interventions visant la prévention des pertes de granulés (par exemple, manutention optimale, certifications obligatoires), l'amélioration de l'écoconception des produits (par exemple, pneus, véhicules, routes, peintures et textiles) afin de réduire au minimum les émissions, l'adoption de pratiques optimales au cours de l'utilisation ou encore les solutions de récupération en bout de chaîne dans les points sensibles (par exemple, amélioration du traitement des ruissellements routiers et des eaux pluviales).

Étudier la pertinence d'interventions correctrices. La pollution par les plastiques existante et les contributions supplémentaires encore attendues entre 2020 et 2040 entraîneraient une hausse continue de la pollution plastique. Les stocks de macroplastiques accumulés dans les cours d'eau et les océans, fréquemment utilisés comme indicateur de la pollution mondiale, devraient encore augmenter pour passer de 152 Mt en 2020 à 226 Mt en 2040 dans le scénario *Action mondiale sur le cycle de vie, Rigueur élevée* [*Ambition mondiale*] (74 Mt de moins que dans le scénario de *Référence*). Outre les mesures envisagées dans ce scénario d'action, des interventions correctrices seraient importantes pour atténuer les risques environnementaux, en particulier dans les pays en développement les plus touchés par la pollution plastique. Les interventions de dépollution, comme les opérations de nettoyage citoyen et les interventions ciblant les points sensibles, peuvent par ailleurs permettre de recueillir des données concernant la pollution environnementale et d'éclairer les efforts des pouvoirs publics. Parallèlement, une attention particulière doit être accordée aux effets potentiels sur l'environnement des interventions de nettoyage, notamment en cas de recours à des technologies pouvant être associées à des risques de dommages aux écosystèmes et à une faible rentabilité.

Permettre la quantification des répercussions environnementales au sens large associées aux plastiques. Le rapport *Perspectives mondiales des plastiques* (OCDE, 2023[1]) contient une évaluation des répercussions environnementales du cycle de vie des plastiques dans le monde plutôt qu'à l'échelle des régions. En outre, la réduction de la pollution due aux déchets mal gérés qui découle de la fermeture des voies de rejet a été quantifiée seulement pour les rejets de plastiques dans le milieu (aquatique). Une meilleure compréhension des incidences des plastiques sur l'environnement à l'échelle régionale est essentielle pour une gestion efficace et une identification des mesures les plus adaptées pour mettre fin à la pollution plastique.

1.3.5. Il est plus efficace et moins onéreux d'intervenir sur tout le cycle de vie des plastiques que d'agir uniquement en aval

Les ensembles de mesures déséquilibrés qui négligent l'action en amont augmentent les coûts

Le scénario *Action mondiale sur le cycle de vie, Rigueur élevée* [*Ambition mondiale*] permet d'obtenir les avantages les plus importants et de limiter les coûts globaux de la transition par rapport aux scénarios moins ambitieux et moins équilibrés (Graphique 1.7). Des interventions rigoureuses tant du côté de l'offre que de la demande constituent le moyen le plus efficace de ralentir la production et la consommation de plastiques, ainsi que de réduire les répercussions environnementales. Parallèlement, des mesures rigoureuses de gestion des déchets sont cruciales pour garantir l'élimination des déchets en toute sécurité et réduire les risques pour l'environnement et la santé humaine. L'amélioration du tri des déchets et des infrastructures de recyclage est également indispensable pour augmenter les taux de recyclage et accélérer la transition des plastiques primaires aux plastiques secondaires.

Le coût de la mise en œuvre des dix instruments d'action modélisés dans le scénario *Action mondiale sur le cycle de vie, Rigueur élevée* [*Ambition mondiale*] s'élèverait à 0.5 % du PIB mondial en 2040. Dans l'ensemble, les coûts de mise en œuvre sont nettement plus élevés dans les pays non membres de l'OCDE que dans les pays de l'OCDE (0.62 % contre 0.37 % du PIB en 2040, respectivement, dans le scénario de *Référence*). Ces chiffres ne tiennent pas compte des coûts de l'inaction ainsi évités et devraient être considérés dans le contexte d'une nette amélioration des résultats environnementaux. Or, une diminution des pressions exercées sur l'environnement, le climat et la santé humaine le long du cycle de vie des plastiques aurait des retombées économiques importantes. Même si ces retombées ne sont pas examinées dans le cadre des projections de cette analyse, elles devraient largement compenser les coûts quantifiés (OCDE, 2023[1]).

Les répercussions macroéconomiques varient notablement d'un levier d'action à l'autre dans le scénario *Action mondiale sur le cycle de vie, Rigueur élevée* [*Ambition mondiale*] (voir chapitre 6). La majeure partie des coûts macroéconomiques est imputable aux mesures d'amélioration du recyclage. Les mesures visant à encourager la conception pour la circularité, en revanche, se distinguent par des coûts moins élevés. Une partie de ces mesures pourrait même avoir des retombées économiques et environnementales positives, étant donné qu'elles s'attachent davantage à améliorer l'efficacité économique de l'utilisation de plastiques (autrement dit à réduire l'intensité d'utilisation de plastiques dans l'économie). Ces mesures ne sont pas rentables dans le scénario de *Référence*, où les plastiques restent bon marché, mais elles le deviennent lorsqu'elles sont associées à des interventions qui accroissent le coût d'utilisation de plastiques primaires (par exemple, taxes sur les plastiques prévues dans le levier « limiter la production et la demande »). Les mesures visant à fermer les voies de rejet peuvent être relativement peu onéreuses d'un point de vue macroéconomique, mais seulement si les volumes totaux de déchets ne sont pas trop élevés.

Graphique 1.7. Il est plus coûteux et moins efficace de se concentrer uniquement sur les mesures en aval

Variation en pourcentage du PIB (axe de gauche) et des rejets de plastiques (axe de droite) par rapport au scénario de *Référence* en 2040

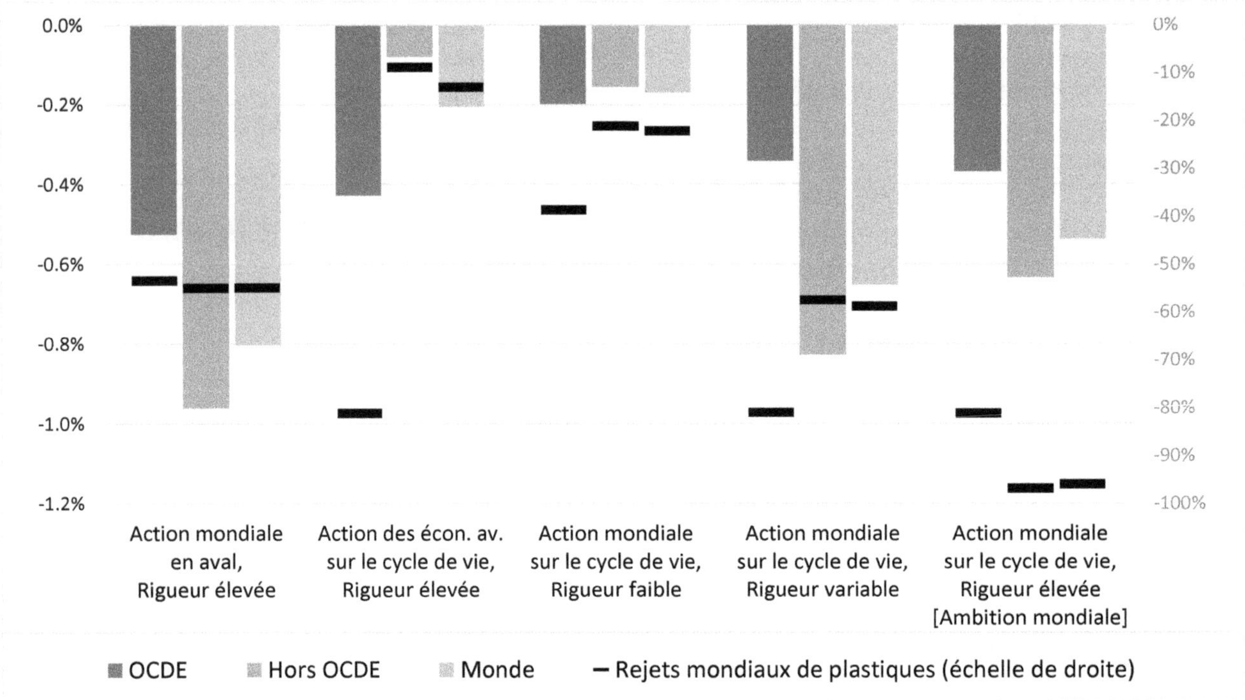

Note : la réduction moindre des rejets dans les pays de l'OCDE par rapport aux pays non membres dans les scénarios *Action mondiale sur le cycle de vie, Rigueur variable* et *Action mondiale sur le cycle de vie, Rigueur élevée* [*Ambition mondiale*] reflète la part inférieure de déchets mal gérés dans ces scénarios plutôt qu'un niveau d'ambition plus faible.
Source : modèle ENV-Linkages de l'OCDE.

StatLink https://stat.link/ynmic3

Une action ambitieuse nécessiterait une réorientation majeure des flux d'investissement pour appuyer la mise en œuvre de mesures rigoureuses le long du cycle de vie dans tous les pays, notamment une amélioration notable de la gestion des déchets plastiques, c'est-à-dire le renforcement de la collecte, du tri et du traitement des déchets, comme le prévoit le scénario *Action mondiale sur le cycle de vie, Rigueur élevée* [*Ambition mondiale*]. Dans le scénario de *Référence*, les besoins d'investissement dans la collecte, le tri et le traitement des déchets plastiques devraient dépasser 1 000 milliards USD entre 2020 et 2040 pour l'ensemble des pays non membres de l'OCDE. Le scénario *Action mondiale sur le cycle de vie, Rigueur élevée* [*Ambition mondiale*] aurait deux effets distincts sur ces besoins d'investissement : i) d'une part, les mesures prises en amont et en milieu de cycle (premier et deuxième leviers d'action) sont susceptibles de réduire les volumes totaux de déchets plastiques, faisant ainsi baisser les coûts de la collecte, du tri et du traitement ; ii) d'autre part, les mesures prises en aval impliquent la collecte d'une plus grande part de déchets (et de dépôts sauvages) et le recours à des méthodes de gestion des déchets plus onéreuses, notamment pour le recyclage. Dans l'ensemble, un investissement supplémentaire de 50 milliards USD est nécessaire dans ce scénario par rapport aux projections du scénario de *Référence*.

Par comparaison, les ensembles de mesures uniquement axés sur les interventions en aval, autrement dit le scénario *Action mondiale en aval, Rigueur élevée*, font diminuer les rejets de plastiques sans réduire le total des déchets plastiques. En conséquence, les coûts totaux de gestion des déchets augmentent sensiblement, ce qui rend l'élimination des rejets beaucoup plus difficile, voire probablement impossible (Graphique 1.8). Il s'agit d'une question qui touche tout particulièrement les pays en développement dotés de systèmes de gestion des déchets peu perfectionnés, notamment en Afrique subsaharienne et en Asie, qui seraient confrontés à une augmentation très importante de la production de déchets et des coûts de gestion des déchets. Au-delà des considérations de rentabilité, il existe des incertitudes autour de la viabilité d'une stratégie axée sur les mesures en aval dans les pays à faible revenu et à revenu intermédiaire, car ce scénario repose sur l'hypothèse que les pays qui ne disposent pas à l'heure actuelle de systèmes robustes de collecte et de traitement des déchets sont capables de mettre en œuvre rapidement les mesures requises pour améliorer ces systèmes. Les contraintes technologiques, dont le délai nécessaire pour construire des décharges contrôlées ou des installations de recyclage, ainsi que les difficultés de gouvernance pourraient faire obstacle à la mise en place rapide de systèmes de gestion des déchets et faire augmenter les coûts économiques de ce développement. Dans l'ensemble, comme le montrent les modélisations décrites dans ce rapport, les solutions en amont et en milieu de cycle qui réduisent les quantités de plastiques dans l'économie sont essentielles pour qu'un ensemble de mesures soit efficace et à même de rendre les solutions de gestion des déchets moins coûteuses et plus faciles à mettre en œuvre.

Si seuls les pays de l'OCDE et les pays de l'Union européenne non membres de l'OCDE font preuve d'ambition, comme dans le scénario *Action des économies avancées sur le cycle de vie, Rigueur élevée*, cela aura des effets très limités sur les coûts de gestion des déchets, la plupart des économies avancées ayant des taux très élevés de collecte des déchets et des installations de traitement adéquates, comme le reflète le scénario de *Référence*. De même, à l'échelle planétaire, la baisse des rejets de plastiques reste faible dans ce scénario.

Le scénario *Action mondiale sur le cycle de vie, Rigueur faible*, qui concilie mesures en amont et mesures en aval peu ambitieuses, semble indiquer qu'une amélioration graduelle des politiques actuelles ne permettrait pas d'éliminer la pollution plastique en l'absence de mesures et d'objectifs communs ambitieux.

La fusion des trois scénarios d'ambition partielle dans le scénario *Action mondiale sur le cycle de vie, Rigueur variable* permet d'éviter les coûts considérables du scénario *En aval* en intégrant des mesures ambitieuses en amont et en milieu de cycle dans les économies avancées (comme dans le scénario *Action des économies avancées sur le cycle de vie, Rigueur élevée*), même si ces mesures restent limitées dans les économies émergentes et en développement (avec le même niveau de rigueur que dans le scénario *Action mondiale sur le cycle de vie, Rigueur faible*). Cependant, ce scénario d'action intégré très ambitieux ne met pas fin à tous les rejets de plastiques et dépend encore trop des mesures en aval excessivement coûteuses.

Le scénario *Action mondiale sur le cycle de vie, Rigueur élevée* [*Ambition mondiale*] peut améliorer le scénario *Action mondiale sur le cycle de vie, Rigueur variable* en harmonisant davantage les mesures en amont dans tous les pays, en éliminant les rejets de plastiques et en réduisant simultanément les coûts totaux de gestion des déchets dans le monde.

Graphique 1.8. Des ensembles de mesures équilibrés sont nettement plus rentables qu'une action reposant majoritairement sur des mesures en aval

Variation en pourcentage des rejets de plastiques par rapport au scénario de *Référence* en 2040, en regard des coûts cumulés de la gestion des déchets pour la période 2020-40 (en milliards USD)

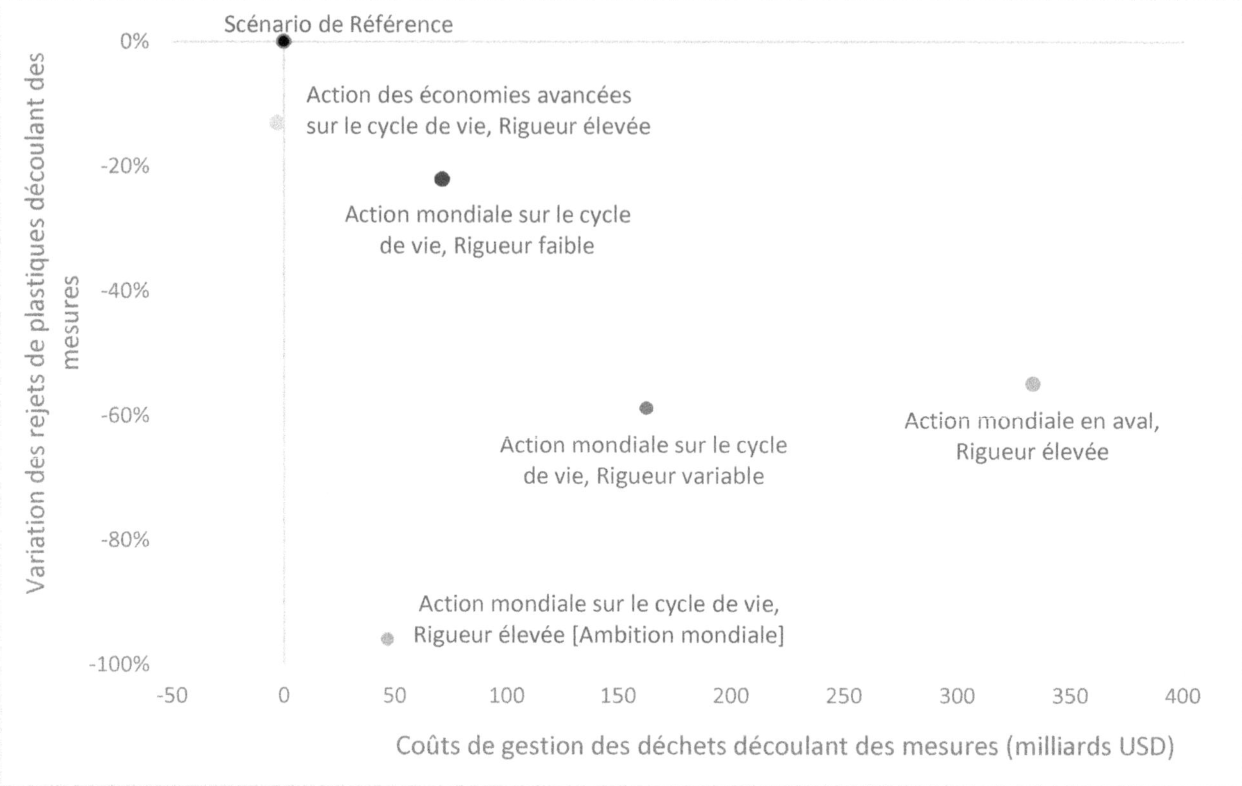

Source : modèle ENV-Linkages de l'OCDE.

StatLink https://stat.link/g0kfn4

Les approches équilibrées couvrant la totalité du cycle de vie représentent la stratégie la plus rentable pour mettre fin à la pollution plastique, mais leur mise en œuvre nécessite une coordination internationale solide fondée sur des approches et des objectifs communs. En amont dans le cycle de vie des plastiques, en particulier, l'absence de coordination étroite entre les pays pourrait restreindre le potentiel des interventions requises pour modifier significativement les flux de plastiques et parvenir à une économie des plastiques qui soit sûre et circulaire. La coordination à l'échelle internationale favorise l'instauration de critères d'écoconception harmonisés, l'élaboration de normes communes de réemploi et l'action face aux produits chimiques préoccupants et aux polymères et plastiques problématiques.

Une coordination internationale limitée ou l'incapacité à surmonter les obstacles techniques, politiques et financiers à la mise en œuvre du scénario *Action mondiale sur le cycle de vie, Rigueur élevée* [*Ambition mondiale*] pourrait aboutir à un ralentissement de l'action mondiale, accompagné de répercussions environnementales et sanitaires importantes pour les générations futures (voir la section 6.5 du chapitre 6). Le scénario d'action retardée (*Action mondiale sur le cycle de vie, Retardée*, qui correspond à un objectif d'élimination des rejets de macroplastiques à l'horizon 2060) pourrait réduire les coûts macroéconomiques d'ici 2040, tandis que les coûts en 2060 seraient d'une ampleur similaire à ceux du scénario *Action mondiale sur le cycle de vie, Rigueur élevée* [*Ambition mondiale*]. Cependant, les gains économiques à court terme seraient réalisés au prix d'effets positifs bien moindres sur le climat et l'environnement, avec des répercussions à long terme.

Les importants besoins financiers et la répartition géographique inégale des coûts rendent la coopération internationale nécessaire

Même s'il n'existe pas de corrélation parfaite entre l'augmentation des coûts de gestion des déchets et les effets des scénarios d'action sur le PIB, les coûts les plus importants, à la fois pour ce qui est des coûts de gestion des déchets induits par les mesures et de la variation du PIB résultant d'une action mondiale ambitieuse, sont prévus dans les pays affichant une croissance rapide et dotés de systèmes de gestion des déchets peu perfectionnés, en particulier en Afrique subsaharienne (Graphique 1.9). Dans le scénario de *Référence*, les coûts de gestion des déchets sont relativement faibles en Afrique subsaharienne, et la progression de la collecte et la transition vers le recyclage s'accompagnent de coûts supplémentaires non négligeables. La baisse des coûts de gestion des déchets associée aux mesures ralentissant la production et l'utilisation de plastiques ainsi que le volume de déchets générés ne permet pas de compenser pleinement l'augmentation liée à l'accroissement des taux de collecte et de recyclage.

Graphique 1.9. Les coûts d'élimination des rejets sont répartis de manière inégale entre les régions du monde

Répartition par région des coûts économiques (variation du PIB) et des coûts cumulés de gestion des déchets découlant des mesures dans le scénario *Action mondiale sur le cycle de vie, Rigueur élevée [Ambition mondiale]*, variation en pourcentage par rapport au scénario de *Référence* en 2040

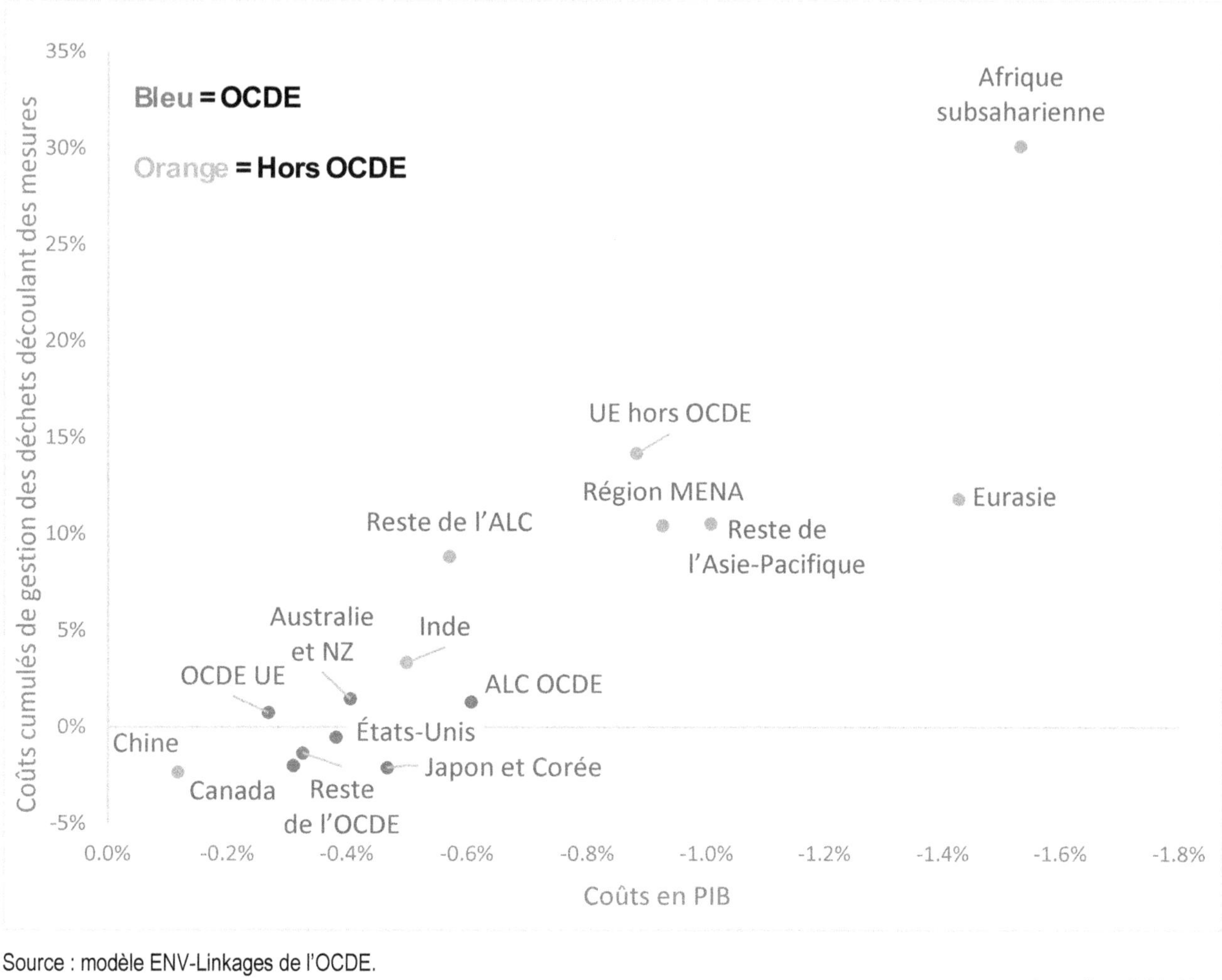

Source : modèle ENV-Linkages de l'OCDE.

StatLink https://stat.link/vzl0sm

La République populaire de Chine (ci-après la Chine) et les pays de l'OCDE disposent généralement de systèmes perfectionnés de gestion des déchets, et leurs taux de recyclage sont déjà supérieurs à la moyenne mondiale dans le scénario de *Référence*. Dans le scénario *Action mondiale sur le cycle de vie, Rigueur élevée [Ambition mondiale]*, les coûts supplémentaires associés aux mesures en aval sont donc limités, tandis que les économies réalisées grâce aux mesures en amont et en milieu de cycle sont notables. De plus, des économies stables et diversifiées peuvent absorber plus facilement les chocs des mesures en amont et donc limiter les répercussions macroéconomiques (sur le PIB).

Si les progrès vers l'objectif d'élimination de la pollution plastique devraient profiter à l'ensemble des pays, les coûts plus élevés pesant sur les pays en développement laissent penser qu'une coopération internationale renforcée est indispensable pour concrétiser ces avantages. Les pays en développement, dont les petits États insulaires en développement, sont généralement confrontés à de plus grandes difficultés pour réduire la pollution plastique. D'une part, ce sont souvent les plus touchés par cette pollution, ainsi que par les effets négatifs concomitants sur le bien-être humain et les secteurs économiques tels que le tourisme ou la pêche. D'autre part, ce sont eux qui devront déployer le plus d'efforts pour fermer les voies de rejet, car ils ne disposent pas encore de systèmes de collecte et de traitement des déchets permettant de gérer la hausse de la production de déchets prévue dans les années à venir (même en présence de mesures destinées à limiter la production et la demande).

Les importants besoins financiers et la répartition inégale des coûts entre les pays rendent la coopération internationale nécessaire sous la forme d'aides techniques, technologiques et financières renforcées. Dans les pays non membres de l'OCDE, les besoins d'investissement dans les systèmes de gestion des déchets s'élèveraient à plus de 1 000 milliards USD sur 20 ans dans le scénario *Action mondiale sur le cycle de vie, Rigueur élevée* [*Ambition mondiale*]. Des investissements seraient également requis pour appuyer la mise en œuvre de mesures ambitieuses en amont et en milieu de cycle, notamment les restrictions sur les plastiques problématiques ou non nécessaires, la mise en place de systèmes de réemploi, l'écoconception et la promotion des matériaux de substitution.

Étant donné le rôle essentiel des pays en développement dans l'élimination de la pollution plastique, la réalisation de cet objectif nécessite de faire appel au financement du développement, y compris par la réorientation et l'augmentation de l'aide publique au développement (APD). Les flux d'APD visant à soutenir la lutte contre la pollution plastique ont augmenté ces dernières années, atteignant 269 millions USD pour les plastiques en particulier et 1 191 millions USD pour la gestion des déchets solides plus généralement en 2022. Si l'APD seule ne suffira pas à couvrir tous les besoins d'investissement dans les années à venir, il existe de nombreuses possibilités d'accroître son influence grâce à un meilleur ciblage, notamment pour garantir qu'elle atteigne les régions où la majorité des rejets devraient avoir lieu dans les prochaines années. Par ailleurs, le rôle de catalyseur de l'APD peut contribuer à mobiliser d'autres sources de financement, y compris privées.

Un soutien technique renforcé est requis pour faire progresser la mise en œuvre de cadres d'action solides appuyant l'objectif d'élimination de la pollution plastique et créant un environnement favorable aux investissements. Il s'agit notamment de mettre en place des sources de revenus fiables pour le financement intérieur de la collecte et du traitement des déchets (par exemple, responsabilité élargie des producteurs) ou d'interdire ou taxer de façon ciblée les applications problématiques des plastiques. Comme indiqué plus haut, l'inclusion de mesures visant à réduire les flux de plastiques dans l'économie devrait rendre la transition plus efficace par rapport à son coût et plus viable sur le plan technique.

Il sera nécessaire de réorienter les flux financiers partout dans le monde. Dans les pays de l'OCDE, où les déchets mal gérés sont déjà en grande partie éliminés dans le scénario de *Référence*, les coûts supplémentaires sont concentrés dans les activités de recyclage et dépassent 120 milliards USD au cours de la période 2020-40 dans le scénario *Action mondiale sur le cycle de vie, Rigueur élevée* [*Ambition mondiale*]. En plus de développer le recyclage et de rendre possible le remplacement des plastiques primaires par des plastiques secondaires, il faudra réorienter les investissements afin de soutenir le déploiement de solutions en amont et en milieu de cycle dans la chaîne de valeur des plastiques, notamment afin de mettre en œuvre des systèmes de réemploi pour les emballages et les produits. Il est essentiel que les flux financiers provenant à la fois de sources publiques et privées soient à la hauteur des objectifs de l'instrument juridiquement contraignant en cours de négociation afin de permettre une transition complète à toutes les étapes du cycle de vie des plastiques.

Références

Château, J., R. Dellink et E. Lanzi (2014), « An Overview of the OECD ENV-Linkages Model : Version 3 », *OECD Environment Working Papers*, n° 65, Éditions OCDE, Paris, https://doi.org/10.1787/5jz2qck2b2vd-en. [10]

G7 Ministers of Climate, Energy and the Environment (2024), *Climate, Energy and Environment Ministers' Meeting Communiqué (Torino, April 29-30, 2024)*, https://www.g7italy.it/wp-content/uploads/G7-Climate-Energy-Environment-Ministerial-Communique_Final.pdf (consulté le 5 juin 2024). [5]

High Ambition Coalition to End Plastic Pollution (2024), *High Ambition Coalition Ministerial Joint Statement INC-4*, https://hactoendplasticpollution.org/hac-member-states-ministerial-joint-statement-for-inc-4/ (consulté le 11 juin 2024). [4]

Karali, N., N. Khanna et N. Shah (2024), *Climate Impact of Primary Plastic Production.*, https://escholarship.org/uc/item/12s624vf. [9]

Lebreton, L. (2024), *Quantitative analysis of aquatic leakage for multiple scenarios based on ENV-Linkages*, non publié. [7]

OCDE (2023), *Perspectives mondiales des plastiques : Déterminants économiques, répercussions environnementales et possibilités d'action*, Éditions OCDE, Paris, https://doi.org/10.1787/5c7bba57-fr. [2]

OCDE (2023), *Perspectives mondiales des plastiques : Scénarios d'action à l'horizon 2060*, Éditions OCDE, Paris, https://doi.org/10.1787/c5abcbb1-fr. [1]

OCDE (2022), *Modelling plastics in ENV-Linkages: A novel approach to projecting future plastics use and waste*, https://www.oecd.org/environment/plastics/Technical-Report-Modelling-plastics-in-ENV-Linkages.pdf. [6]

OCDE (2021), « Perspectives macro économiques à long terme : scénario de référence, No. 109 (Édition 2021) », *Perspectives économiques de l'OCDE : statistiques et projections* (base de données), https://doi.org/10.1787/e303b14b-fr (consulté le 27 août 2024). [8]

UNEP (2024), *Intergovernmental Negotiating Committee on Plastic Pollution*, https://www.unep.org/inc-plastic-pollution. [3]

Notes

[1] La Coalition de haute ambition pour mettre fin à la pollution plastique est un groupe de 64 pays partageant les mêmes idées, qui se sont engagés à élaborer un instrument international juridiquement contraignant ambitieux pour mettre fin à la pollution plastique d'ici 2040. En mars 2024, 28 pays de l'OCDE étaient membres de la Coalition.

[2] Le groupe des économies avancées est choisi pour représenter les pays ayant fait part de leur volonté d'appliquer des mesures ambitieuses couvrant l'intégralité du cycle de vie et visant à éliminer la pollution plastique d'ici 2040. Aux fins de la modélisation, les « économies avancées » englobent les pays de l'OCDE ainsi que les pays de l'UE non membres de l'OCDE.

[3] La terminologie employée dans ce rapport utilise « production primaire » pour renvoyer à la « production de polymères primaires », « rejets » pour désigner les « émissions et rejets dans l'environnement » et « mauvaise gestion » pour décrire toutes les situations où les déchets ne font pas l'objet d'un recyclage, d'une incinération ou d'une mise en décharge contrôlée. Cette terminologie se veut largement compréhensible et cohérente avec les rapports connexes de l'OCDE, notamment les *Perspectives mondiales des plastiques*.

[4] Voir Château, Dellink et Lanzi (2014[10]) pour la description complète du modèle.

[5] Il s'agit là d'un sous-ensemble de résultats susceptibles d'avoir des effets positifs sur l'environnement. D'autres améliorations peuvent être obtenues, par exemple, en ciblant des polymères spécifiques, des applications problématiques ou des produits chimiques nocifs et en mettant en œuvre des mesures pour s'attaquer aux microplastiques. Une évaluation de ces résultats n'entre pas dans le champ de la présente analyse.

[6] Si la décarbonation d'autres secteurs se poursuit ou s'accélère, cette part pourrait croître encore plus rapidement. Des politiques climatiques plus ambitieuses pourraient stimuler la réduction des émissions provenant de la production et de l'utilisation de plastiques ainsi que de la gestion des déchets plastiques.

[7] Cette constatation souligne la contribution importante des étapes d'extraction et de production aux émissions de GES liées aux plastiques, comme l'indiquait le rapport *Perspectives mondiales des plastiques* (OCDE, 2023[1]). Karali et al. (2024[9]) ont découvert que 75 % des émissions de GES liées à la production étaient générées au cours des étapes précédant la polymérisation.

[8] Une réduction totale de 100 % n'est pas réalisable, car certains flux de déchets continueront à échapper aux systèmes de gestion des déchets modélisés, notamment les microplastiques et les dépôts sauvages non collectés.

[9] Voir chapitre 5 ; résultat non illustré par le Graphique 1.6.

2 Le maintien du statu quo n’est pas soutenable

Ce chapitre décrit les tendances en cas de maintien du statu quo, telles que projetées dans le scénario de *référence*. Le scénario de *référence* modélise les flux actuels de plastiques dans l’économie et établit des projections à l’horizon 2040, notamment concernant la production et l’utilisation de plastiques, les déchets plastiques et leur devenir en fin de vie, la mauvaise gestion des plastiques, les rejets dans l’environnement et les émissions de gaz à effet de serre. Les projections du scénario de *référence* relatives aux flux de plastiques découlent des tendances socioéconomiques propres à chaque pays attendues au cours des prochaines décennies.

2.1. La production et la demande de plastiques primaires continueraient à croître

Comme l'expose en détail le rapport *Perspectives mondiales des plastiques* (OCDE, 2023[1]), la production et l'utilisation de plastiques dans l'industrie ont commencé à s'accélérer dans l'après-guerre et ont augmenté plus rapidement que pour n'importe quel autre produit de base, ce qui met en évidence la dépendance accrue de nos économies à l'égard des matières plastiques. La production et la demande de plastiques dans le monde, fibres et additifs compris, ont atteint 435 millions de tonnes (Mt) en 2020. Si les plastiques apportent de nombreux avantages à la société, les flux actuels de plastiques dans l'économie mondiale ne sont ni soutenables ni circulaires. Selon les projections du modèle ENV-Linkages (voir chapitre 3 et annexe A), le scénario de *référence* prévoit que les tendances actuelles de la croissance démographique et de l'augmentation des revenus entraîneraient une hausse de 70 % par an de la production et de l'utilisation de plastiques en 2040, qui passeraient de 435 Mt en 2020 à 736 Mt en 2040 (Graphique 2.1)[1]. Dans l'ensemble, la croissance incessante de la production et de l'utilisation de plastiques suscite des préoccupations quant à l'amplification des conséquences néfastes sur la santé humaine, l'environnement et les moyens de subsistance.

L'utilisation de plastiques devrait augmenter dans toutes les régions, mais la composition régionale de l'utilisation de plastiques dans le monde devrait continuer à changer en raison de la croissance rapide de la demande dans les économies émergentes en Asie, en Afrique et en Amérique latine. À mesure que la population mondiale augmente et que le niveau de vie continue de s'améliorer, les économies émergentes et en développement rattrapent progressivement les pays à revenu élevé en matière d'utilisation de plastiques. Ce facteur, conjointement avec l'amélioration de l'efficacité de la production et les changements structurels, notamment la transition vers les services, a des conséquences sur la demande de matériaux, dont les plastiques. La production et l'utilisation de plastiques dans le monde devraient croître plus vite que la population. C'est en Inde et en Afrique subsaharienne que l'utilisation de plastiques devrait augmenter le plus rapidement, alors que la Chine devrait rester la région dont la part dans l'utilisation mondiale de plastiques est la plus élevée (22 %). Même si la part des pays de l'OCDE dans l'utilisation mondiale de plastiques devrait diminuer, l'utilisation de plastiques devrait encore augmenter dans ces pays ainsi que dans les pays d'Amérique latine et d'Eurasie non membres de l'OCDE.

Graphique 2.1. L'utilisation de plastiques devrait augmenter de plus de deux tiers dans le monde

Utilisation mondiale de plastiques en millions de tonnes (Mt) (diagramme de gauche) et par région (diagrammes de droite)

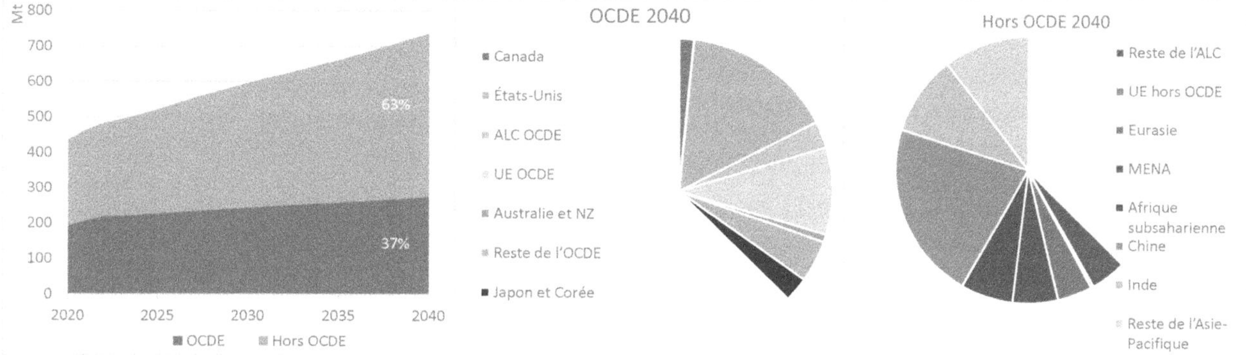

Notes :
1. Dans le diagramme de gauche, les pourcentages indiquent la part des deux ensembles de pays en 2040.
2. La croissance rapide en 2021 et (dans une moindre mesure) en 2022 reflète la reprise après la crise du COVID-19.
Source : modèle ENV-Linkages de l'OCDE.

StatLink https://stat.link/t8126f

À l'échelle mondiale, l'augmentation prévue de l'utilisation de plastiques entre 2020 et 2040 est quelque peu inférieure à la hausse prévue du PIB. Ainsi, l'intensité d'utilisation de plastiques dans l'économie, qui se mesure en divisant l'utilisation de plastiques (en tonnes) par le PIB (en millions USD), diminue progressivement, quoique de manière modeste et pas dans toutes les régions (Graphique 2.2). La réduction de l'intensité d'utilisation résulte d'une combinaison de progrès technologiques permettant à la valeur ajoutée de croître plus rapidement que les intrants matériels nécessaires à la production (OCDE, 2023[1]). Les évolutions en matière de spécialisation économique jouent également un rôle. Par exemple, la transition vers les services, dont l'intensité d'utilisation de plastiques est inférieure à la moyenne, entraîne un recul de l'intensité moyenne d'utilisation de plastiques, alors que l'industrialisation mène généralement à une augmentation de celle-ci.

Le scénario de *référence* postule qu'aucune nouvelle mesure n'est mise en place pour décourager l'utilisation de plastiques primaires. Cela entraîne une hausse de la production de plastiques secondaires en raison de la progression attendue du recyclage qui suit la croissance de la demande (soit 70 % entre 2020 et 2040) et de la production primaire. Par conséquent, la part des plastiques secondaires dans la production totale demeure assez stable, avec une moyenne mondiale de 6 %.

Graphique 2.2. La convergence de l'utilisation de plastiques par unité de PIB entre les régions est très limitée

Intensité d'utilisation de plastiques (primaires et secondaires) dans l'économie, en tonnes par unité de PIB (t/USD), en 2020 et en 2040, scénario de *référence*

Note : ALC = Amérique latine et Caraïbes ; UE = Union européenne ; NZ = Nouvelle-Zélande ; MENA = Moyen-Orient et Afrique du Nord ; Afrique subs. = Afrique subsaharienne ; Reste de l'Asie-P. = Reste de l'Asie-Pacifique. Voir le tableau A A.2 de l'annexe A pour une description plus détaillée des pays englobés dans chaque région.

Source : modèle ENV-Linkages de l'OCDE.

StatLink https://stat.link/tqw7ks

Si l'on produit et consomme des plastiques partout, la demande totale de plastiques varie d'une région à une autre. Actuellement, les pays de l'OCDE et la Chine comptent pour deux tiers de l'utilisation. Comme pour tous les matériaux employés comme intrants dans les processus de production, il existe une corrélation étroite entre l'utilisation de plastiques et le développement socioéconomique. Conformément à l'évolution de la dynamique économique des régions et des pays, l'importance relative des pays de l'OCDE dans la consommation mondiale de plastique n'a cessé de diminuer, alors que la croissance économique dans les économies émergentes stimule désormais la progression de l'utilisation de plastiques dans le monde, comme l'explique le rapport (OCDE, 2023[2]).

Pour mieux comprendre l'évolution de l'utilisation par application et la demande connexe de polymères plastiques, le modèle ENV-Linkages cartographie l'utilisation de plastiques par polymère et par application aux secteurs représentés dans le modèle (voir également l'annexe A). Les liens entre les polymères et les applications sont complexes, car les mêmes polymères peuvent être utilisés de diverses manières dans plusieurs applications ; certains polymères représentent en outre une grande variété de plastiques qui sont regroupés dans une seule catégorie, car ils partagent certaines caractéristiques. Par exemple, le polypropylène (PP) est utilisé pour les emballages, entre autres applications, et concerne plusieurs secteurs, dont les produits alimentaires et les services aux entreprises.

Le scénario de *référence* semble indiquer que ce sont les applications dans le secteur des équipements électriques/électroniques et des transports qui connaîtront la hausse la plus rapide de l'utilisation de plastiques entre 2020 et 2040 (Graphique 2.3). L'application concernant le secteur des équipements électriques/électroniques est relativement modeste comparée à d'autres applications, mais elle est associée à de nombreux polymères et devrait passer de 9 Mt en 2020 à 21 Mt en 2040 dans les pays non membres de l'OCDE, ce qui reflète une forte croissance industrielle. La progression de l'utilisation de plastiques pour cette application est limitée dans les pays de l'OCDE, avec une augmentation de 7 Mt en 2020 à 9 Mt en 2040. La hausse de l'utilisation de plastiques dans les transports est également soutenue, dans ce cas précis parce que cette utilisation est davantage concentrée dans les pays en développement et les économies émergentes en croissance rapide que pour les autres applications : en 2040, moins de 30 % de l'utilisation de plastiques dans le secteur des transports devrait avoir lieu dans les pays de l'OCDE.

L'utilisation de plastiques pour les emballages, l'application la plus importante, devrait augmenter de près de 70 % entre 2020 et 2040, ce qui en ferait l'application affichant la plus forte croissance absolue (+95 Mt entre 2020 et 2040). Cette hausse substantielle concerne le polyéthylène basse densité (PEBD et polyéthylène basse densité linéaire ou PEBDL), le polypropylène (PP), le polyéthylène haute densité (PEHD) et le polyéthylène téréphtalate (PET)[2]. Elle montre que les politiques actuelles ne sont pas suffisantes pour neutraliser la hausse de l'utilisation de plastiques par les principaux secteurs qui dépendent des emballages, notamment les services aux entreprises, les produits alimentaires et le commerce.

Le polychlorure de vinyle (PVC), principalement employé dans la construction, est le polymère dont la progression est la plus lente, avec une augmentation inférieure à 60 % entre 2020 et 2040. Néanmoins, il s'agit d'une catégorie non négligeable, avec une hausse en valeur absolue de 15 Mt entre 2020 et 2040 rien que dans la construction (colonne de droite du Graphique 2.3). En revanche, le recours aux fibres, qui sont employées pour les textiles, et aux élastomères, utilisés pour la fabrication des pneus, devrait augmenter de près de 80 %, passant de 61 Mt à 109 Mt. Ces différences de tendances parmi les polymères et les applications sont le résultat des disparités de la croissance économique sectorielle régionale et soulignent l'importance d'une approche circonstanciée dans laquelle l'utilisation de plastiques est liée à des activités économiques précises dans des secteurs et des pays particuliers.

Graphique 2.3. Le secteur des emballages devrait rester l'application la plus importante pour les polymères plastiques, suivi par les transports et les textiles

Types de polymères liés aux applications relatives en millions de tonnes (Mt), en 2040

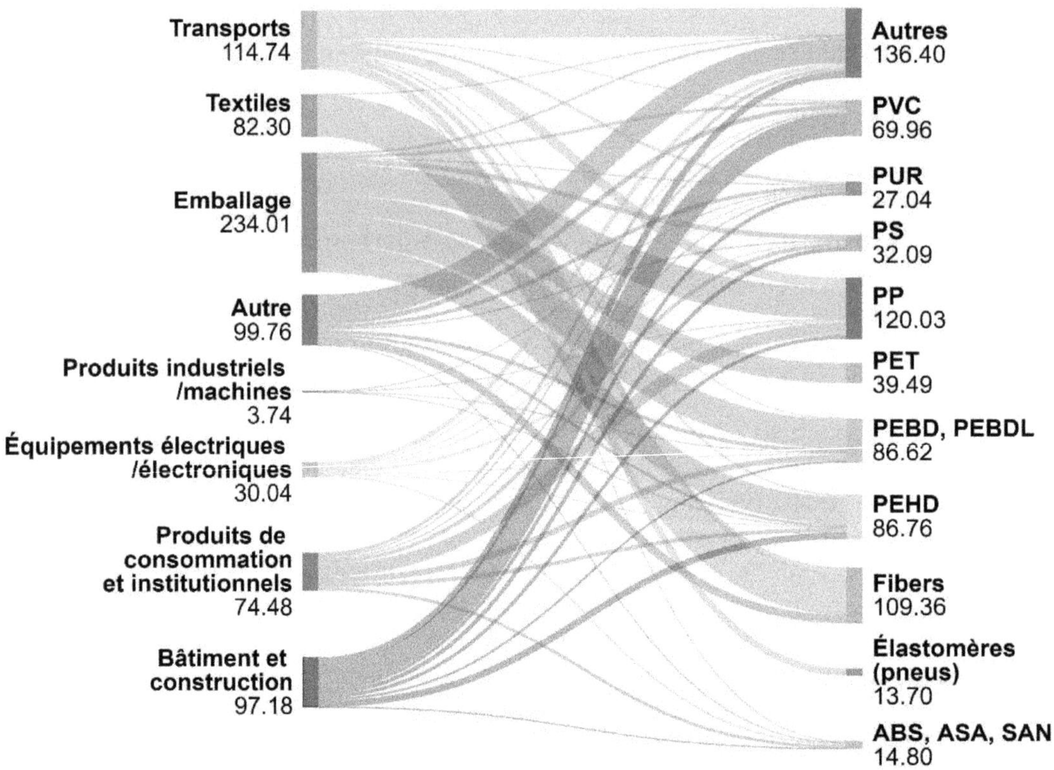

Note : PEHD = polyéthylène haute densité ; PEBD = polyéthylène basse densité ; PEBDL = polyéthylène basse densité linéaire ; PET = polyéthylène téréphtalate ; PP = polypropylène ; PS = polystyrène ; PUR = polyuréthane ; PVC = polychlorure de vinyle ; ABS = acrylonitrile butadiène styrène ; ASA = acrylonitrile styrène acrylate ; SAN = styrène acrylonitrile.
Source : modèle ENV-Linkages de l'OCDE.

StatLink https://stat.link/9ej0ri

Encadré 2.1. Solutions pour remplacer les plastiques d'origine fossile : plastiques biosourcés, compostables et biodégradables et défis liés aux matériaux de substitution

Les **plastiques biosourcés** sont des plastiques fabriqués entièrement ou partiellement à partir de ressources biologiques plutôt que de combustibles fossiles. Dans le scénario de *référence*, la production de plastiques biosourcés devrait croître, mais à un rythme moins rapide que la production totale de plastiques. Dans l'ensemble, sa part reste une fraction marginale de la production totale (0.5 % en 2040). Les conséquences environnementales de la hausse de l'utilisation des bioplastiques ne sont pas faciles à calculer. D'une part, les plastiques biosourcés peuvent offrir des avantages, car leur production est plus sobre en carbone que celle des plastiques d'origine fossile. D'autre part, des préoccupations existent quant aux répercussions sur l'utilisation des sols, car une augmentation de la demande de plastiques biosourcés pourrait accroître la surface de terres arables nécessaire, entraînant potentiellement la conversion de forêts et donc une hausse des émissions de gaz à effet de serre.

Les **plastiques compostables** représentent un cas particulier, à savoir un sous-ensemble de plastiques biodégradables qui se décomposent dans les installations de compostage industrielles. Les plastiques compostables peuvent être biosourcés ou produits à partir de combustibles fossiles. S'ils sont d'origine responsable, les plastiques compostables peuvent jouer un rôle important dans la réduction des incidences environnementales des plastiques et de la dépendance connexe à l'égard des combustibles fossiles. L'existence de systèmes de collecte performants, avec une collecte séparée des déchets organiques, est essentielle pour garantir la bonne gestion de ces matériaux en fin de vie. L'Union européenne recommande que les plastiques compostables soient réservés à des applications spécifiques. Par exemple, l'utilisation de plastiques compostables dans des applications comme les autocollants présents sur les fruits et les sacs pour les déchets alimentaires compostables pourrait permettre d'empêcher la contamination des flux de déchets organiques (Commission européenne, DG de la recherche et de l'innovation, 2021[3]). En revanche, il convient d'éviter les plastiques compostables (et biodégradables) dans les contextes caractérisés par un risque élevé de rejets dans l'environnement, la biodégradation dans les milieux naturels étant limitée, voire impossible. Les plastiques compostables ou biodégradables ne doivent en aucun cas être considérés comme une solution aux dépôts sauvages ou à la mauvaise gestion des déchets. De plus, la collecte séparée et la gestion des plastiques compostables nécessitent des infrastructures spécifiques, dont la plupart des pays ne disposent pas encore.

Outre la substitution entre différents types de plastiques, le plastique peut également être remplacé par **d'autres matériaux**, selon le secteur et le produit. Par exemple, le papier et le bois sont de plus en plus utilisés pour fabriquer des produits à usage unique tels que les assiettes jetables ou pour transformer des produits à usage unique en produits réutilisables, comme c'est le cas notamment pour les bouteilles d'eau réutilisables en métal. Pour d'autres applications, il existe moins de solutions pour remplacer les plastiques, comme dans la production de matériel électronique. Il convient d'évaluer les matériaux de substitution possibles au cas par cas afin d'examiner les effets socioéconomiques et environnementaux nets. En raison d'un manque de données et d'informations, ainsi que de la complexité globale et de la dépendance au contexte des répercussions environnementales résultant de la substitution, il n'est pas possible d'établir des projections pour ces types de solutions de remplacement dans le cadre du présent exercice de modélisation. Toutefois, le cadre de modélisation ENV-Linkages tient compte de la manière dont les différents matériaux progressent en réponse à l'évolution des prix des produits et de la demande. Le modèle inclut également les effets de substitution induits par le remplacement des plastiques par le papier, les métaux, les minerais non métalliques et les produits du bois, comme faisant partie intégrante des ensembles de mesures envisagées.

2.2. Les déchets plastiques continueraient d'augmenter, principalement sous l'effet des applications à courte durée de vie et de la croissance des économies émergentes

L'utilisation actuelle de plastiques engendre des volumes élevés de déchets, notamment des déchets municipaux et industriels solides. Dans le scénario de *référence*, la production de déchets plastiques augmenterait de 70 % entre 2020 et 2040, passant de 360 Mt à 617 Mt, ce qui alourdirait sensiblement le fardeau lié à la collecte et au traitement de déchets plastiques. Les applications à usage unique ou à courte durée de vie font partie des principales sources de déchets plastiques (Graphique 2.4). À l'échelle mondiale, la part des emballages dans les déchets demeure relativement constante au fil du temps, tandis que la part des plastiques provenant du bâtiment et de la construction passe de 14 % en 2020 à 22 % en 2040 (Graphique 2.5). C'est en Afrique subsaharienne, en Inde et dans le reste de la région asiatique que la production de déchets plastiques augmentera le plus.

Graphique 2.4. Les applications à courte durée de vie sont le principal facteur contribuant à la production de déchets plastiques

Part de diverses applications dans le total des déchets plastiques (et durée de vie moyenne relative), en 2040

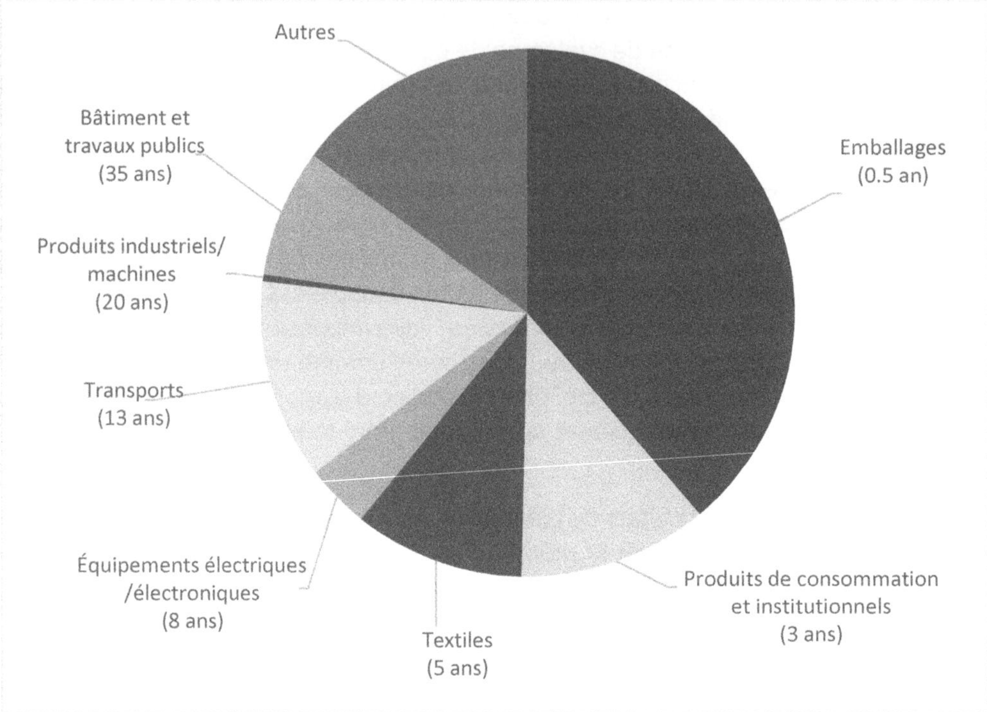

Source : modèle ENV-Linkages de l'OCDE.

StatLink https://stat.link/o5vspq

Graphique 2.5. En l'absence de mesures supplémentaires, les déchets plastiques provenant de toutes les applications continueraient d'augmenter

Évolution des déchets plastiques en millions de tonnes (Mt) par application

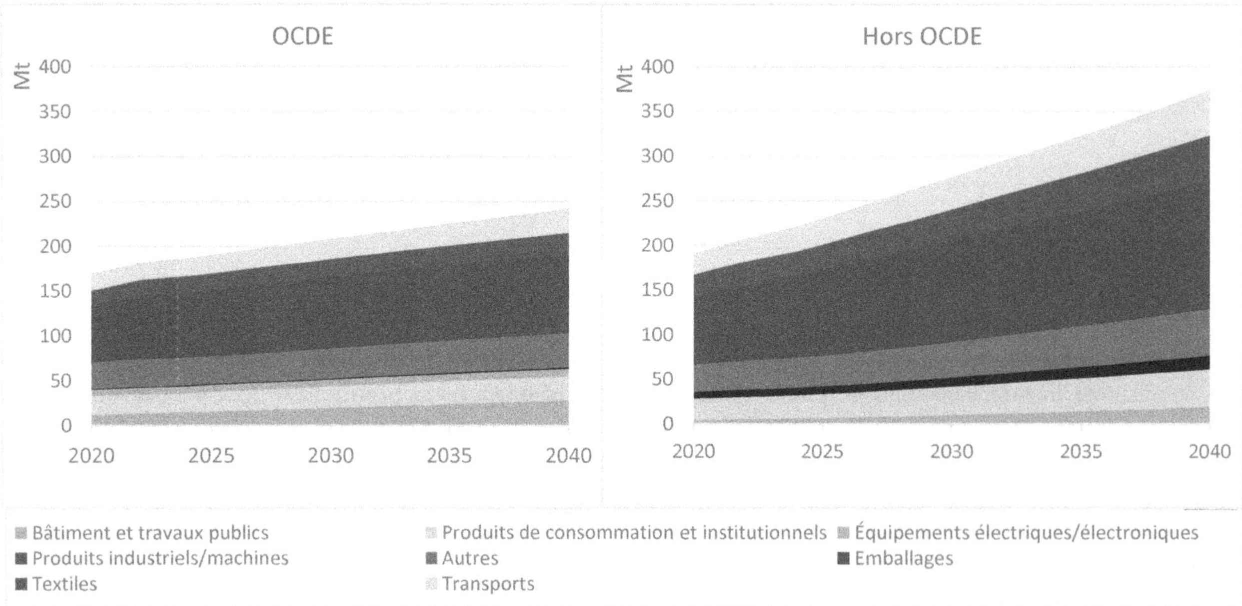

Source : modèle ENV-Linkages de l'OCDE.

StatLink https://stat.link/w9pcjs

2.3. En 2040, plus de cent millions de tonnes de déchets plastiques seraient encore mal gérés

Sur les 360 Mt de déchets plastiques produits en 2020, 34 Mt ont été recyclés, 245 Mt ont été incinérés pour la récupération d'énergie ou mis en décharge, tandis que 81 Mt ont été mal gérés, c'est-à-dire qu'ils n'ont pas été éliminés de manière écologiquement rationnelle. Dans cette dernière catégorie, 20 Mt ont été rejetés dans les milieux terrestres ou aquatiques ; quant au reste, il a principalement fini dans des décharges ou a été brûlé à ciel ouvert.

Comme l'explique le rapport (2023[1]) de l'OCDE, le modèle ENV-Linkages présente des projections de la production de déchets et de leur devenir en fin de vie à l'horizon 2040. La durée de vie moyenne de diverses applications est utilisée pour prévoir le moment où les produits deviendront des déchets. Les projections concernant le devenir en fin de vie reposent sur un ensemble d'hypothèses, notamment que la part des déchets plastiques collectés pour le recyclage continue de progresser au même rythme moyen qu'au cours des 40 dernières années, et que les pays au revenu croissant investissent dans l'amélioration de la collecte et du traitement des déchets ainsi que dans le nettoyage des dépôts sauvages. Ce qu'il advient des plastiques en fin de vie diffère selon les régions, suivant les capacités de gestion des déchets et les réglementations. Tous les plastiques collectés pour le recyclage ne sont en réalité pas recyclés ; en 2020, d'après les estimations, 57 Mt de déchets ont été collectés, mais 34 Mt seulement ont effectivement été recyclés[3]. De multiples raisons expliquent cet écart, notamment un manque de capacités de recyclage ou encore la mauvaise qualité de certains déchets collectés pour être recyclés.

Encadré 2.2. Définitions du devenir en fin de vie des plastiques

Le modèle ENV-Linkages distingue quatre catégories pour le devenir en fin de vie des plastiques.

- Recyclage : déchets collectés pour être recyclés, traités et utilisés pour la production de plastiques secondaires. Ce flux de déchets exclut les résidus issus des processus de recyclage, qui sont éliminés par le biais d'autres catégories de gestion des déchets.
- Incinération : déchets incinérés dans une installation industrielle de pointe, avec ou sans valorisation énergétique.
- Mise en décharge : déchets éliminés moyennant leur enfouissement contrôlé, dans le respect des prescriptions sanitaires, environnementales et de sécurité les plus avancées.
- Mauvaise gestion : tous les autres déchets. Cette catégorie comprend les déchets collectés qui sont ensuite brûlés à ciel ouvert, rejetés dans les milieux aquatiques ou abandonnés dans des décharges non contrôlées ou sauvages. Elle inclut également les déchets non pris en charge dans un système de collecte, par exemple les marquages routiers. Cette catégorie englobe aussi les déchets sauvages non collectés, c'est-à-dire les dépôts sauvages ou l'abandon de détritus par les individus, et qui ne sont pas ramassés par le balayage des rues ou d'autres actions de nettoyage. En revanche, elle n'inclut pas les déchets collectés et en définitive éliminés moyennant l'une des autres catégories.

Source : (OCDE, 2023[1]).

Le scénario de *référence* prévoit que les pays continuent d'améliorer la collecte, le tri et le traitement des déchets, de progresser vers une gestion écologiquement rationnelle de tous les déchets et d'augmenter le recyclage. Ainsi, le monde devrait être à même de gérer en toute sécurité 219 Mt de déchets supplémentaires en 2040 par rapport à 2020. L'amélioration des infrastructures de tri et de recyclage permettrait de recycler 14 % des déchets en 2040 (contre 9.5 % en 2020 ; Graphique 2.6). Cependant, du fait de la hausse de la production de déchets plastiques, la mise en décharge continuerait à jouer un rôle de premier plan (restant un devenir en fin de vie stable pour la moitié du total des déchets, de 178 Mt en 2020 à 305 Mt en 2040), tandis que l'incinération diminuerait légèrement en pourcentage (passant de 19 % en 2020 à 17 % en 2040).

De même, malgré les progrès attendus en matière de collecte, de tri et de traitement des déchets, l'accroissement des déchets plastiques produits entraînerait une augmentation des volumes absolus de déchets mal gérés (autrement dit les déchets qui ne sont pas éliminés de manière écologiquement rationnelle) par rapport aux niveaux de 2020. D'après les projections concernant la mauvaise gestion des déchets, les économies émergentes d'Asie et d'Afrique contribueraient majoritairement à l'accroissement des volumes de déchets mal gérés.

Graphique 2.6. La moitié des déchets plastiques seront encore mis en décharge et près d'un cinquième mal gérés en 2040

Mode de gestion en fin de vie des déchets plastiques dans le monde, en millions de tonnes (Mt) en 2020-2040 (diagramme de gauche), et par région en part du total des déchets (diagramme de droite en haut) et en Mt (diagramme de droite en bas) en 2040

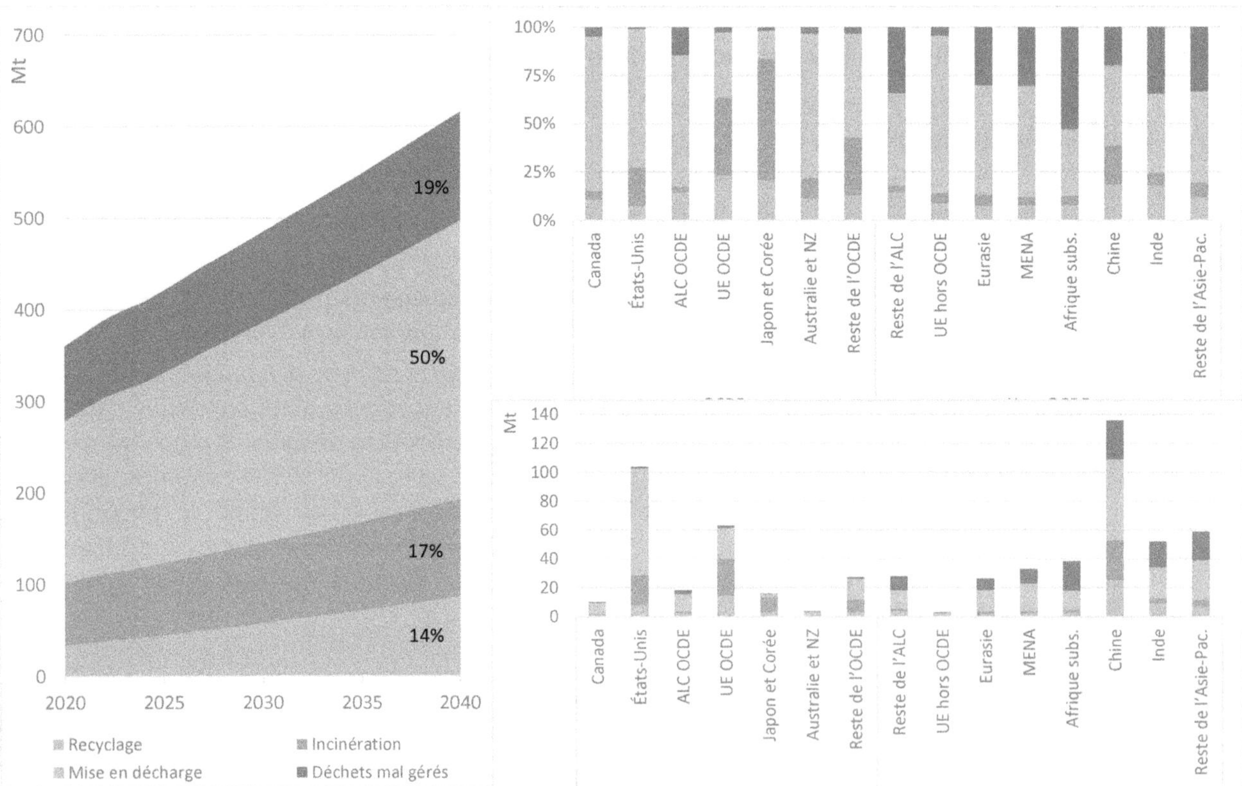

Note : dans le diagramme de gauche, les pourcentages indiquent la part du total.
Source : modèle ENV-Linkages de l'OCDE.

StatLink https://stat.link/cil79u

2.4. Les niveaux croissants d'utilisation de plastiques et de déchets plastiques aggraveraient les conséquences néfastes pour les écosystèmes, les efforts d'atténuation du changement climatique et la santé humaine.

Sous l'effet des tendances prévues concernant la production et l'utilisation de plastiques, les rejets de plastiques dans les milieux terrestres et aquatiques devraient s'accélérer, entraînant d'autres effets néfastes pour l'environnement. À eux seuls, les rejets de macroplastiques augmenteraient de 50 % entre 2020 et 2040 pour atteindre 30 Mt (Graphique 2.7). Toutes les régions contribueraient à la hausse des rejets de plastiques. Les volumes des rejets tendent à être plutôt faibles dans les pays de l'OCDE et les pays de l'UE non membres de l'OCDE (en recul de 30 % au total, passant de 2.3 Mt en 2020 à 1.7 Mt en 2040), les plus forts taux de croissance étant attendus en Inde (doublement à 4.1 Mt), dans les autres économies émergentes et en développement d'Asie (Reste de l'Asie ; +60 % pour atteindre 5.0 Mt) et en Afrique subsaharienne (doublement à 6.5 Mt). L'augmentation des rejets de microplastiques, provenant, par exemple, de l'usure des matériaux plastiques tels que les pneus des véhicules et les textiles synthétiques, de l'utilisation et des pertes de peintures ou encore du déversement de granulés de plastique, devrait également se poursuivre dans toutes les régions, parallèlement à la progression de l'intensité d'utilisation de plastiques.

Graphique 2.7. Les rejets de plastiques dans l'environnement augmenteront de moitié pour atteindre 30 Mt en 2040

Rejets de plastiques dans l'environnement en millions de tonnes (Mt), par région, scénario de *référence*

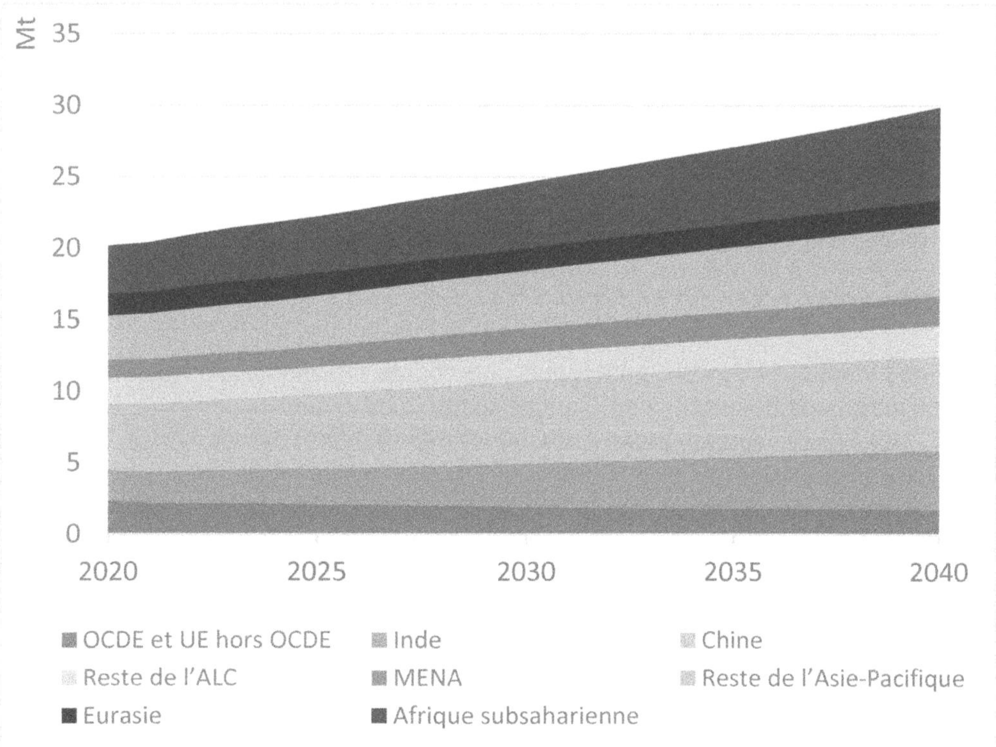

Source : modèle ENV-Linkages de l'OCDE.

StatLink https://stat.link/hlo9br

Il faut noter que l'accumulation de plastiques dans les milieux aquatiques continuera de croître. Les rejets dans les cours d'eau et les océans s'élèveraient à 9 Mt par an en 2040. La persistance des rejets dans l'environnement entraînerait un doublement des stocks cumulés de plastiques dans les cours d'eau et les océans, pour atteindre 300 Mt à l'horizon 2040 (contre une estimation de 152 Mt en 2020 ; Graphique 2.8), aggravant ainsi les conséquences néfastes pour les écosystèmes, le bien-être humain, les économies côtières ainsi que les risques de dommages potentiellement irréversibles.

Graphique 2.8. Les stocks de plastiques dans les cours d'eau et les océans doubleront entre 2020 et 2040

Stocks de plastiques accumulés dans les milieux aquatiques en millions de tonnes (Mt), scénario de *référence*

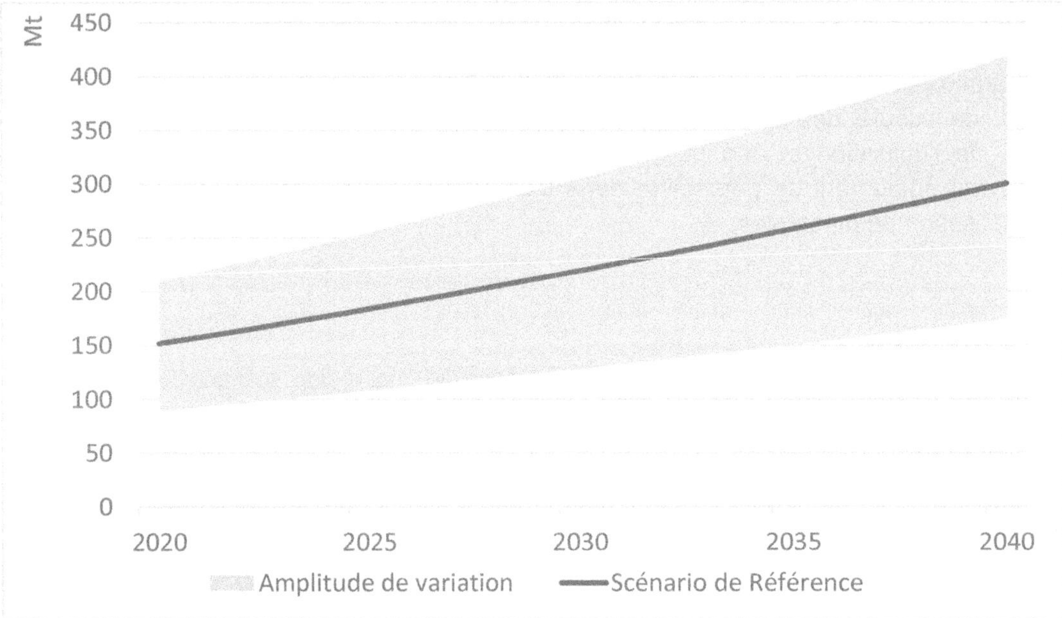

Note : l'amplitude de variation reflète l'incertitude associée aux projections relatives aux flux de plastiques dans les milieux aquatiques, les bords représentant les estimations basses et hautes.
Source : (Lebreton, 2024[4]), d'après les projections du modèle ENV-Linkages de l'OCDE.

StatLink https://stat.link/k3lti5

Le cycle de vie des plastiques devrait représenter une source croissante d'émissions de gaz à effet de serre (GES) dans les prochaines décennies. Dans le scénario de *référence*, les émissions de GES liées au cycle de vie des plastiques augmenteraient de 60 % d'ici à 2040 par rapport aux niveaux de 2020 (1.8 Gt éq. CO_2). Ce phénomène se produit malgré l'effet des politiques en place à compter de 2021, qui limiteraient déjà la hausse des émissions de GES. Les émissions issues du cycle de vie des plastiques ont représenté 3.6 % des émissions mondiales totales en 2020, et cette part devrait passer à 5.0 % à l'horizon 2040, un résultat en contradiction avec les engagements de l'Accord de Paris. La progression de cette part s'explique à la fois par le rythme de croissance constant des émissions liées aux plastiques et par le ralentissement de l'augmentation des émissions globales du fait des engagements dans le cadre des politiques climatiques.

L'ensemble du cycle de vie des plastiques contribue au changement climatique. Approximativement 90 % des émissions liées aux plastiques sont attribuées aux étapes de production et de transformation lors de la fabrication des plastiques (Graphique 2.9) et sont relativement difficiles à faire diminuer. Karali et al. (2024[5]) attribuent les émissions de GES provenant de la production de plastiques à ses différentes étapes et concluent que 75 % des émissions de GES liées à la production sont générées au cours des étapes précédant la polymérisation (20 % lors de l'extraction des combustibles fossiles nécessaires pour les matières premières et l'énergie, 29 % lors du raffinage des hydrocarbures et la production d'autres produits chimiques hors hydrocarbures et 26 % lors de la production de monomères), tandis que 8 % des émissions sont générées au moment de la polymérisation et 17 % lors de la construction du produit.

La phase de fin de vie génère également d'importantes émissions de GES. La mauvaise gestion des déchets plastiques contribue au changement climatique de façon difficile à quantifier. Les déchets plastiques brûlés de manière informelle contribuent aux émissions de GES et de polluants atmosphériques, tandis que les plastiques et les microplastiques dans les milieux marins peuvent interférer avec la capacité des océans à absorber et à séquestrer le dioxyde de carbone.

Les efforts d'atténuation du changement climatique et d'élimination de la pollution plastique sont intrinsèquement liés. Approximativement 99 % des plastiques sont fabriqués à partir de combustibles fossiles, qui sont le principal facteur d'émissions de GES. La rapidité de la croissance de l'industrie pétrochimique mondiale est sans précédent, essentiellement stimulée par le développement du secteur pétrochimique en Chine (AIE, 2023[6]). Étant donné que la demande mondiale de combustibles fossiles pétroliers (ce qui exclut les biocombustibles, les produits de base de la pétrochimie et les autres usages non énergétiques) devrait connaître un pic en 2028, ce sont les produits pétrochimiques qui entraînent des investissements supplémentaires et qui deviendront probablement le principal moteur de la demande de pétrole dans le monde au cours des prochaines décennies (AIE, 2023[7]).

Graphique 2.9. Les émissions annuelles de gaz à effet de serre liées aux plastiques devraient augmenter de plus de 50 %

Émissions de GES quantifiées liées au cycle de vie des plastiques en milliards de tonnes d'équivalent dioxyde de carbone (Gt éq. CO2), ventilées par type de gaz à effet de serre et étape du cycle de vie, scénario de *référence*

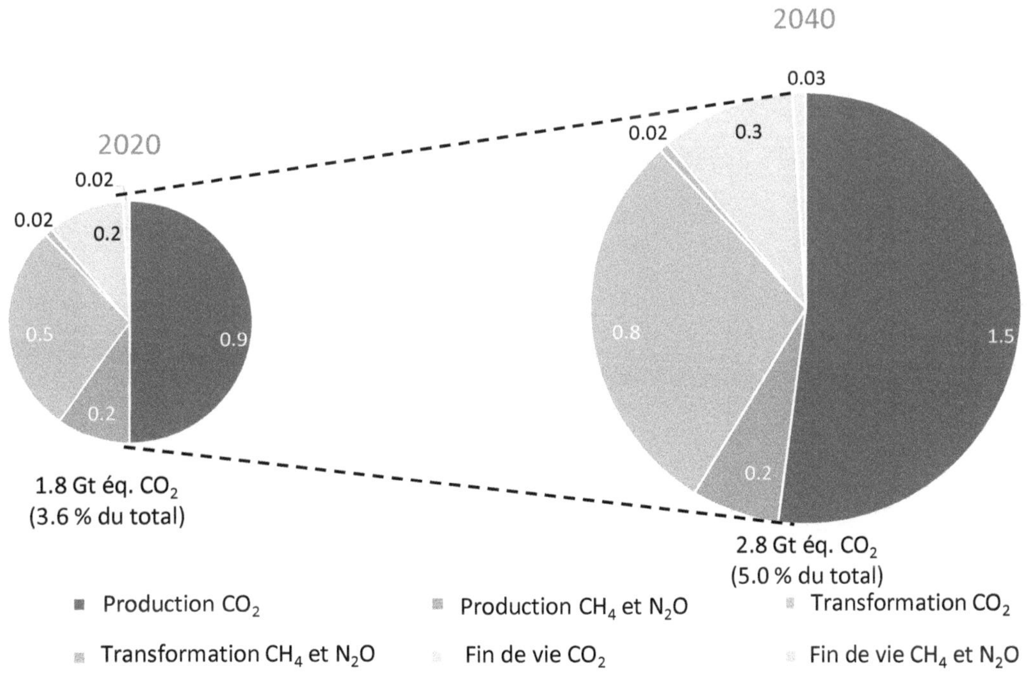

Note : CH4 = méthane ; CO2 = dioxyde de carbone ; N2O = oxyde nitreux. Les parts des émissions totales de GES liées aux plastiques sont également indiquées.
Source : modèle ENV-Linkages de l'OCDE.

StatLink https://stat.link/k0dmt9

La pollution plastique englobe l'ensemble des émissions et des risques résultant du cycle de vie des plastiques. Cela comprend les rejets dans l'environnement, les émissions de GES ainsi qu'une grande variété d'autres répercussions telles que la raréfaction des ressources, l'utilisation des sols, la formation d'ozone et la toxicité (Graphique 2.10). Comme l'explique le rapport (2023[1]) de l'OCDE, en l'absence de nouvelles mesures, les effets du plastique sur l'environnement et la santé continueront à s'aggraver.

La présence potentielle de produits chimiques dans les plastiques est particulièrement préoccupante pour la santé humaine. Des additifs chimiques sont combinés avec les polymères plastiques lors de la fabrication pour améliorer les performances ; ils peuvent inclure des colorants, des agents de matage, des opacifiants et des additifs de brillance destinés à modifier l'aspect, des charges inorganiques (par exemple, carbone ou silice) afin de renforcer les matériaux plastiques, des stabilisants thermiques, des plastifiants pour rendre le matériau souple et flexible, des ignifuges pour prévenir l'inflammation et la combustion ainsi que des stabilisants destinés à accroître la résistance à la dégradation sous l'effet des rayons ultraviolets (UV) (Andrady et Neal, 2009[8]). Au total, plus de 16 000 produits chimiques ont été associés aux plastiques, dont moins de 6 % seulement sont réglementés dans le monde (Wagner et al., 2024[9]). Plus de 4 200 produits chimiques présents dans les plastiques sont préoccupants, car ils sont persistants, bioaccumulables, mobiles et/ou toxiques (Wagner et al., 2024[9]).

L'exposition humaine peut avoir lieu notamment au cours de la phase d'utilisation de plastiques, par exemple lorsque les consommateurs sont en contact direct avec les matériaux en contact avec les aliments ou les produits de consommation. L'exposition peut aussi survenir indirectement, car les humains et les organismes vivants sont exposés aux produits chimiques libérés par les plastiques, l'exposition aux microplastiques se faisant par ingestion ou inhalation. Les travailleurs qui manipulent des plastiques courent également un risque d'exposition chimique. Parmi les propriétés dangereuses de ces produits chimiques, on peut citer la cancérogénicité, la mutagénicité, la reprotoxicité, la toxicité spécifique pour certains organes, la perturbation endocrinienne, l'écotoxicité, le potentiel de bioaccumulation, la persistance dans l'environnement et la mobilité, y compris le potentiel de propagation dans l'environnement sur de longues distances jusqu'à des lieux éloignés (UNEP/BRS Secretariat, 2023[10] ; Landrigan et al., 2023[11]).

Graphique 2.10. Les répercussions sur le cycle de vie devraient s’amplifier pour tous les polymères

Répercussions par million de tonnes (Mt) de polymères en 2060

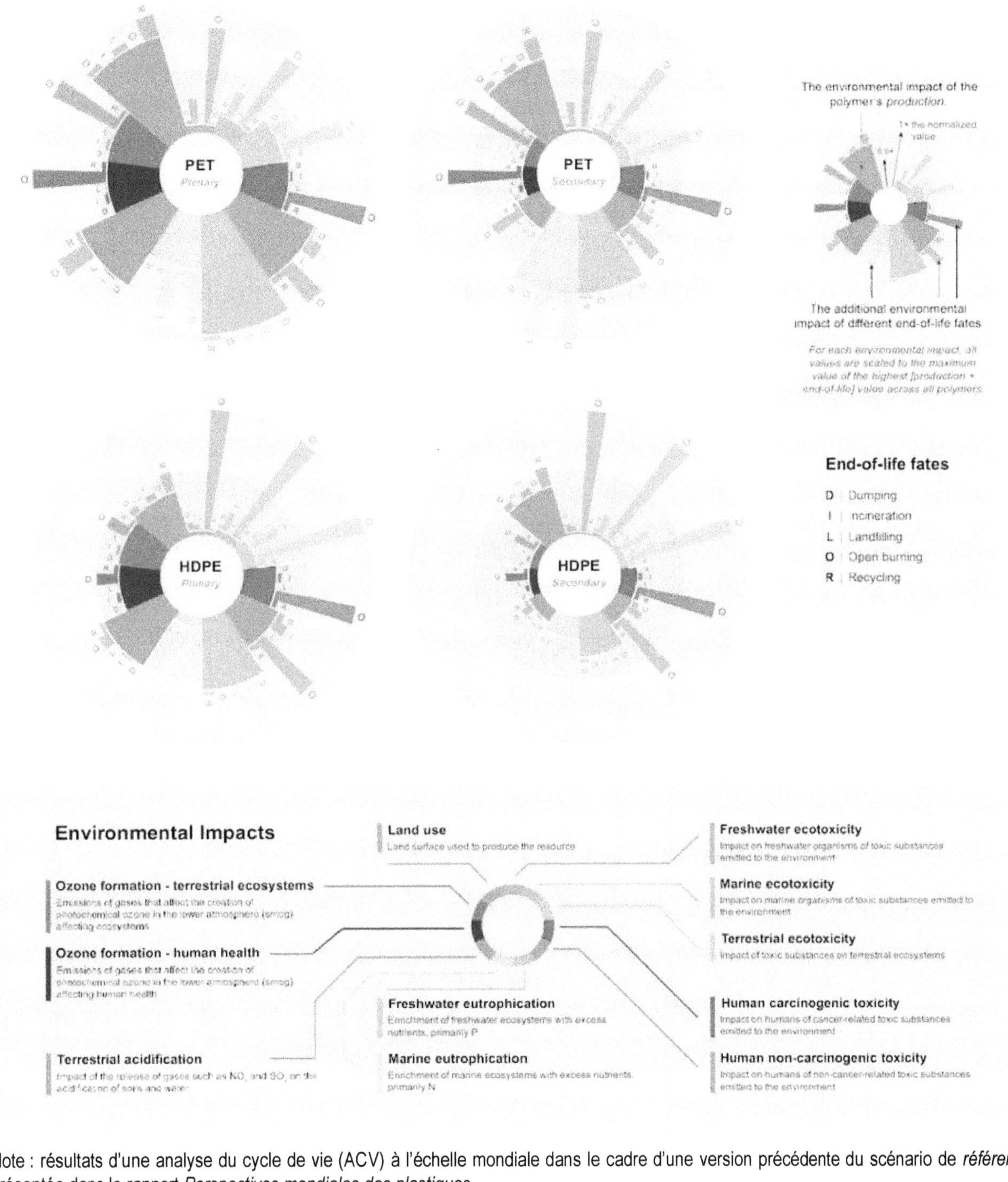

Note : résultats d’une analyse du cycle de vie (ACV) à l’échelle mondiale dans le cadre d’une version précédente du scénario de *référence* présentée dans le rapport *Perspectives mondiales des plastiques*.
Source : (OCDE, 2023[1]).

Références

AIE (2023), *China's petrochemical surge is driving global oil demand growth*, https://www.iea.org/commentaries/china-s-petrochemical-surge-is-driving-global-oil-demand-growth, Licence: CC BY 4.0 (consulté le 4 mars 2024). [6]

AIE (2023), *Oil 2023*, https://www.iea.org/reports/oil-2023. [7]

Andrady, A. et M. Neal (2009), « Applications and societal benefits of plastics », *Philos Trans R Soc Lond B Biol Sci.*, vol. 364/1526, pp. 1977-84, https://doi.org/10.1098/rstb.2008.0304. [8]

Commission européenne, DG de la recherche et de l'innovation (2021), *Biodegradability of plastics in the open environment*, Office des publications de l'Union européenne, https://doi.org/10.2777/690248. [3]

Karali, N., N. Khanna et N. Shah (2024), *Climate Impact of Primary Plastic Production.*, https://escholarship.org/uc/item/12s624vf. [5]

Landrigan et al. (2023), « The Minderoo-Monaco Commission on Plastics and Human Health », *Ann.als of Global Health*, vol. 89 (1)/23, https://doi.org/10.5334/aogh.4056. [11]

Lebreton, L. (2024), *Quantitative analysis of aquatic leakage for multiple scenarios based on ENV-Linkages*, non publié. [4]

OCDE (2023), *Perspectives mondiales des plastiques : Déterminants économiques, répercussions environnementales et possibilités d'action*, Éditions OCDE, Paris, https://doi.org/10.1787/5c7bba57-fr. [2]

OCDE (2023), *Perspectives mondiales des plastiques : Scénarios d'action à l'horizon 2060*, Éditions OCDE, Paris, https://doi.org/10.1787/c5abcbb1-fr. [1]

UNEP/BRS Secretariat (2023), *Chemicals in Plastics: A Technical Report.* [10]

Wagner, M. et al. (2024), *State of the science on plastic chemicals - Identifying and addressing chemicals and polymers of concern*, https://doi.org/10.5281/zenodo.10701706. [9]

Notes

[1] Le développement socioéconomique et l'utilisation de matériaux, dont les plastiques, sont étroitement corrélés, car les matériaux sont un intrant important dans tous les processus de production. Le rapport *Perspectives mondiales des plastiques* de l'OCDE (2023[1]) expose en détail les projections à l'horizon 2060 pour les tendances socioéconomiques sur lesquelles repose le scénario de *référence*, dont l'évolution des populations régionales, le produit intérieur brut, la structure de l'économie et les technologies de production.

[2] Le cadre de modélisation n'est pas capable de suivre les substitutions entre polymères au fil du temps au niveau de l'application, donc les taux de croissance des polymères sont déterminés par les taux de croissance des applications, qui, de leur côté, sont liées à la croissance des activités économiques associées.

[3] De même, certains déchets plastiques sauvages sont collectés après leur abandon, par exemple grâce au balayage des rues, puis triés et traités. Les déchets sauvages non collectés sont inclus dans les déchets mal gérés.

3 Modélisation des ensembles de mesures visant à atténuer la pollution plastique

Ce chapitre décrit les leviers d'action employés dans les différents scénarios pour inverser les tendances prévues par le scénario de *référence* et tracer la voie à suivre pour mettre fin à la pollution plastique. Il souligne la manière dont l'analyse de modélisation associe dix instruments d'action différents, regroupés en quatre leviers (limiter la production et la demande, encourager la conception pour la circularité, augmenter le recyclage et fermer les voies de rejet), pour proposer plusieurs scénarios d'action possibles présentant des degrés d'ambition variables. Ces scénarios se distinguent par divers niveaux de rigueur, de couverture du cycle de vie et de couverture géographique des dix mesures modélisées.

3.1. Introduction

La prise de conscience grandissante des effets néfastes associés au cycle de vie des plastiques a amené les décideurs et les pouvoirs publics du monde entier à chercher des moyens d'action susceptibles d'enrayer les tendances actuelles non viables, décrites dans le chapitre 2. À cet égard, il existe une large gamme de mesures à la disposition des décideurs pour atténuer ces répercussions néfastes, notamment les dépôts sauvages et le rejet de déchets plastiques dans l'environnement.

Graphique 3.1. Leviers d'action pour réduire la pollution plastique

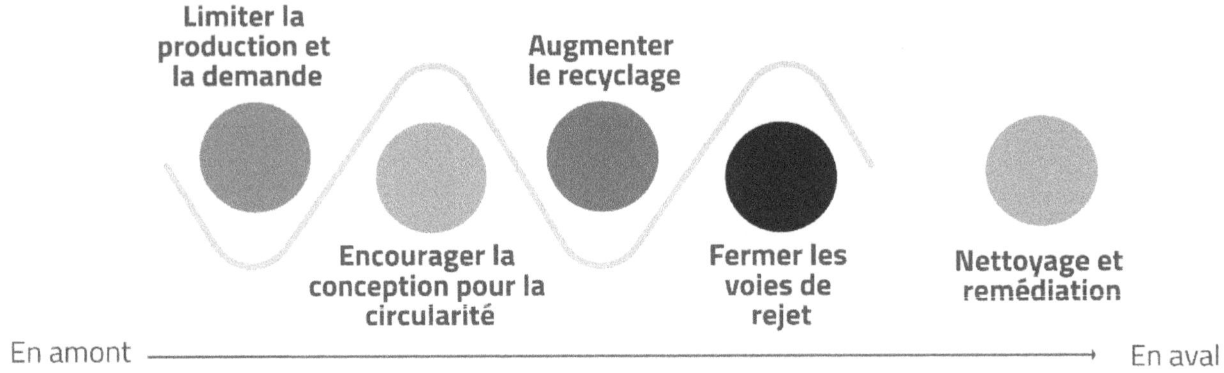

Source : élaboré par les auteurs.

Les pays disposent d'un vaste éventail d'outils pour atténuer la pollution plastique. Comme décrit dans le chapitre 1, les interventions influencent plusieurs étapes du cycle de vie des plastiques et peuvent être regroupées en quatre leviers principaux[1].

1. **Limiter la production et la demande**. Réduire la production et la demande à des niveaux soutenables. Les instruments existants et potentiels permettant d'atteindre cet objectif incluent les éléments suivants : éviter la production et l'utilisation de plastiques non nécessaires et problématiques, par exemple au moyen d'interdictions, de normes, d'un abandon progressif ou de taxes ; encourager l'allongement de la durée de vie des produits ; mettre en place des systèmes de réemploi obligatoire et réorienter la demande vers les services ; instaurer des taxes et des règlements s'appliquant à tous les plastiques afin de décourager la production de polymères primaires ; supprimer les subventions aux combustibles fossiles. Le contrôle de la production de plastiques vierges, par exemple de certains polymères, pourrait également être une stratégie efficace pour réduire les répercussions environnementales associées aux segments en amont du cycle de vie des plastiques ainsi que pour limiter l'utilisation de plastiques et ralentir les flux de plastiques dans l'économie.
2. **Encourager la conception pour la circularité**. Rendre le processus de production des plastiques plus circulaire, par exemple au moyen des éléments suivants : la réduction ou l'abandon progressif des matériaux problématiques et des produits chimiques dangereux ; la responsabilité élargie des producteurs (REP) avec contributions modulées ; les normes sur les contenus recyclés ; les critères d'écoconception pour le réemploi des emballages et des biens durables ou pour favoriser la réparabilité et le remplacement des plastiques (en cas d'avantage pour l'environnement) ; les critères d'écoconception pour prévenir les rejets de microplastiques lors de l'utilisation du produit.
3. **Augmenter le recyclage**. Boucler la boucle des matières en améliorant la collecte séparée, le tri et le recyclage des déchets plastiques. Les instruments pertinents comprennent les taxes de mise en décharge et d'incinération, la REP pour les emballages et les biens durables, les systèmes de consigne ou encore la tarification incitative.

4. **Fermer les voies de rejet**. Réduire les pertes dans l'environnement, notamment comme suit : mettre en place des systèmes de collecte performants et des infrastructures efficaces de traitement des déchets ; améliorer la gestion des déchets municipaux ; remédier aux sources de rejets d'origine maritime, par exemple les engins de pêche abandonnés, perdus ou rejetés ; améliorer la récupération en bout de chaîne (traitement des eaux usées, par exemple) ; améliorer les mesures visant à atténuer les rejets de microplastiques, notamment les interventions en amont destinées à atténuer la perte de granulés au cours de la fabrication et du transport, les mesures d'écoconception visant à réduire les émissions de microplastiques ou encore les interventions en aval pour récupérer les microplastiques émis.

Un cinquième levier serait **le nettoyage et la dépollution**, c'est-à-dire le retrait des plastiques de l'environnement (par exemple, en nettoyant les plages ou en installant des barrages flottants dans les fleuves pour récupérer les plastiques) et l'atténuation des risques associés. Cette approche n'est pas incluse dans les scénarios d'action utilisés dans ce rapport, dont l'objectif est axé sur la prévention des rejets de plastiques dans l'environnement, et devra être évaluée ultérieurement.

Si les pays ont la possibilité de recourir à un vaste éventail de mesures pour réduire la pollution plastique, seuls certains instruments énumérés plus haut ont été utilisés dans l'élaboration des scénarios d'action examinés dans les prochaines sections. La section 3.2 présente les scénarios, y compris les ensembles de mesures modélisés et les degrés d'ambition des différents scénarios.

Les diverses interventions possibles visent des objectifs différents : certains instruments sont propres aux plastiques (les interdictions et taxes applicables aux plastiques à usage unique, par exemple), tandis que d'autres couvrent une plus large gamme de déchets ou de matériaux (comme les taxes de mise en décharge qui dissuadent les personnes de jeter les déchets solides et encouragent le recyclage plus généralement). Il est également possible de tirer parti des politiques sectorielles, comme celles liées à la gestion des produits chimiques ou des déchets, ainsi que des dispositifs qui visent à lutter contre des externalités précises, comme les taxes carbone.

Aucun instrument d'action n'est efficace s'il est utilisé seul ; ils doivent faire partie d'un vaste assortiment de mesures combinant des outils qui se complètent et se renforcent mutuellement. Certaines mesures (comme les dispositifs de REP) peuvent contribuer à poursuivre des objectifs multiples. Les instruments économiques, comme les approches de type REP ou les taxes s'appliquant aux plastiques, à la mise en décharge et à l'incinération, sont couplés à des mesures réglementaires, telles que les interdictions de produits, les normes sur les produits pour l'écoconception, la collecte séparée obligatoire des déchets et les interdictions de mise en décharge. Les mesures habilitantes sont d'une importance capitale dans le cadre d'une approche globale, notamment les investissements dans la recherche-développement, l'information, l'éducation, les stratégies d'encouragement et les alliances avec les parties prenantes.

Les pays devront élargir et renforcer les programmes d'action et sélectionner les instruments les plus adaptés à leur situation particulière parmi les quatre leviers d'action. Certains pays donneront peut-être la priorité à la mise en place de systèmes efficaces de collecte et de traitement des déchets, cette première étape étant la plus essentielle pour parvenir à une gestion sûre et efficace des déchets plastiques. Parallèlement, les pays disposant de systèmes de gestion des déchets bien établis privilégieront peut-être davantage une internalisation plus efficace des externalités négatives, par exemple en recourant à des instruments d'action perfectionnés comme la tarification incitative ou les dispositifs de REP avec contributions modulées. Globalement, il n'existe pas de modèle préétabli qui s'applique à l'ensemble des pays ; il faudra plutôt créer une multitude d'approches personnalisées en fonction des caractéristiques environnementales, économiques et sociales de chaque contexte national particulier ainsi que de la rigueur requise pour atteindre les ambitions mondiales.

3.2. Les scénarios définissent plusieurs voies possibles pour éliminer la pollution plastique

L'analyse présentée dans ce rapport examine plusieurs scénarios possibles directement liés aux enjeux et aux positions ayant émergé dans le contexte des négociations internationales en cours pour créer un instrument juridiquement contraignant destiné à mettre fin à la pollution plastique. Les scénarios modélisés dans cette analyse varient pour ce qui est de leur couverture géographique, de la rigueur de l'assortiment de mesures nationales qui leur est associé ainsi que du degré de couverture des mesures le long du cycle de vie des plastiques.

Dans le paysage international complexe, les pays ont des points de vue divergents sur les composantes possibles d'un instrument mondial sur la pollution plastique, notamment concernant son ampleur et les mesures prévues à mettre en œuvre. Certains pays réclament des approches exhaustives ciblant toutes les étapes du cycle de vie, tandis que d'autres donnent la priorité à des interventions en aval (par exemple améliorer la collecte, le tri et le traitement des déchets ainsi que la gestion des déchets municipaux) et optent pour des interventions moins rigoureuses en amont et en milieu de cycle (par exemple limiter la production et la demande ou encourager la conception pour la circularité). De même, le renforcement des mesures pourrait être limité à un sous-ensemble de pays appliquant des mesures plus ambitieuses que les autres. Enfin, les négociations pourraient aboutir à une action mondiale caractérisée par la couverture étendue des interventions le long du cycle de vie des plastiques et un engagement mondial soutenu, mais avec une rigueur faible des mesures.

Plus précisément, trois scénarios hypothétiques d'ambition partielle sont simulés pour refléter les incidences des orientations particulières que le traité en cours de négociation pourrait suivre.

- Le scénario ***Action mondiale en aval, Rigueur élevée*** reflète un résultat possible des négociations sur le traité qui serait axé sur les objectifs et les approches en matière de gestion des déchets (autrement dit le levier 3 sur l'augmentation du recyclage et le levier 4 sur la fermeture des voies de rejet). Cela englobe des mesures rigoureuses pour améliorer la collecte des déchets, le tri, le recyclage ainsi que le ramassage des déchets sauvages et le nettoyage municipal des dépôts sauvages. Les interventions visant à limiter la production et la demande ainsi qu'à encourager la conception pour la circularité ne dépassent pas le cadre des politiques actuelles (c'est-à-dire qu'aucune action supplémentaire n'est entreprise concernant les leviers 1 et 2).
- Le scénario ***Action des économies avancées sur le cycle de vie, Rigueur élevée*** modélise une situation dans laquelle, en l'absence d'objectifs communs à l'échelle mondiale, seuls quelques pays renforcent la rigueur des mesures le long du cycle de vie des plastiques. Plus précisément, un groupe d'économies avancées (correspondant plus ou moins aux pays de l'OCDE et de l'Union européenne) mettent en œuvre des mesures très rigoureuses pour les quatre leviers d'action, tandis que les autres pays ne vont pas au-delà des améliorations déjà attendues dans le scénario de *référence*.
- Le scénario ***Action mondiale sur le cycle de vie, Rigueur faible*** reflète un résultat possible des négociations sur le traité correspondant à une large couverture du cycle de vie, mais avec une faible rigueur des mesures. Ce scénario modélise des interventions supplémentaires, mais plus progressives dans l'ensemble des pays pour les quatre leviers, mais avec une rigueur faible des mesures.

Deux autres scénarios hypothétiques sont élaborés, qui associent de multiples aspects des scénarios présentés plus haut. Ces scénarios intégrés d'ambition élevée supposent une action plus rigoureuse entreprise dans toutes les régions du monde et à différents stades du cycle de vie des plastiques.

- Le scénario ***Action mondiale sur le cycle de vie, Rigueur variable*** combine les trois scénarios décrits ci-dessus. Il reflète un résultat concernant le traité qui se distingue par un alignement modéré entre les pays s'agissant de la couverture du cycle de vie des mesures. Dans ce scénario, les pays conviennent de mettre en œuvre les trois aspects des scénarios d'ambition partielle mentionnés plus haut, mais ils ne vont pas plus loin. Les économies avancées appliquent des mesures très rigoureuses tout au long du cycle de vie des plastiques (conformément au scénario *Action des économies avancées sur le cycle de vie, Rigueur élevée*), tandis que les autres pays interviennent de manière très rigoureuse pour les leviers 3 et 4 (conformément au scénario *Action mondiale en aval, Rigueur élevée*) et avec une rigueur faible pour les leviers 1 et 2 (conformément au scénario *Action mondiale sur le cycle de vie, Rigueur faible*).
- Le scénario ***Action mondiale sur le cycle de vie, Rigueur élevée*** [*Ambition mondiale*] modélise une approche exhaustive et coordonnée qui prévoit un renforcement des mesures tout du long du cycle de vie des plastiques, conformément à l'ambition commune de mettre fin à la pollution plastique d'ici 2040. Dans le modèle, cela se traduit par un objectif (plus restreint) d'atténuation de la mauvaise gestion des déchets plastiques et d'élimination des rejets de macroplastiques à l'horizon 2040[2]. Par rapport au scénario *Action mondiale sur le cycle de vie, Rigueur variable*, des mesures plus rigoureuses en amont et en milieu de cycle seraient mises en œuvre dans les pays non membres de l'Union européenne hors OCDE, ceux-ci alignant donc leur degré d'ambition pour les quatre leviers d'action sur les ambitions des économies avancées.

3.2.1. Mise en place des scénarios d'action

Une représentation visuelle simple des différents scénarios est proposée au Graphique 3.2. Dans le scénario de *référence*, seules les politiques actuelles sont adoptées. Les trois scénarios dans lesquels la coordination est limitée varient en ce qui concerne la rigueur des mesures tant pour la couverture géographique que pour la couverture du cycle de vie. Le scénario *Action mondiale en aval, Rigueur élevée* limite la couverture du cycle de vie en mettant l'accent sur les mesures en aval, appliquées à l'échelle planétaire. Le scénario *Action des économies avancées sur le cycle de vie, Rigueur élevée* comprend des mesures ciblant plusieurs étapes du cycle de vie des plastiques, mais dans un groupe restreint de pays. Le scénario *Action mondiale sur le cycle de vie, Rigueur faible* se distingue par une couverture régionale complète et une couverture de la totalité du cycle de vie, mais avec des interventions moins ambitieuses. Le scénario *Action mondiale sur le cycle de vie, Rigueur variable* combine des éléments de ces trois scénarios d'ambition partielle, mais un écart existe en matière de rigueur pour les mesures en amont et en milieu de cycle dans les pays ne faisant pas partie du scénario *Action des économies avancées sur le cycle de vie, Rigueur élevée*. Enfin, le seul scénario qui prévoit une rigueur sans faille des mesures pour tous les leviers d'action dans toutes les régions est le scénario *Action mondiale sur le cycle de vie, Rigueur élevée* [*Ambition mondiale*].

Graphique 3.2. Résumé visuel des scénarios d'action

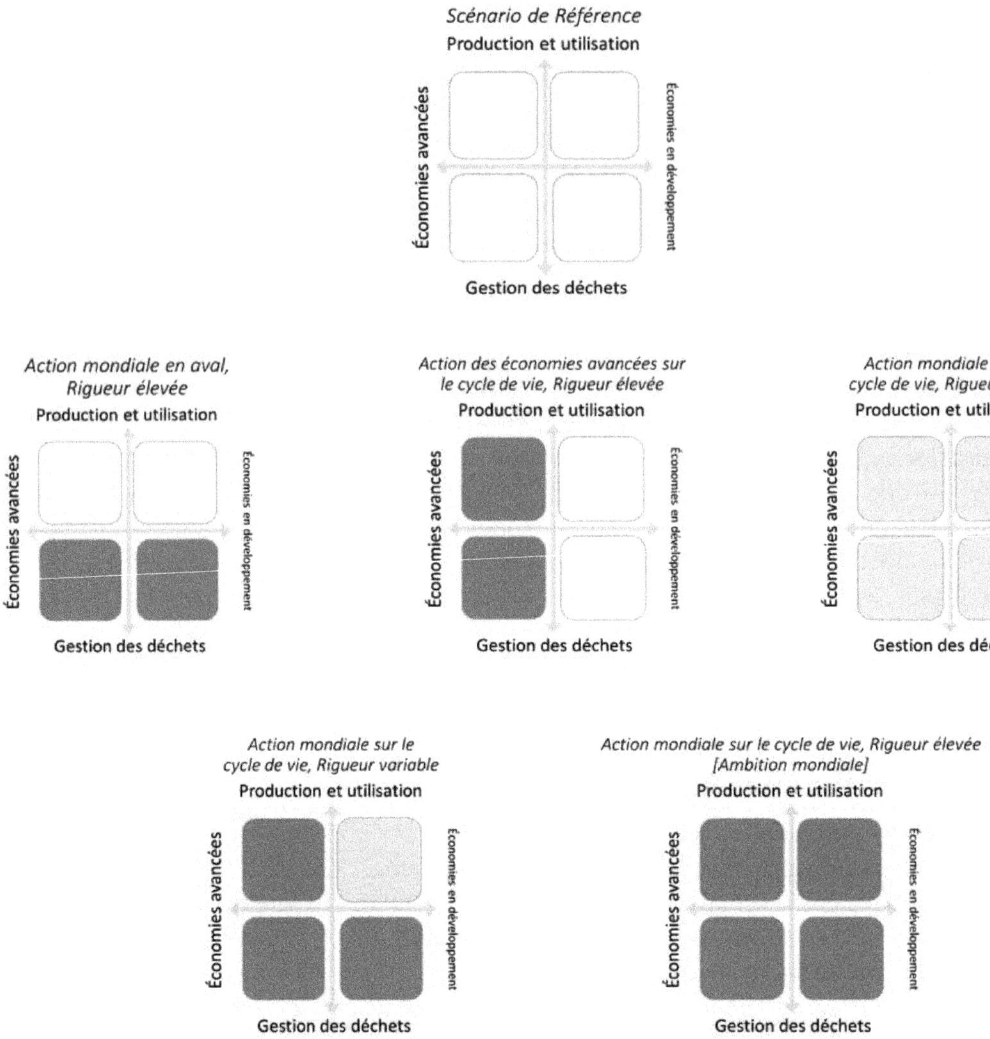

Note : les cases vides représentent les hypothèses des politiques actuelles, les cases en bleu clair reflètent une rigueur faible des mesures et les cases en bleu foncé une action très rigoureuse.
Source : élaboré par les auteurs.

3.2.2. Instruments d'action modélisés

Si le degré de rigueur et la couverture géographique des ensembles de mesures varient entre les scénarios, ils combinent tous (un sous-ensemble de) dix instruments issus des quatre principaux leviers d'action : limiter la production et la demande, encourager la conception pour la circularité, augmenter le recyclage et fermer les voies de rejet. Les dix instruments utilisés dans les scénarios sont présentés au Graphique 3.3. En fonction du scénario, les dix instruments ou un sous-ensemble de ceux-ci sont quantifiés pour fournir des données dans le cadre de la modélisation. La quantification dans le scénario *Action mondiale sur le cycle de vie, Rigueur élevée* [*Ambition mondiale*] est également présentée au Graphique 3.3 à titre d'exemple, tandis que les détails de la quantification des autres scénarios figurent à l'annexe B.

Graphique 3.3. Instruments d'action modélisés dans les scénarios

	Limiter la production et la demande		Encourager la conception pour la circularité		
Instrument d'action	Taxe sur les emballages en plastique	Taxe sur les plastiques, hors emballage	Écoconception pour la durabilité et la réparation	Interdiction de certains plastiques à usage unique	Remplacement des plastiques
Rigueur modélisée dans le scénario Action mondiale sur le cycle de vie, Rigueur élevée [Ambition mondiale]	**Monde:** USD 1 000/tonne en 2030, doublement d'ici 2040	**Monde:** USD 750/tonne en 2030, doublement d'ici 2040	**Monde:** Allongement de 15% de la durée de vie à l'horizon 2030, stable ensuite; diminution de 10 à 20% de la demande de biens durables d'ici 2030, stable ensuite; hausse correspondante de la demande de services de réparation	**Monde:** Élimination progressive des plastiques primaires pour certains produits de consommation d'ici à 2030	**Monde:** Réduction de 17 % de l'utilisation de plastiques dans la production à l'horizon 2030 avec une augmentation compensatoire de l'utilisation d'autres intrants, stable ensuite

	Augmenter le recyclage			Fermer les voies de rejet	
Instrument d'action	Objectifs de contenus recyclés	Augmentation du recyclage	REP pour les emballages, l'électronique, l'automobile et les vêtements	Amélioration de la collecte des déchets	Amélioration de la collecte des dépôts sauvages
Rigueur modélisée dans le scénario Action mondiale sur le cycle de vie, Rigueur élevée [Ambition mondiale]	**Monde:** Objectif de 30% de contenu recyclé d'ici à 2040	**UE, Japon et Corée:** *Objectif de 60 % de recyclage d'ici 2030, 80 % d'ici 2060* **Reste de l'OCDE, Chine:** *Objectif de 60 % de recyclage d'ici 2040* **Autres pays hors OCDE:** *Objectif de 45% de recyclage d'ici 2040*	**Monde:** Taxe sur les intrants plastiques de 300 USD/tonne d'ici 2030, stable ensuite ; augmentation de 30 points de pourcentage du recyclage d'ici 2040 ; subvention du secteur des déchets pour que l'instrument soit neutre sur le plan budgétaire	**Monde:** Tous les déchets collectés sont gérés correctement à l'horizon 2040	**Monde:** augmentation du taux de collecte des dépôts sauvages en fonction du revenu, compris entre 5 points de pourcentage (revenu élevé) et 10 points de pourcentage (faible revenu) d'ici 2040

Note : le choix des instruments d'action modélisés dans les scénarios n'a pas de caractère prescriptif, mais indique plutôt un ensemble d'instruments efficaces qui pourrait être mis en œuvre. Par exemple, la taxe sur les emballages équivaut approximativement à 0.90 EUR par kilogramme et pourrait être interprétée comme un prix fictif pour d'autres instruments visant à limiter la production et la demande. En outre, dans le cadre du levier « Encourager la conception pour la circularité », l'interdiction des plastiques à usage unique modélise des mesures destinées à restreindre ou à réduire l'utilisation de plastiques évitables ou non nécessaires. Dans les scénarios qui l'incluent, la mesure est modélisée sous la forme d'une réduction mondiale de 20 % de l'utilisation de polypropylène (PP) dans les produits de consommation et institutionnels, sur la base d'un ensemble représentatif de produits de consommation couverts par la directive de l'Union européenne sur les plastiques à usage unique (sacs en plastique, pailles, couverts...). En pratique, la couverture des mesures visant à restreindre les plastiques évitables ou non nécessaires pourrait varier d'un pays à l'autre.
Source : élaboré par les auteurs.

Les scénarios d'action inclus dans ce rapport présentent les conséquences de différentes configurations des ensembles de mesures. Aux fins de la modélisation, ils sont fondés sur un ensemble de dix instruments (voir Graphique 3.3). Ces instruments constituent une référence rentable par rapport à laquelle les pays peuvent évaluer d'autres instruments. Le Graphique 3.4 regroupe les dimensions des leviers d'action et des scénarios pour présenter une vue d'ensemble schématique de la rigueur théorique des différents scénarios d'action par levier. Ces résultats sont présentés au moyen d'indicateurs, qui sont (du moins à peu près) représentatifs des ambitions des divers leviers en matière de rigueur des mesures[3]. Si d'autres instruments d'action sont choisis, la rigueur présumée peut servir de guide pour le niveau d'ambition requis des autres choix de mesures possibles.

Graphique 3.4. Vue d'ensemble de la rigueur présumée des mesures des différents leviers dans les scénarios d'action

		Limiter la production et la demande	Design for circularity	Augmenter le recyclage	Close leakage pathways
	Indicateur	Utilisation de plastiques primaires	Intensité d'utilisation de plastiques	Taux de recyclage	Rejets de macroplastiques
Scénarios d'ambition limitée	**Action mondiale en aval, Rigueur élevée**	***Monde:*** Politiques actuelles	***Monde:*** Politiques actuelles	***Monde:*** Quadrupler pour atteindre 42%	***Économies avancées:*** Éliminer ***Autres économies:*** 30% sous les niveaux de 2020
Scénarios d'ambition limitée	**Action des économies avancées sur le cycle de vie, Rigueur élevée**	***Économies avancées:*** Stabiliser sous les niveaux de 2020 ***Autres économies:*** Politiques actuelles	***Économies avancées:*** 25% sous les niveaux de 2020 ***Autres économies:*** Politiques actuelles	***Économies avancées:*** Quadrupler pour atteindre 46% ***Autres économies:*** Politiques actuelles	***Économies avancées:*** Éliminer ***Autres économies:*** Politiques actuelles
Scénarios d'ambition limitée	**Action mondiale sur le cycle de vie, Rigueur faible**	***Économies avancées:*** 15% au-dessus des niveaux de 2020 ***Autres économies:*** 65% au-dessus des niveaux de 2020	***Monde:*** 10% sous les niveaux de 2020	***Économies avancées:*** Tripler pour atteindre 29% ***Autres économies:*** Doubler pour atteindre 22%	***Économies avancées:*** Éliminer ***Autres économies:*** 25% au-dessus des niveaux de 2020
Scénarios intégrés d'ambition élevée	**Action mondiale sur le cycle de vie, Rigueur variable**	***Économies avancées:*** Stabiliser sous les niveaux de 2020 ***Autres économies:*** 65% au-dessus des niveaux de 2020	***Économies avancées:*** 25% sous les niveaux de 2020 ***Autres économies:*** 10% sous les niveaux de 2020	***Monde:*** Quadrupler pour atteindre 42%	***Économies avancées:*** Éliminer ***Autres économies:*** 30% sous les niveaux de 2020
Scénarios intégrés d'ambition élevée	**Action mondiale sur le cycle de vie, Rigueur élevée [Ambition mondiale]**	***Global:*** Stabiliser sous les niveaux de 2020	***Monde:*** 25% sous les niveaux de 2020	***Monde:*** Quadrupler pour atteindre 42%	***Monde:*** Éliminer

Notes : 1. « Économies avancées » fait référence au groupe de pays ayant un niveau d'ambition élevé dans le scénario *Action des économies avancées sur le cycle de vie, Rigueur élevée* ; par hypothèse, dans le modèle, il s'agit approximativement des pays de l'OCDE et des pays de l'Union européenne hors OCDE. « Autres économies » fait référence aux pays non inclus dans le groupe « Économies avancées ».
2. L'intensité d'utilisation de plastiques (en tonnes/USD) renvoie à l'intensité d'utilisation de plastiques par rapport au PIB. Il s'agit d'un indicateur normalisé qui permet de comparer l'utilisation de plastiques entre les pays et les régions au fil du temps.
Source : élaboré par les auteurs.

3.3. Vue d'ensemble du cadre de modélisation pour les projections concernant les flux de plastiques

La modélisation des flux économiques, de l'utilisation de plastiques, des déchets plastiques et de leurs répercussions environnementales comporte plusieurs étapes, comme l'illustre le Graphique 3.5. La production et l'utilisation de plastiques sont liées aux projections économiques sectorielles et régionales, qui déterminent l'évolution de cette utilisation au fil du temps. Les volumes de plastiques servent ensuite à calculer les déchets créés, compte tenu de la durée de vie des produits selon leurs différentes applications. Le commerce des plastiques est également pris en considération. Les déchets produits sont en outre ventilés selon leur mode de gestion en fin de vie, c'est-à-dire selon qu'ils sont collectés en vue de leur recyclage, recyclés, incinérés, enfouis, mal gérés ou qu'ils constituent des déchets sauvages, en tenant compte des disparités régionales. Les calculs concernant le traitement des déchets incluent aussi une évaluation des pertes de recyclage, c'est-à-dire le plastique collecté pour être recyclé, mais qui en définitive est incinéré ou mis en décharge ainsi que la réaffectation des déchets sauvages collectés à d'autres devenirs. Enfin, des projections sont réalisées pour un sous-ensemble de répercussions environnementales, notamment les rejets de macroplastiques dans les milieux terrestres, les rejets dans les milieux aquatiques et les émissions de gaz à effet de serre (GES).

L'analyse fait appel à une série d'outils de modélisation. Plus particulièrement, les projections relatives aux flux économiques, à la production et à l'utilisation de plastiques, aux déchets plastiques ainsi qu'aux émissions de gaz à effet de serre reposent sur le modèle ENV-Linkages de l'OCDE, alors que les projections concernant les rejets dans les milieux aquatiques se fondent sur les calculs effectués par Lebreton (2024[1]). Ces outils de modélisation sont décrits plus en détail à l'annexe A.

Graphique 3.5. Étapes méthodologiques du cadre de modélisation

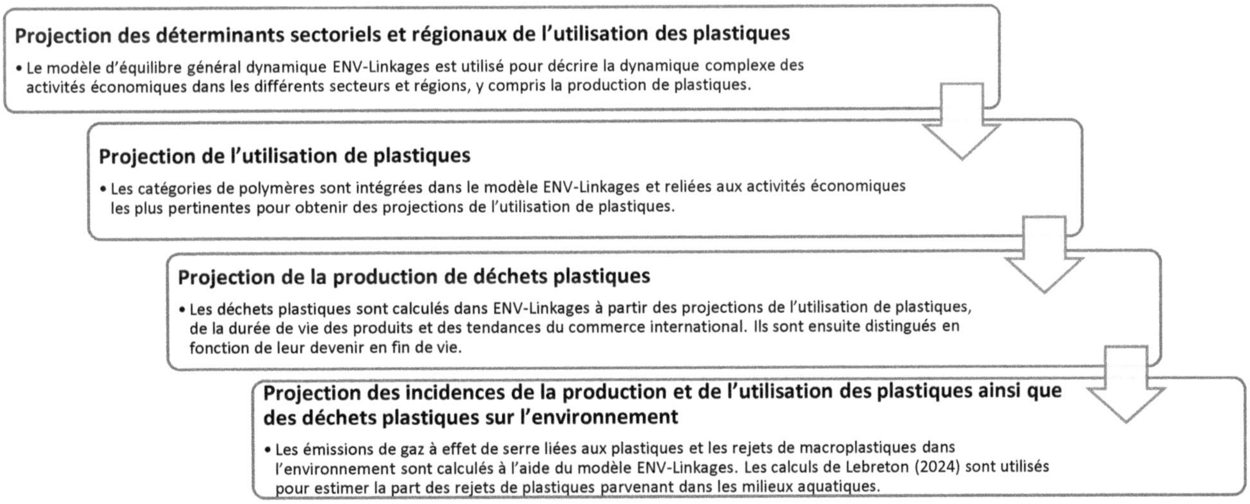

Source : élaboré par les auteurs.

Une description détaillée du traitement des plastiques dans le modèle figure dans la publication (2022[2]) de l'OCDE. Les flux de plastiques sont différenciés par polymère et par application (Tableau 3.1).

Tableau 3.1. Cartographie de l'utilisation de plastiques par application en fonction des secteurs économiques

Secteurs d'intrants	Applications	Secteurs d'extrants	Polymères*
Plastiques	Bâtiment et travaux publics	Construction	ABS, ASA, SAN ; bioplastiques ; PEHD ; PEBD, PEBDL ; PP ; PS ; PUR ; PVC ; autres
	Produits de consommation et institutionnels	Activités d'hébergement et de restauration ; transport aérien ; éducation ; santé ; assurances ; bois d'œuvre ; minéraux non métalliques ; services aux entreprises ; autres activités manufacturières ; services publics ; transport terrestre ; pâtes, papiers et produits de l'édition ; immobilier ; textiles ; transport par voie navigable	ABS, ASA, SAN ; bioplastiques ; PEHD ; PEBD, PEBDL ; PP ; PS ; PUR ; PVC ; autres
	Équipements électriques/électroniques	Équipements électriques/électroniques	ABS, ASA, SAN ; bioplastiques ; PEHD ; PEBD, PEBDL ; PP ; PS ; PUR ; PVC ; autres
	Produits industriels/machines	Produits métalliques ouvrés ; sidérurgie ; métaux non ferreux ; machines et outillage	PEHD ; PEBD, PEBDL ; PP ; PUR
	Emballages	Produits alimentaires ; produits chimiques	Bioplastiques ; PEHD ; PEBD, PEBDL ; PET ; PP ; PS ; PUR ; PVC ; autres
	Produits de soins personnels	Produits chimiques	PEHD ; PET
	Transports – autres	Véhicules automobiles ; services publics ; autre matériel de transport	ABS, ASA, SAN ; bioplastiques ; fibres ; PEHD ; PEBD, PEBDL ; PP ; PUR ; PVC ; autres
	Autres	Autres secteurs	Autres
Produits chimiques	Revêtements marins	Autres activités manufacturières, autre matériel de transport	Revêtements marins
	Marquages routiers	Construction	Marquages routiers
	Secteur du textile – habillement	Textiles	Bioplastiques ; fibres
	Secteur du textile – autres	Textiles	Fibres
	Transports – pneus	Plastiques	Élastomères (pneus)

Note : ABS = acrylonitrile butadiène styrène ; ASA = acrylonitrile styrène acrylate ; PEHD = polyéthylène haute densité ; PEBD = polyéthylène basse densité ; PEBDL = polyéthylène basse densité linéaire ; PET = polyéthylène téréphtalate ; PP = polypropylène ; PS = polystyrène ; PUR = polyuréthane ; PVC = polychlorure de vinyle ; SAN = styrène acrylonitrile.
Source : modèle ENV-Linkages de l'OCDE.

Les rejets régionaux de macroplastiques dans l'environnement sont calculés au moyen de la méthodologie décrite dans la publication (2022[2]) de l'OCDE. Plus précisément, les rejets de macroplastiques proviennent de trois sources distinctes : (i) les rejets de déchets mal gérés ; (ii) les rejets des déchets sauvages ; (iii) les rejets liés aux activités marines. Les deux premières sources de rejets se montrent sensibles à l'évolution des systèmes de gestion des déchets, tandis que la dernière est proportionnelle aux activités économiques marines (et donc similaire dans tous les scénarios). Enfin, il convient de noter que l'établissement de projections concernant les rejets de microplastiques et la production régionale de plastiques dépasse le périmètre de la présente analyse, et ce, même si le cadre de modélisation tient compte des projections mondiales de la production de plastiques (voir l'encadré 1.1 du chapitre 1).

Références

Lebreton, L. (2024), *Quantitative analysis of aquatic leakage for multiple scenarios based on ENV-Linkages*, non publié. [1]

OCDE (2023), *Perspectives mondiales des plastiques : Déterminants économiques, répercussions environnementales et possibilités d'action*, Éditions OCDE, Paris, https://doi.org/10.1787/5c7bba57-fr. [3]

OCDE (2022), *Modelling plastics in ENV-Linkages: A novel approach to projecting future plastics use and waste*, https://www.oecd.org/environment/plastics/Technical-Report-Modelling-plastics-in-ENV-Linkages.pdf. [2]

Notes

[1] Cette liste est adaptée de la feuille de route présentée dans le rapport (OCDE, 2023[3]).

[2] Une variante du scénario *Action mondiale sur le cycle de vie, Rigueur élevée* [*Ambition mondiale*] est représentée par le scénario *Action mondiale sur le cycle de vie, Retardée*. Cette dernière modélise la mise en œuvre du train de mesures du scénario *Action mondiale sur le cycle de vie, Rigueur élevée* sur une plus longue période, pour atteindre l'objectif d'élimination des rejets à l'horizon 2060.

[3] Ces indicateurs ne sont donc pas des données de départ dans la mise en œuvre du scénario, mais des résultats obtenus qui reflètent la rigueur des dix instruments d'action. Les données numériques de la mise en œuvre des scénarios d'action dans le cadre de modélisation existent pour les dix instruments, les détails de celle-ci figurant dans le Graphique 3.3 pour le scénario *Action mondiale sur le cycle de vie, Rigueur élevée* [*Ambition mondiale*] et à l'annexe B pour tous les scénarios.

4 Effets des scénarios d'ambition partielle

Ce chapitre examine les scénarios de modélisation d'ambition partielle, définie par une rigueur faible, une couverture partielle du cycle de vie des plastiques par les interventions ou une couverture géographique incomplète par des mesures. Il présente les projections du cycle de vie des plastiques pour chaque scénario, soulignant qu'une intervention peut réduire sensiblement l'utilisation de plastiques et leurs répercussions sur l'environnement par rapport aux niveaux prévus dans le scénario de *référence* d'ici 2040, mais aucun des scénarios d'ambition partielle présentés dans ce chapitre ne parvient à mettre fin aux rejets de plastiques dans l'environnement.

4.1. Introduction

Le présent chapitre examine les scénarios de modélisation qui reflètent des visions stylisées des résultats possibles des négociations internationales lorsque l'ambition mondiale est partielle. Chaque scénario se caractérise par des niveaux différents de rigueur pour les divers leviers d'action, mais aucun ne réussit à faire cesser les rejets mondiaux de plastiques d'ici 2040[1]. Plus précisément, les scénarios étudient les conséquences en termes d'utilisation de plastiques, de déchets et de rejets d'une intervention Graphique 4.1 :

- qui se limite à des mesures en aval (scénario Action mondiale en aval, Rigueur élevée)[2] ;
- dont la couverture géographique se limite à un groupe d'économies avancées, qui correspond approximativement aux pays de l'OCDE et aux pays de l'UE non membres de l'OCDE (scénario Action des économies avancées sur le cycle de vie, Rigueur élevée) ;
- qui englobe l'ensemble des étapes du cycle de vie et des pays, mais dont la rigueur est faible (scénario Action mondiale sur le cycle de vie, Rigueur faible).

Graphique 4.1. Scénarios d'ambition partielle

Source : élaboré par les auteurs.

4.2. Sans engagements communs forts envers la réduction, l'utilisation de plastiques et la production de déchets seront au mieux ralenties par rapport au scénario de *référence*

La rigueur des mesures appliquées pour limiter la production et la demande et améliorer la conception pour la circularité (les leviers d'action qui influent le plus directement sur la production et l'utilisation de plastiques) varie nettement dans les trois scénarios d'ambition partielle. Par conséquent, on observe des différences marquées des effets sur les plastiques à l'échelle régionale selon les scénarios. Les trois scénarios réduisent l'utilisation de plastiques – et la production de déchets – par rapport aux niveaux du scénario de *référence* en 2040, mais ces réductions sont généralement assez limitées et s'avèrent en outre insuffisantes pour compenser la hausse de l'utilisation de plastiques et des déchets plastiques prévue dans le scénario de *référence* par rapport aux niveaux de 2020 (Graphique 4.2). Le scénario *Action mondiale en aval, Rigueur élevée* ne prévoit aucune mesure visant à limiter la production et la demande ou à encourager la conception pour la circularité. Certaines interventions en aval, comme l'augmentation du recyclage, influent sur l'utilisation de plastiques en faisant augmenter le coût des plastiques primaires et en subventionnant les plastiques secondaires, mais ces effets se limitent à 4.5 % des plastiques utilisés et à moins de 3 % des déchets plastiques produits à l'échelle mondiale.

Une comparaison de l'utilisation de plastiques et de la production de déchets plastiques dans les économies avancées dans les scénarios *Action des économies avancées sur le cycle de vie, Rigueur élevée* et *Action mondiale en aval, Rigueur élevée* met en lumière l'importance des interventions en amont et en aval dans l'ensemble des mesures, notamment des actions visant à limiter la demande et la production et à encourager l'écoconception. Comme escompté, dans le scénario *Action des économies avancées sur le cycle de vie, Rigueur élevée*, l'utilisation de plastiques et les déchets plastiques diminuent nettement dans les pays de l'OCDE et de l'UE en 2040 (de 28 % et 22 % respectivement par rapport au scénario de *référence*). En revanche, ils n'évoluent quasiment pas dans les pays non membres de l'OCDE et n'appartenant pas à l'UE (+ 0.3 % et -5 % respectivement). L'aspect positif de ce résultat est qu'il n'y a aucun effet de délocalisation notable, c'est-à-dire que les mesures ambitieuses des économies avancées n'entraînent pas de modification de la production économique dopant l'utilisation de plastiques dans d'autres pays. La réduction de la demande dans les pays membres de l'OCDE et de l'UE est donc efficace et n'est pas atténuée par des hausses ailleurs dans le monde. En fait, les mesures visant à réduire la demande dans les économies avancées entraînent i) un report sur l'écoconception qui prolonge la durée de vie des produits à l'échelle mondiale et pas seulement dans les économies avancées[3], (ii) une réduction des plastiques intégrés aux produits exportés dans d'autres pays et (iii) une diminution des déchets plastiques exportés dans d'autres pays.

Bien que le scénario *Action mondiale sur le cycle de vie, Rigueur faible* prévoie des mesures améliorées tout au long du cycle de vie des plastiques, il n'entraînerait que des baisses modestes de l'utilisation de plastiques (10 %) et de la production de déchets plastiques (7 %) par rapport au scénario de *référence* en 2040. Des réductions un peu plus importantes seraient observées dans les pays de l'OCDE, ce qui reflète leur plus grande capacité à mettre en œuvre des mesures rigoureuses. L'utilisation de plastiques et la production de déchets plastiques augmenteraient malgré tout d'ici 2040 dans ce scénario (de 53 % et 59 %, respectivement, par rapport aux niveaux de 2020).

Graphique 4.2. La réduction de l'utilisation de plastiques et des déchets plastiques par rapport aux niveaux du scénario de *référence* reste modeste dans les scénarios d'ambition partielle

Écart en pourcentage par rapport au scénario de référence en 2040

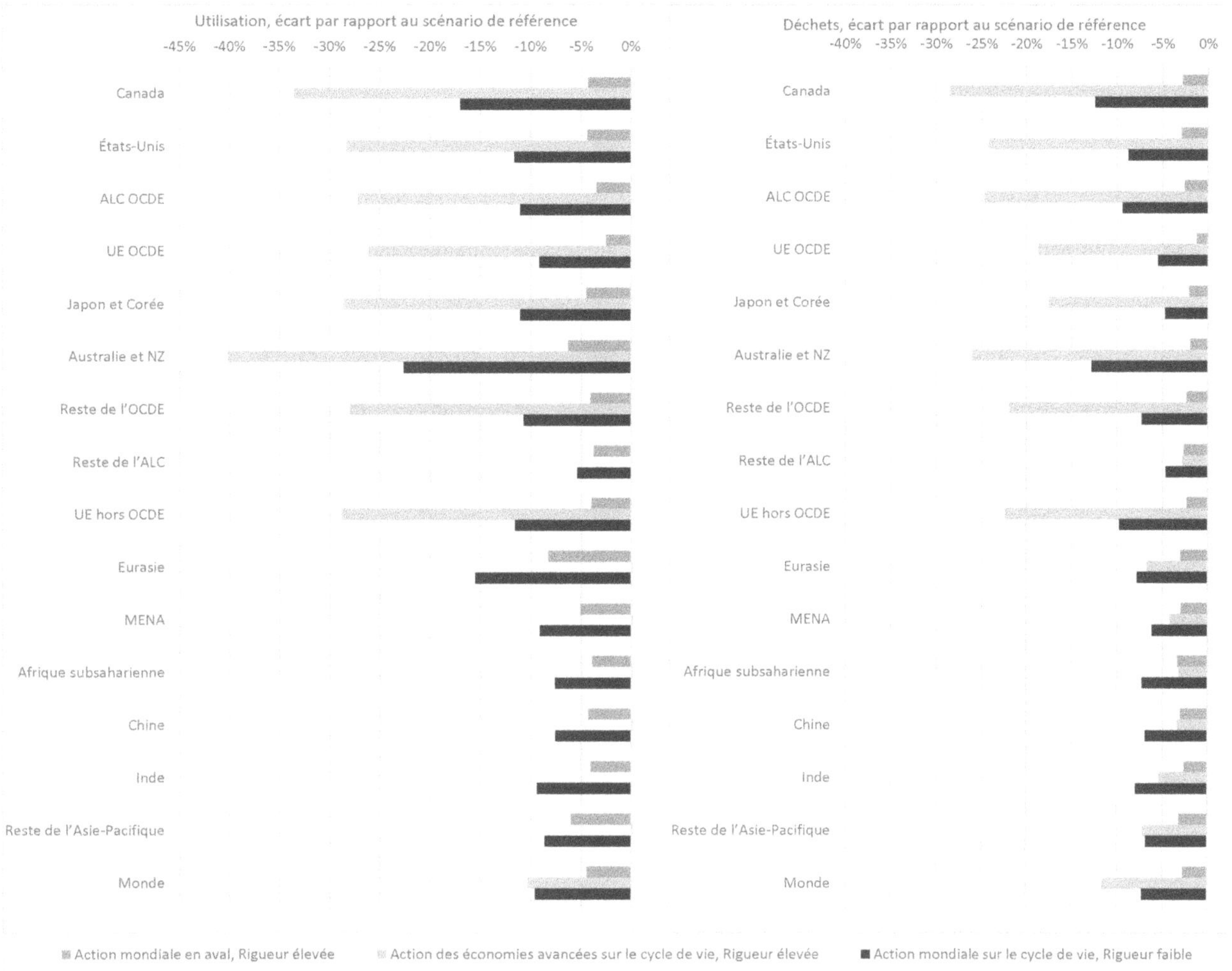

Source : modèle ENV-Linkages de l'OCDE.

StatLink https://stat.link/1q436n

L'intensité d'utilisation de plastiques, mesurée en divisant l'utilisation de plastiques (en millions de tonnes) par le PIB (en millions USD), peut servir d'indicateur de l'efficacité de la production et de l'utilisation de plastiques dans l'économie. L'amélioration de l'intensité d'utilisation de plastiques témoigne d'un découplage de l'activité économique et de la production et l'utilisation de plastiques, et constitue donc un indicateur indirect de l'efficacité du levier visant à « encourager la conception pour la circularité ». Conformément aux projections d'utilisation de plastiques, c'est dans les scénarios comportant des mesures visant à limiter la production et la demande et à encourager l'écoconception que l'intensité d'utilisation de plastiques progresse le plus. Plus particulièrement, le scénario *Action des économies avancées sur le cycle de vie, Rigueur élevée* donne lieu à une réduction significative de l'intensité d'utilisation de plastiques dans les pays membres de l'OCDE, mais presque nulle dans les pays non membres. La mise en œuvre précoce de certaines mesures d'ici 2030 – en particulier de la taxe sur les plastiques et des mécanismes de REP – contribue significativement à la réduction rapide de l'intensité d'utilisation de plastiques, avec quelques effets supplémentaires lors de la décennie suivante. Le scénario

Action mondiale en aval, Rigueur élevée ne vise directement à maîtriser la demande en amont, mais il a des effets indirects sur l'utilisation de plastiques qui influent également sur l'intensité d'utilisation de plastiques, étant donné que les interventions visant à renforcer le recyclage font augmenter le coût de production des plastiques primaires (voir ci-dessus). Le scénario *Action mondiale sur le cycle de vie, Rigueur faible* réduit davantage l'intensité d'utilisation de plastiques que le scénario *Action mondiale en aval, Rigueur élevée*, en particulier après 2030, lorsque les effets des actions en amont commencent à se manifester.

Graphique 4.3. Une intervention peut amplifier la tendance à la baisse de l'intensité d'utilisation de plastiques

Utilisation de plastiques par unité de PIB, en tonnes de plastique par unité de production sectorielle en USD (t/USD)

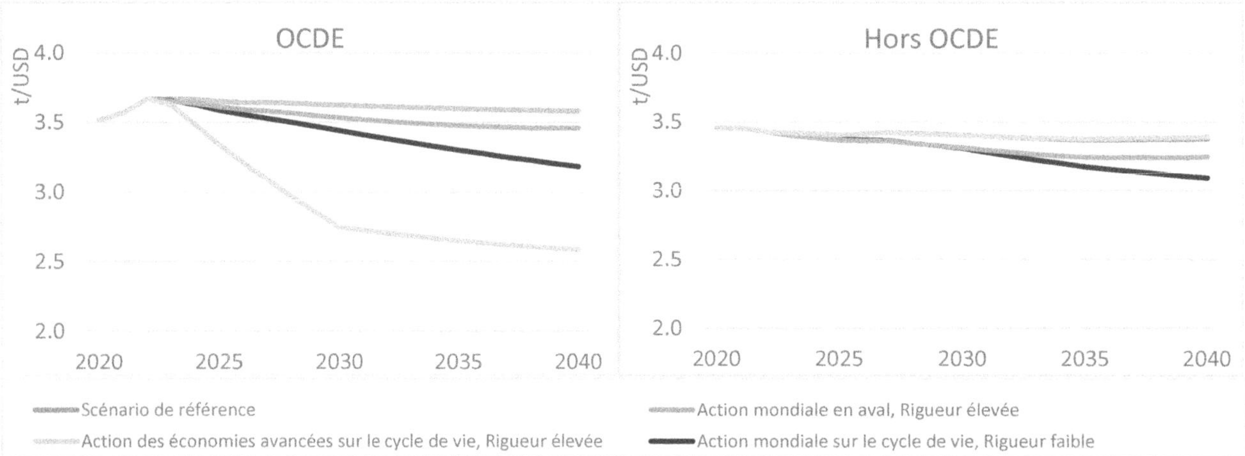

Note : la baisse progressive de l'intensité d'utilisation de plastiques résulte des progrès technologiques et de l'évolution structurelle, comme indiqué au chapitre 2.
Source : modèle ENV-Linkages de l'OCDE.

StatLink https://stat.link/l3wgik

4.3. Le niveau d'ambition et l'orientation des mesures influencent les résultats en matière de traitement des déchets

Les scénarios d'ambition partielle aboutissent tous à des volumes totaux de déchets inférieurs à ceux du scénario de *référence* en 2040, mais nettement supérieurs à ceux de 2020 (comme indiqué ci-dessus). Avec les mesures actuelles (c'est-à-dire le scénario de *référence*), les volumes de déchets recyclés, incinérés et mis en décharge, mais aussi les volumes de déchets mal gérés, augmenteraient. Les parts des catégories de gestion des déchets, c'est-à-dire les parts des devenirs en fin de vie varient peu dans le scénario de *référence*, y compris la réduction de la part de déchets mal gérés dans les pays en développement, en raison de la hausse des revenus[4]. Il est possible que le soutien technique et financier soit insuffisant pour gérer les déchets efficacement si l'entente concernant les mesures est combinée à une coordination internationale et à un appui limités des actions en aval du cycle de vie des plastiques. Un point important est que le renforcement des capacités requis dans un certain nombre de pays en développement pour mettre en place des systèmes de gestion des déchets performants, notamment l'adoption des cadres d'action et de réglementation qui s'imposent, entraîne la création de mécanismes de gouvernance solides et garantit un financement stable qui couvre les coûts opérationnels de la collecte et du tri des déchets.

La quantité de plastiques recyclés devrait augmenter dans les trois scénarios d'ambition partielle par rapport au scénario de *référence* du fait de la mise en œuvre de politiques qui stimulent l'offre et la demande de plastiques recyclés (par exemple, obligations d'incorporation de matières recyclées, objectifs de recyclage, dispositifs de REP). La part mondiale de déchets recyclés augmente, passant de 9.5 % en 2020 à 14 % en 2040 dans le scénario de *référence*, à 41 % dans le scénario *Action mondiale en aval, Rigueur élevée*, à 27 % dans le scénario *Action des économies avancées sur le cycle de vie, Rigueur élevée* et à 25 % dans le scénario *Action mondiale sur le cycle de vie, Rigueur faible* (Graphique 4.4)[5]. Les plus fortes augmentations de la production de plastiques recyclés sont prévues dans le scénario *Action mondiale en aval, Rigueur élevée*. Celui-ci combine des améliorations notables de la collecte de déchets, un développement ambitieux de l'infrastructure de recyclage et l'absence de mesures visant à réduire les flux de déchets. Dans le groupe des pays non membres de l'OCDE, notamment, la part des déchets collectés pour être recyclés augmente et passe de 10 % en 2020 à 38 % en 2040 dans le scénario *Action mondiale en aval, Rigueur élevée*. Cela suppose également qu'il y ait des débris plastiques en quantité suffisante pour que les pays se mettent à produire des plastiques secondaires plutôt que primaires. Ainsi, la majeure partie de la croissance mondiale de l'utilisation de plastiques dans ce scénario serait en réalité couverte par les plastiques secondaires.

En revanche, dans les pays membres de l'OCDE et de l'UE, le scénario *Action des économies avancées sur le cycle de vie, Rigueur élevée* aboutit à la même augmentation de la part de déchets recyclés que le scénario *Action mondiale en aval, Rigueur élevée*, celle-ci atteignant 46 % pour ce groupe de pays dans les deux cas. Le scénario *Action mondiale sur le cycle de vie, Rigueur faible* est moins ambitieux, permettant d'atteindre un taux de recyclage de 29 % dans les pays membres de l'OCDE et de 22 % dans les pays non membres. Ces résultats montrent que l'accord à grande échelle modélisé dans ce scénario est en réalité assez réduit : le taux de recyclage est multiplié par moins de trois à l'échelle mondiale, alors qu'il est multiplié par plus de quatre dans le scénario *Action mondiale en aval, Rigueur élevée*.

Un autre résultat intéressant lié aux catégories de destins en fin de vie concerne les déchets mal gérés. Les scénarios intégrant les mesures en aval les plus rigoureuses permettent d'obtenir les meilleurs résultats dans ce domaine. Plus précisément, avec le scénario *Action mondiale en aval, Rigueur élevée*, les déchets mal gérés dans les pays non membres de l'OCDE passent de 81 millions de tonnes (Mt) en 2020 à 54 Mt en 2040 (une réduction de 55 % par rapport aux 119 Mt du scénario de *référence* en 2040), la part de déchets mal gérés restante s'élevant alors à 9 %. En raison du manque de mesures visant à limiter la production et la demande et à ralentir la production de déchets, les obstacles techniques et économiques à la collecte, au tri et à la mise en décharge (contrôlée) des déchets plastiques dans les pays où la quantité de déchets mal gérés est élevée dans le scénario de *référence* peuvent empêcher l'élimination totale des rejets de plastiques. Cet effet s'observe également lorsqu'on compare les scénarios *Action mondiale en aval, Rigueur élevée* et *Action des économies avancées sur le cycle de vie, Rigueur élevée* pour les régions de l'OCDE. Le deuxième scénario est plus efficace, car il combine réduction des déchets générés et amélioration de la collecte et du traitement. Ainsi, les déchets mal gérés sont presque tous éliminés dans les pays membres de l'OCDE dans le scénario *Action des économies avancées sur le cycle de vie, Rigueur élevée* (avec moins de 1.5 Mt restant en 2040) et diminuent sensiblement dans le scénario *Action mondiale en aval, Rigueur élevée*, avec moins de 3.5 Mt restant dans les pays de l'OCDE (contre près de 7 Mt dans le scénario de *référence*). La faible quantité de déchets mal gérés restante dans le scénario *Action des économies avancées sur le cycle de vie, Rigueur élevée* s'explique principalement par le fait que la collecte de l'intégralité des déchets est impossible : certains flux échappent au système de gestion, comme les déchets issus des marquages routiers, les engins de pêche fantômes et les dépôts sauvages non collectés.

Bien que le scénario *Action mondiale sur le cycle de vie, Rigueur faible* comporte plusieurs mesures pour faire passer la quantité de déchets mal gérés sous les niveaux de 2020 dans toutes les régions, il resterait des quantités importantes de déchets mal gérés, notamment dans les pays non membres de l'OCDE : 50 Mt en 2040 contre 72 Mt en 2020.

Graphique 4.4. Les parts des destins en fin de vie des déchets plastiques continuent à varier sensiblement selon les régions dans les scénarios d'ambition partielle

Parts des catégories de gestion des déchets en pourcentage des déchets produits en 2040 par région

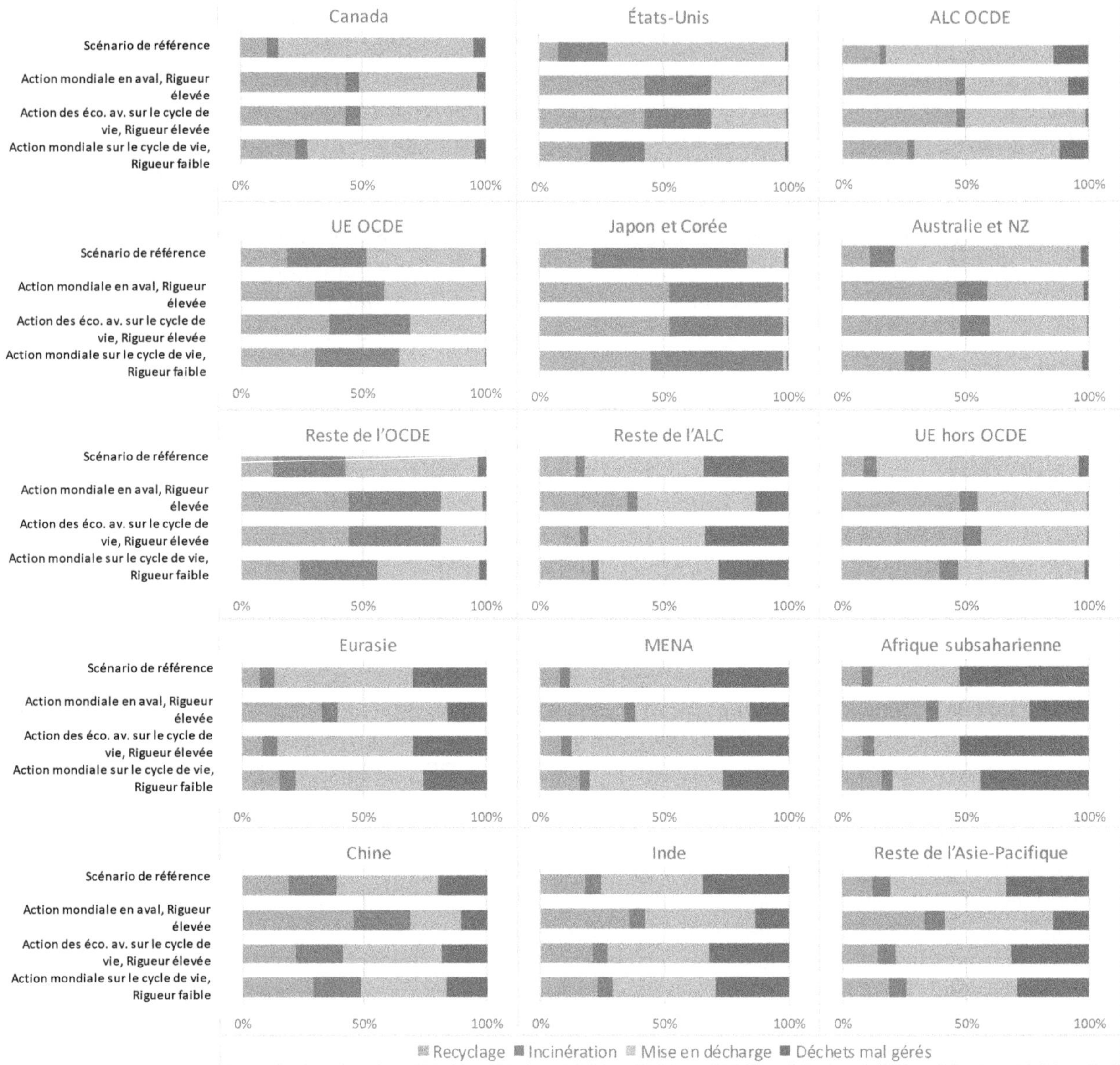

Note : « éco. av. » signifie « économies avancées ».
Source : modèle ENV-Linkages de l'OCDE.

StatLink https://stat.link/3vjw74

Graphique 4.5. L'augmentation de la collecte, du tri et du recyclage des déchets est essentielle pour accroître la quantité de plastiques secondaires disponibles

Plastiques secondaires utilisés en 2040 en millions de tonnes (Mt) dans les scénarios d'ambition partielle par rapport aux quantités de 2020 et au scénario de *référence*

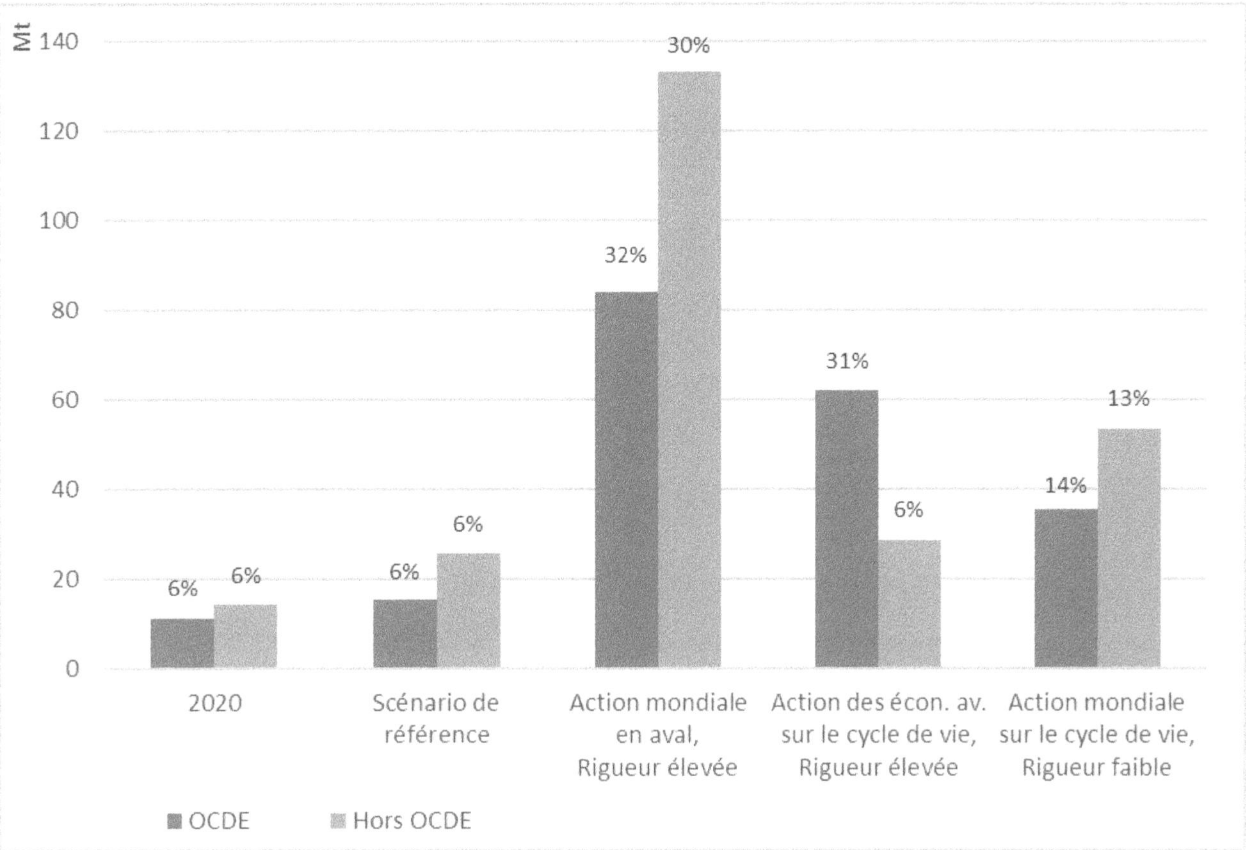

Note : les pourcentages au-dessus des colonnes indiquent la part de plastiques secondaires dans les plastiques totaux utilisés.
Source : modèle ENV-Linkages de l'OCDE.

StatLink https://stat.link/zcmhsp

La hausse de l'offre de débris plastiques dans les scénarios modélisés permet également de développer la production de plastiques secondaires (Graphique 4.5). La demande mondiale de plastiques secondaires en 2040 devrait être 3.5 fois supérieure à celle de 2020 dans les scénarios *Action des économies avancées sur le cycle de vie, Rigueur élevée* et *Action mondiale sur le cycle de vie, Rigueur faible*, et 8.5 fois supérieure à celle de 2020 dans le scénario *Action mondiale en aval, Rigueur élevée* (ce qui équivaut à cinq fois la demande du scénario de *référence* en 2040). Le scénario *Action mondiale en aval, Rigueur élevée* prévoit une augmentation très nette de la collecte et du recyclage des déchets qui entraîne une hausse de la part des plastiques secondaires dans la production et la demande globales, celle-ci passant de moins de 6 % en 2020 à plus de 30 % en 2040. Ces chiffres reflètent l'effet de stimulation par l'offre pour la transition vers les plastiques secondaires. La politique intégrant un objectif de teneur en contenu recyclé entraîne un bond de la demande de plastiques secondaires. Pour les pays de l'OCDE, la part des plastiques secondaires est à peu près aussi importante dans le scénario *Action des économies avancées sur le cycle de vie, Rigueur élevée* (31 %) que dans le scénario *Action mondiale en aval, Rigueur élevée* (32 %), mais le volume de plastiques secondaires est inférieur, étant donné que la demande de plastiques et l'offre de débris sont toutes les deux inférieures.

4.4. D'importants rejets de plastiques subsistent avec les scénarios d'ambition partielle

En l'absence de réductions plus nettes de l'utilisation totale de plastiques à l'échelle mondiale (voir le Graphique 4.2), l'amélioration des systèmes de recyclage et la production de plastiques secondaires (voir le Graphique 4.5) resteraient insuffisantes pour empêcher la hausse de la production de plastiques primaires (Graphique 4.6, partie gauche). Par conséquent, les effets sur l'environnement et la santé humaine associés à la production de plastiques primaires, comme la dépendance à l'égard des matières premières des ressources fossiles, les émissions de gaz à effet de serre (GES) liées à la production et l'exposition à des produits chimiques préoccupants, resteraient significatifs. En outre, le volume significatif de déchets mal gérés (Graphique 4.6, partie droite) qui subsisterait signifie que des plastiques continueraient d'être rejetés dans les milieux terrestres et aquatiques.

Graphique 4.6. Les scénarios d'ambition partielle ralentissent au mieux l'utilisation de plastiques primaires mais ne parviennent pas à éliminer les déchets plastiques mal gérés dans le monde

En millions de tonnes (Mt)

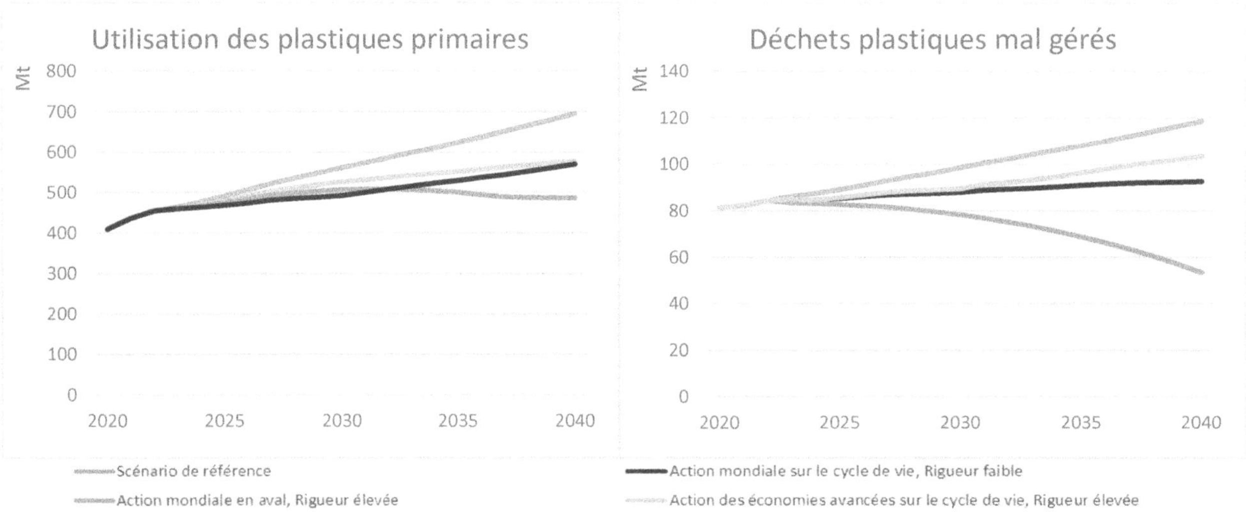

Source : modèle ENV-Linkages de l'OCDE.

StatLink https://stat.link/qr40mt

Parmi les trois scénarios d'ambition partielle, le scénario *Action mondiale en aval, Rigueur élevée* est celui qui limite le plus efficacement la croissance des émissions de GES provenant de la production et de la transformation (Graphique 4.7). Bien que la demande totale de plastiques augmente notablement par rapport aux niveaux de 2020, une part non négligeable de la production est issue de plastiques secondaires, et les émissions de GES provenant de la production et de la transformation sont inférieures à celles des autres scénarios. Toutefois, les grandes quantités de déchets, combinées aux taux de recyclage élevés, font sensiblement augmenter les émissions de GES associées à la gestion des déchets en fin de vie. De plus, en l'absence de mesures visant à limiter la production primaire (le principal déterminant des émissions de GES), la contribution des plastiques aux émissions de GES continue à augmenter significativement par rapport aux niveaux de 2020. Ainsi, les émissions de GES progressent de 30 % en 2040 (passant de 1.8 gigatonne d'équivalent dioxyde de carbone [Gt éq. CO_2] en 2020 à 2.3 Gt éq. CO_2). Les deux autres scénarios donnent des résultats similaires, comblant environ la moitié de l'écart entre l'augmentation du scénario de *référence* et la stabilisation aux niveaux de 2020.

Graphique 4.7. Les scénarios d'ambition partielle font augmenter les émissions annuelles de GES liées aux plastiques de près d'un tiers par rapport aux niveaux de 2020.

Émissions de gaz à effet de serre provenant du cycle de vie des plastiques en gigatonnes d'équivalent dioxyde de carbone (Gt éq. CO_2)

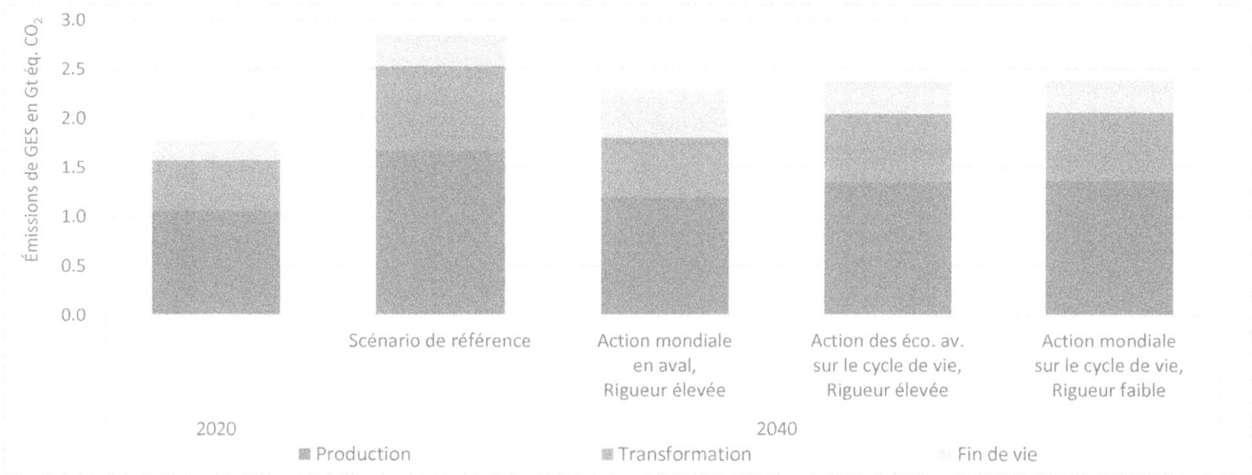

Source : modèle ENV-Linkages de l'OCDE.

StatLink https://stat.link/9z8j1s

Les efforts modélisés dans les pays non membres de l'OCDE pour améliorer la gestion des déchets – notamment la collecte, le tri et le traitement – dans le scénario *Action mondiale sur le cycle de vie, Rigueur faible* et en particulier dans le scénario *Action mondiale en aval, Rigueur élevée* seraient à l'origine d'une grande part de la réduction des rejets de plastiques par rapport au scénario de *référence* (Graphique 4.8). Les mesures en aval plus rigoureuses dans les pays membres et non membres de l'OCDE combinées dans le scénario *Action mondiale en aval, Rigueur élevée* pourraient éviter le rejet de 129 Mt de plastiques supplémentaires dans l'environnement entre 2020 et 2040 par rapport au scénario de *référence*, qui prévoit 519 Mt de rejets de plastiques cumulés entre 2020 et 2040. Ainsi, en cumulé, 390 Mt de plastiques seraient malgré tout rejetés dans l'environnement entre 2020 et 2040 malgré des mesures rigoureuses en aval visant à augmenter le recyclage et à fermer les voies de rejet. Étant donné que les rejets annuels seraient encore nettement supérieurs à 10 Mt en 2040, ils se poursuivraient au-delà de cette date.

Dans les autres scénarios d'ambition partielle, les rejets évités se limitent à 41 Mt dans le scénario *Action des économies avancées sur le cycle de vie, Rigueur élevée* et à 58 Mt dans le scénario *Action mondiale sur le cycle de vie, Rigueur faible*. Dans les deux scénarios, les rejets de plastiques dans l'environnement ne se stabilisent pas au fil du temps, de sorte que la pression exercée sur l'environnement continuerait à augmenter après 2040. Dans le scénario *Action des économies avancées sur le cycle de vie, Rigueur élevée*, les mesures strictes sont limitées aux pays où la part de déchets mal gérés est déjà faible dans le scénario de *référence*. Si les interventions dans les économies avancées ont quelques répercussions positives sur la production de déchets plastiques dans d'autres pays, ces retombées sont limitées. De plus, à l'inverse du scénario *Action mondiale en aval, Rigueur élevée*, le scénario *Action des économies avancées sur le cycle de vie, Rigueur élevée* repose sur l'hypothèse que les pays en développement ne sont pas incités à prendre des mesures ambitieuses pour fermer les voies de rejet. Dans le scénario *Action mondiale sur le cycle de vie, Rigueur faible*, l'augmentation des rejets de plastiques au fil du temps est principalement due au manque de rigueur des mesures. Même si l'ensemble des pays parvenait à un accord de grande envergure couvrant les quatre leviers d'action et le mettait en œuvre, la faible rigueur des mesures mises en œuvre ne permettrait pas de stabiliser les rejets mondiaux de plastiques, et encore moins de mettre fin aux rejets de plastiques.

Graphique 4.8. D'importants progrès doivent être réalisés en matière de collecte et de tri des déchets pour réduire les rejets de plastiques en deçà des niveaux de 2020

Rejets de plastiques dans l'environnement en millions de tonnes (Mt)

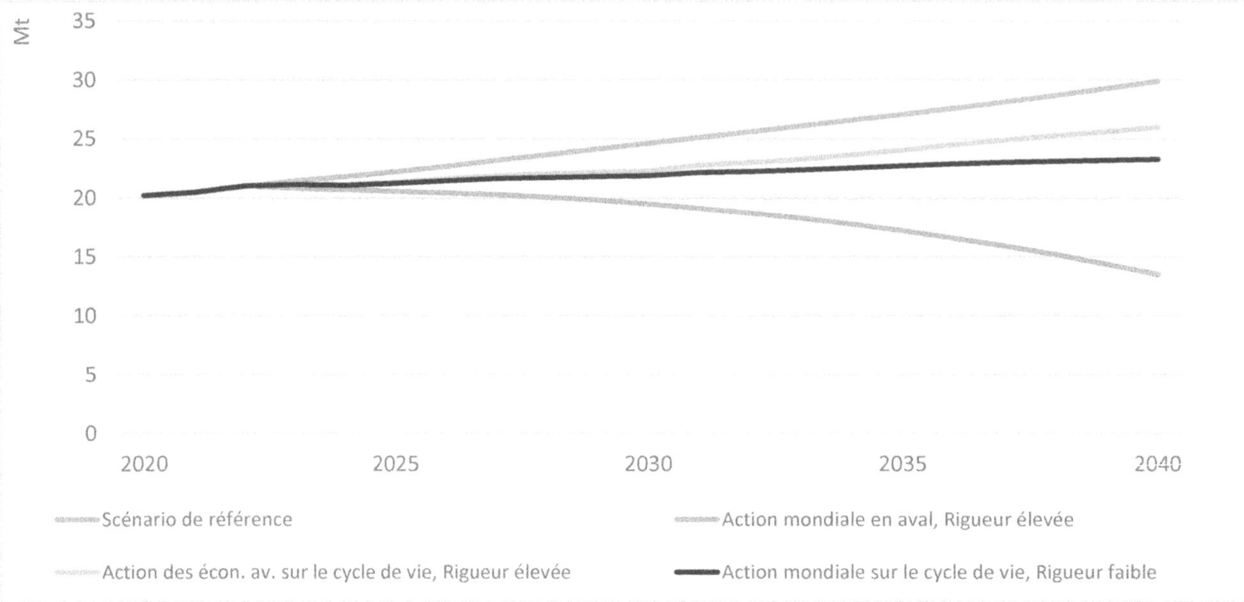

Source : modèle ENV-Linkages de l'OCDE.

StatLink https://stat.link/w1inpd

Globalement, les stratégies qui n'incluent pas de mesures appliquées à l'échelle mondiale et de manière très rigoureuse pour les leviers d'action offrent peu de possibilités d'inverser les tendances actuelles. En l'absence de mesures strictes mises en œuvre à grande échelle, la communauté internationale n'atteindra pas son objectif d'élimination de la pollution plastique dans un futur proche.

Notes

[1] Les données chiffrées de la mise en œuvre des scénarios du cadre de modélisation sont présentées à l'annexe B.

[2] Comme dans les descriptions de scénario des chapitres 1 et 3, le fond blanc indique les mesures actuelles (comme dans le scénario de *référence*) ; le fond semi-transparent signale une action peu rigoureuse et un fond en couleur renvoie à une action très rigoureuse. À la différence du Graphique 1.1 (Chapitre 1) et du Graphique 3.2 (Chapitre 3), les leviers d'action sont indiqués explicitement.

[3] Il s'agit d'une hypothèse de modèle qui reflète le fait que les avancées technologiques ont tendance à se répercuter dans d'autres pays, en particulier lorsqu'un segment suffisant du marché mondial est concerné par ces progrès.

[4] Les déchets « mal gérés » sont une catégorie de gestion des déchets aux fins comptables ; on suppose qu'aucun coût de gestion n'est associé à ce destin en fin de vie.

[5] Des avancées techniques majeures pourraient s'avérer nécessaires pour concrétiser les nettes améliorations du recyclage projetées dans les scénarios modélisés. Ces enjeux sont abordés plus en détail à la section 7.2 du chapitre 7.

5 Effets des scénarios d'ambition élevée

Le présent chapitre examine deux scénarios ambitieux avec une couverture mondiale des mesures ciblant de nombreux stades du cycle de vie des plastiques. Les résultats soulignent que des mesures très strictes ciblant les quatre leviers sont essentielles pour éliminer les rejets de plastiques d'ici 2040 et ramener l'utilisation de plastiques primaires en deçà des niveaux de 2020, ce qui est également important pour limiter les émissions de gaz à effet de serre. Ce chapitre met en évidence les effets positifs sur l'environnement d'une ambition mondiale à l'horizon 2040 et les compromis associés à des mesures plus étalées dans le temps.

5.1. Introduction

Dans le scénario *Action mondiale sur le cycle de vie, Rigueur variable*, les pays conviennent de poursuivre les trois objectifs des scénarios d'ambition partielle, mais ne parviennent pas à aller plus loin. Seules les économies avancées (qui correspondent approximativement aux pays de l'OCDE et aux pays de l'UE) appliquent des mesures strictes en amont et au milieu du cycle de vie des plastiques (c'est-à-dire les leviers « limiter la production et la demande » et « encourager l'écoconception »). D'autres régions mettent en œuvre des mesures en amont et en milieu de cycle avec une rigueur faible, tandis que des mesures en aval (c'est-à-dire les leviers « augmenter le recyclage » et « fermer les voies de rejet ») sont mises en œuvre avec une rigueur élevée dans tous les pays[1].

Le scénario *Action mondiale sur le cycle de vie, Rigueur élevée* [*Ambition mondiale*] comble l'écart restant en matière de rigueur des mesures. Cette approche exhaustive et coordonnée va au-delà du scénario *Action mondiale sur le cycle de vie, Rigueur variable* en mettant en œuvre les dix instruments avec une rigueur élevée dans toutes les régions, ce qui témoigne d'une collaboration étroite pour éliminer les rejets de plastiques. Elle requiert un renforcement de l'action tout au long du cycle de vie des plastiques à l'échelle mondiale, compte tenu de l'objectif commun de mettre fin aux rejets de macroplastiques d'ici 2040. Ce scénario pourrait servir de guide stratégique pour définir une marche à suivre pour éliminer la pollution plastique dans le monde avant le milieu du siècle[2].

Le Graphique 5.1 est une représentation visuelle des deux scénarios d'ambition élevée.

Graphique 5.1. Scénarios d'ambition élevée

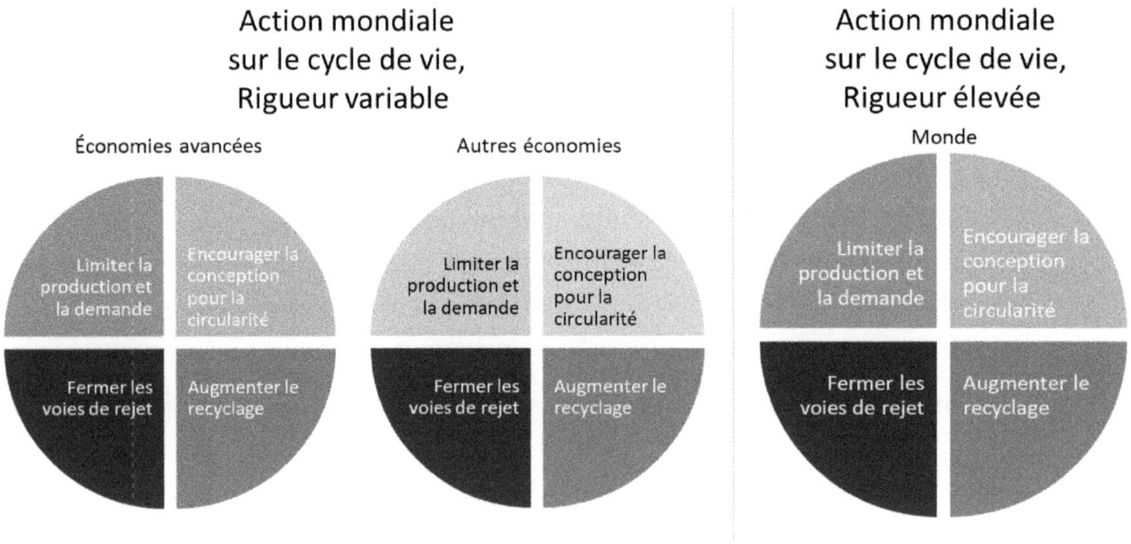

Source : élaboré par les auteurs.

5.2. Des mesures intégrées ambitieuses permettent de dissocier en grande partie l'activité économique de l'utilisation de plastiques

Dans les deux scénarios d'ambition élevée, tous les pays adoptent des mesures visant à limiter la production et la demande et à améliorer la conception des produits pour la circularité. Ces scénarios intégrés améliorent les scénarios d'ambition partielle examinés au chapitre 4. L'une des différences clés entre les deux scénarios d'ambition élevée est le niveau de rigueur des mesures en amont et en milieu de cycle pour les pays non membres de l'OCDE et de l'UE. Dans le scénario *Action mondiale sur le cycle de vie, Rigueur variable*, le niveau de rigueur des mesures mises en œuvre dans ces pays se limite à celui du scénario *Action mondiale sur le cycle de vie, Rigueur faible*, tandis que dans le scénario *Action mondiale sur le cycle de vie, Rigueur élevée* [*Ambition mondiale*], tous les pays mettent en œuvre des mesures strictes pour les quatre leviers d'action afin de garantir un équilibre entre les efforts en amont et en aval de la chaîne de valeur.

L'utilisation mondiale de plastiques primaires devrait se stabiliser autour des niveaux de 2020 à l'horizon 2040 dans le scénario *Action mondiale sur le cycle de vie, Rigueur variable* (Graphique 5.2). Le scénario *Action mondiale sur le cycle de vie, Rigueur élevée* [*Ambition mondiale*] prévoit une réduction notable, avec des quantités inférieures à celles de 2020 dans la plupart des régions : 46 Mt de moins qu'en 2020 dans les pays de l'OCDE, et 14 Mt de moins qu'en 2020 dans les pays non membres de l'OCDE. Ces réductions ont des effets positifs sur l'environnement du fait de la production à plus petite échelle de plastiques primaires, ce qui entraîne notamment une baisse des émissions de gaz à effet de serre (GES)[3].

Graphique 5.2. Les mesures influant sur la production, la demande et la conception des produits sont essentielles pour ramener la production et l'utilisation de plastiques primaires en deçà des niveaux de 2020

Variation en pourcentage de l'utilisation de plastiques primaires en 2040 par rapport à 2020

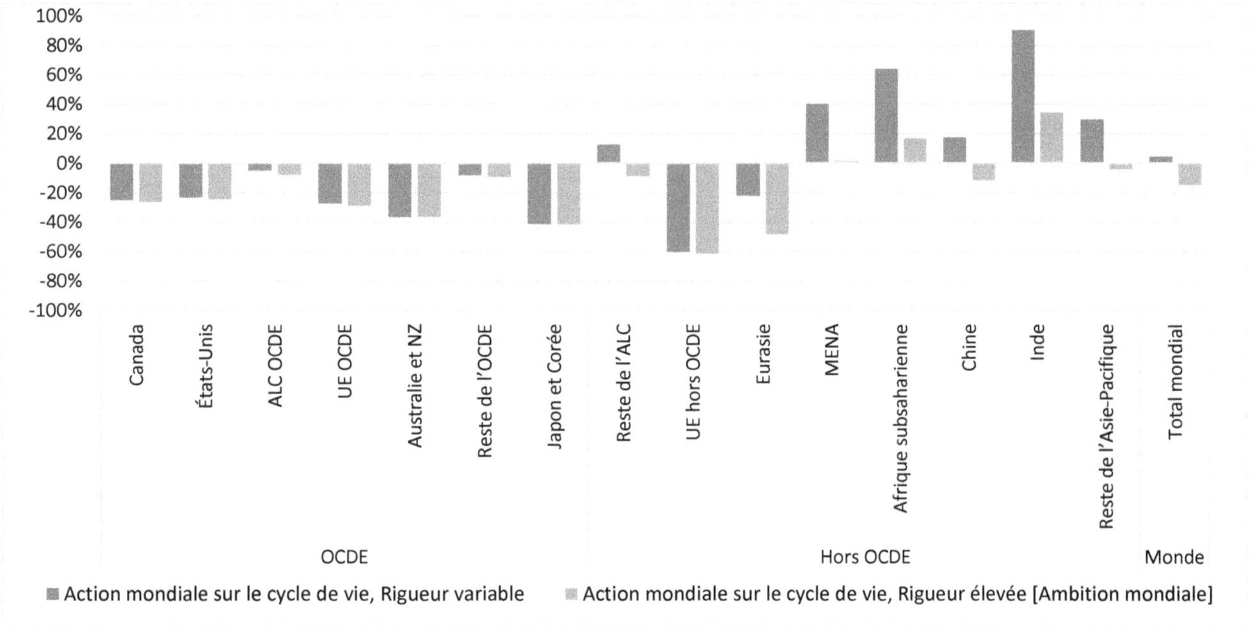

Source : modèle ENV-Linkages de l'OCDE.

StatLink https://stat.link/hu7ic0

Dans le scénario *Action mondiale sur le cycle de vie, Rigueur variable*, l'utilisation de plastiques primaires dans les pays non membres de l'OCDE continuerait à augmenter, atteignant 286 Mt à l'horizon 2040, étant donné que le niveau de rigueur des mesures se limiterait à celui du scénario *Action mondiale sur le cycle de vie, Rigueur faible*. À titre de comparaison, l'utilisation de plastiques primaires dans les pays non membres de l'OCDE passerait de 227 Mt en 2020 à 435 Mt en 2040 dans le scénario de *référence*. Une baisse importante des plastiques primaires dans les pays de l'OCDE par rapport au scénario de *référence* (qui est très semblable dans les deux scénarios d'ambition élevée) peut compenser dans une certaine mesure la croissance dans les pays non membres de l'OCDE et permettre une quasi-stabilisation de l'utilisation de plastiques primaires à l'échelle planétaire. Cependant, l'évolution régionale de l'utilisation de plastiques pourrait aggraver la pollution plastique si une part plus importante des plastiques finit sous forme de déchets dans les pays où les systèmes de gestion des déchets sont moins développés.

Étant donné qu'il faut du temps pour mettre pleinement en œuvre les mesures, l'utilisation totale de plastiques et les déchets plastiques continueraient d'augmenter au-delà des niveaux de 2020 (Graphique 5.3). Lorsque des mesures strictes sont en place pour produire des débris destinés à la production de plastiques secondaires, la progression de l'utilisation totale de plastiques provient de la croissance des plastiques secondaires, tandis que l'utilisation de plastiques primaires reste relativement constante (voir Graphique 5.2). La production de plastiques secondaires augmente, en particulier après 2030, une fois que la capacité de recyclage a été renforcée. La hausse des déchets plastiques est généralement légèrement supérieure à celle de l'utilisation de plastiques, en raison de la longue durée de vie de certaines applications, et donc de l'effet différé des mesures sur les volumes de déchets. Dans le scénario *Action mondiale sur le cycle de vie, Rigueur variable*, l'utilisation mondiale de plastiques passe de 435 millions de tonnes (Mt) en 2020 à 626 Mt en 2040 (hausse de 43 %). Dans le scénario *Action mondiale sur le cycle de vie, Rigueur élevée* [*Ambition mondiale*], l'utilisation de plastiques en 2040 est inférieure, s'établissant à 508 Mt (hausse de 17 % par rapport à 2020). Le scénario *Action mondiale sur le cycle de vie, Rigueur élevée* [*Ambition mondiale*] permet donc d'éviter l'utilisation de 228 Mt de plastiques par rapport au scénario de *référence*, soit une baisse de 31 %. Cette réduction est en grande partie déjà réalisée en 2030, grâce à la mise en œuvre précoce de mesures visant à limiter la production et la demande, ainsi qu'aux dispositifs de REP.

Graphique 5.3. Même les scénarios les plus ambitieux ne permettent pas de stabiliser l'utilisation de plastiques et les déchets plastiques à l'échelle mondiale à long terme

Utilisation de plastiques (partie gauche) et déchets plastiques (partie droite) au niveau mondial en millions de tonnes (Mt)

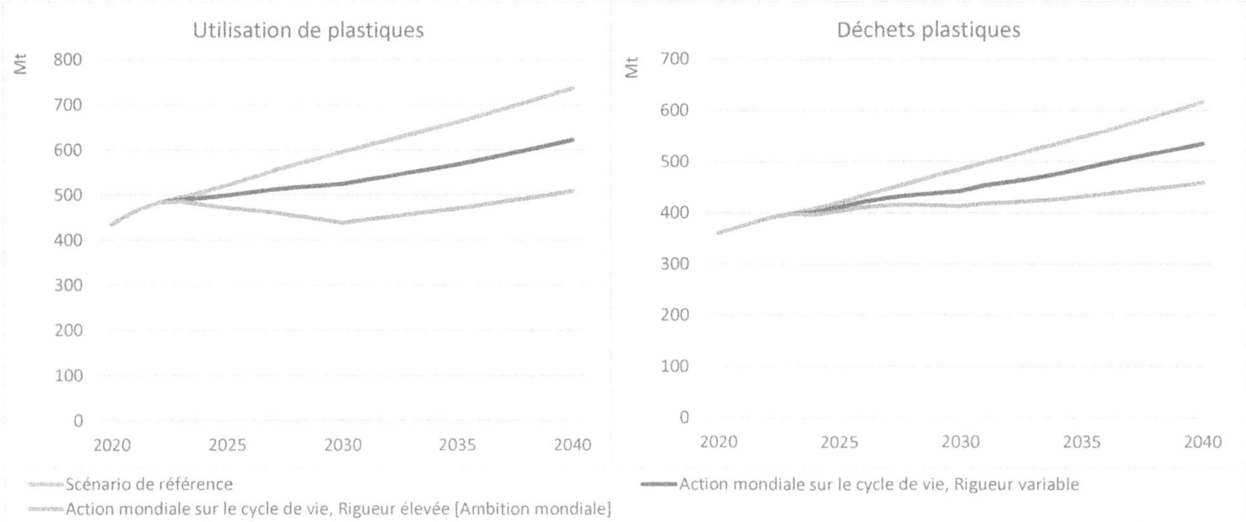

Source : modèle ENV-Linkages de l'OCDE.

StatLink https://stat.link/k876e9

La hausse de l'utilisation de plastiques après 2030 est principalement due au fait que le scénario *Action mondiale sur le cycle de vie, Rigueur élevée* [*Ambition mondiale*] ne cible pas explicitement l'utilisation totale de plastiques. Il vise davantage à réduire la pollution plastique en limitant la production et la demande et en augmentant la part des plastiques secondaires (c'est-à-dire à réduire la pollution associée à la production de plastiques primaires), à améliorer l'écoconception pour la circularité et à éliminer les déchets plastiques mal gérés (c'est-à-dire à minimiser les rejets de plastiques). Le renforcement des mesures destinées à réduire l'utilisation totale de plastiques plutôt que la production de plastiques primaires pourrait entraîner des coûts excessifs (voir le chapitre 6). Le scénario *Action mondiale sur le cycle de vie, Rigueur élevée* [*Ambition mondiale*] vise à atteindre un certain équilibre entre ces éléments.

Les déchets plastiques mondiaux suivent l'évolution de l'utilisation totale de plastiques, avec un décalage qui dépend de la durée de vie des applications concernées. D'une part, les politiques d'écoconception contribuent à prolonger la durée de vie des applications, retardant donc la production de déchets, mais aussi les avantages associés à la limitation de la production et de la demande de plastiques. Ce phénomène est particulièrement manifeste dans le Graphique 5.3 lorsqu'on compare l'effet du scénario *Action mondiale sur le cycle de vie, Rigueur élevée* [*Ambition mondiale*] sur l'évolution de l'utilisation de plastiques et des déchets : la diminution de l'utilisation de plastiques est bien plus marquée que celle des déchets plastiques en 2030. D'autre part, l'utilisation de plastiques est en grande partie associée à des applications à courte durée de vie, comme les emballages. Ainsi, l'évolution des déchets plastiques est assez similaire à celle de l'utilisation de plastiques (voir le chapitre 2).

Les applications ne progressent pas toutes aussi rapidement au fil du temps, et les différents polymères et applications évoluent en fonction de leurs liens avec les secteurs économiques et les mesures imposées (Graphique 5.4). En 2040, les réductions les plus fortes de l'utilisation de plastiques dans le scénario *Action mondiale sur le cycle de vie, Rigueur élevée* [*Ambition mondiale*] (par rapport au scénario de *référence*) concernent les applications ayant une longue durée de vie, notamment dans les transports (-46 % par rapport au scénario de *référence* en 2040) et dans le bâtiment et les travaux publics (-39 % par rapport au scénario de *référence*). La diminution des emballages se limite à 24 %, les volumes passant de 139 Mt en 2020 à 234 Mt en 2040 dans le scénario de *référence* et à 179 Mt dans le scénario *Action mondiale sur le cycle de vie, Rigueur élevée* [*Ambition mondiale*]. Pour toutes les applications, les réductions sont légèrement plus importantes dans les pays non membres de l'OCDE que dans les pays membres.

Graphique 5.4. Des mesures mondiales ambitieuses influent sur la composition de l'utilisation de plastiques par application

Production et utilisation de plastiques par application en millions de tonnes (Mt), scénario Action *mondiale sur le cycle de vie, Rigueur élevée* [*Ambition mondiale*]

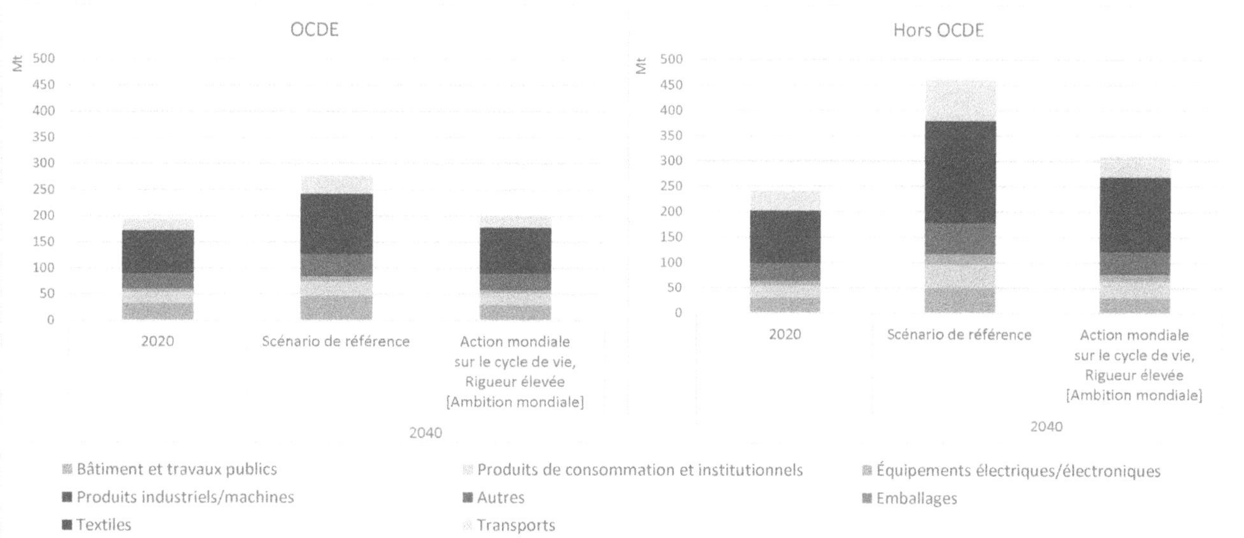

Source : modèle ENV-Linkages de l'OCDE.

StatLink https://stat.link/tgn96j

La poursuite de la croissance économique dans tous les scénarios et la baisse conséquente de l'utilisation de plastiques par rapport au scénario de *référence* supposent une amélioration de l'intensité d'utilisation de plastiques de l'économie (Graphique 5.5). L'intensité d'utilisation de plastiques varie peu au fil du temps dans le scénario de *référence*, bien que l'augmentation de l'utilisation de plastiques tende légèrement à être plus forte que celle du PIB dans les pays membres de l'OCDE, et plus faible que celle du PIB dans les pays non membres. Cette dernière tendance s'explique par le développement rapide de secteurs économiques qui ne dépendent pas fortement des plastiques, comme les services, tandis que la structure des économies de l'OCDE est plus stable.

Les deux scénarios d'ambition élevée examinés ici peuvent réduire l'intensité d'utilisation de plastiques entre 2020 et 2040, mais le scénario *Action mondiale sur le cycle de vie, Rigueur élevée* [*Ambition mondiale*] s'avère plus efficace que le scénario *Action mondiale sur le cycle de vie, Rigueur variable* en raison des efforts supplémentaires réalisés pour limiter la production et la demande dans les pays non membres de l'OCDE. Une diminution de plus de 30 % de l'intensité d'utilisation de plastiques par rapport à 2020 (et aux niveaux de 2040 du scénario de *référence*) montre qu'il est possible, avec des mesures ciblées, de dissocier en grande partie la croissance économique de la hausse de l'utilisation de plastiques.

Graphique 5.5. Des mesures strictes visant à limiter la production et la demande sont nécessaires pour réduire l'intensité d'utilisation de plastiques et découpler l'activité économique de l'utilisation de plastiques

Intensité d'utilisation de plastiques en tonnes de plastique par unité de production sectorielle en USD (t/USD)

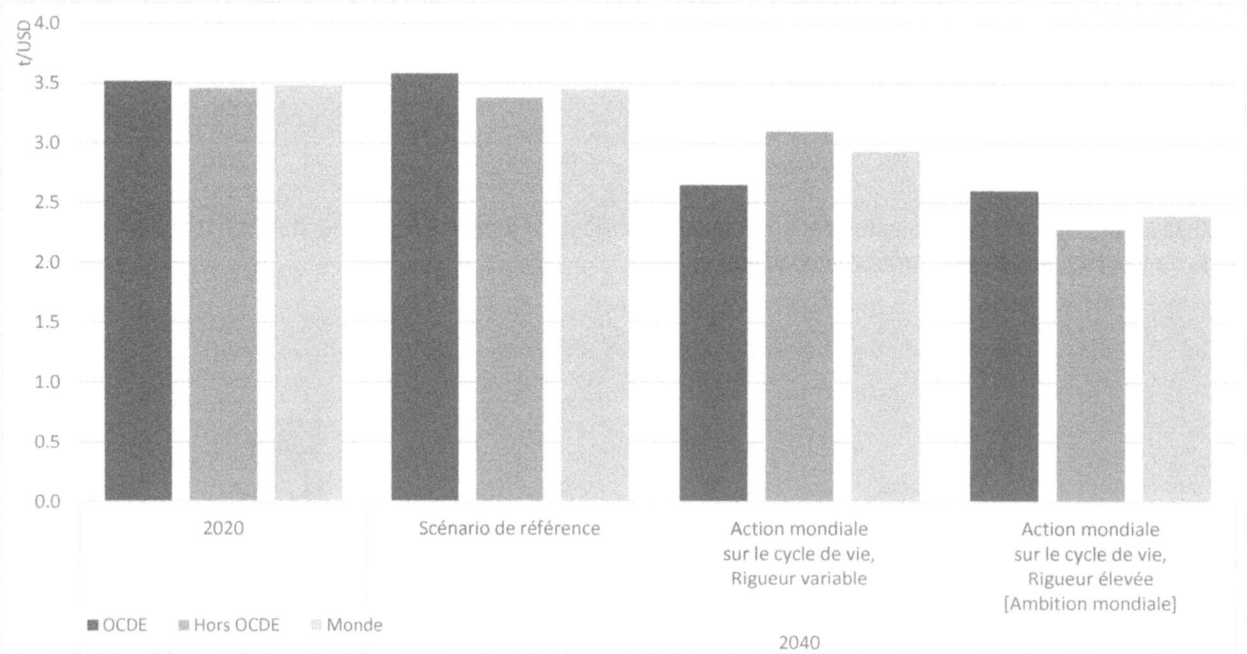

Source : modèle ENV-Linkages de l'OCDE.

StatLink https://stat.link/97ypjz

5.3. Des interventions tout au long du cycle de vie des plastiques sont nécessaires pour éliminer les déchets plastiques mal gérés à l'horizon 2040

Si la majorité des pays développés disposent déjà de systèmes municipaux de collecte et de traitement des déchets généralisés, il n'en est pas de même pour de nombreux pays en développement. Le développement urgent des systèmes de collecte des déchets est un prérequis indispensable pour réduire les déchets mal gérés, étant donné que les déchets non collectés sont en majorité mal gérés et peuvent finir dans des milieux naturels ou être brûlés de manière informelle, entraînant de graves répercussions sur la santé humaine et les écosystèmes. En parallèle, il est nécessaire de mettre en place des infrastructures de gestion des déchets à plus grande échelle dans le monde entier, dans les pays membres de l'OCDE comme dans ceux non membres, afin d'appuyer le recyclage. Le scénario *Action mondiale sur le cycle de vie, Rigueur élevée* [*Ambition mondiale*] permettrait d'éliminer presque entièrement les déchets mal gérés d'ici 2040 (voir Graphique 5.6). La part des déchets mal gérés diminue déjà régulièrement dans le scénario de *référence* à mesure que les pays s'enrichissent et ont les moyens d'améliorer la gestion des déchets, mais cet ensemble de mesures l'emporte sur l'augmentation significative de la quantité de plastiques mal gérés chaque année prévue dans le scénario de *référence*.

Le fait d'éviter la production de déchets d'ici 2040 (par rapport aux niveaux du scénario de *référence*) contribuerait à décharger les systèmes de gestion des déchets du monde entier. À l'inverse du scénario *Action mondiale sur le cycle de vie, Rigueur élevée* [*Ambition mondiale*], le scénario *Action mondiale sur le cycle de vie, Rigueur variable* ne permet pas d'éliminer tous les déchets mal gérés (ligne pointillée jaune sur le Graphique 5.6), étant donné que la production totale de déchets plastiques est nettement plus importante et qu'il y a des limites à l'agrandissement des installations de recyclage dans les pays en développement. Ces problèmes se posent également dans le scénario *Action mondiale sur le cycle de vie, Rigueur élevée* [*Ambition mondiale*] (voir le chapitre 7), mais le plus grand équilibre entre les quatre leviers d'action est essentiel pour que les objectifs audacieux des scénarios d'ambition élevée soient réalisables.

Graphique 5.6. Le scénario Ambition *mondiale* entraîne une diminution rapide des déchets mal gérés et une forte augmentation du recyclage

Parts des destins en fin de vie des déchets plastiques, Action mondiale sur le cycle de vie, Rigueur élevée [Ambition mondiale]

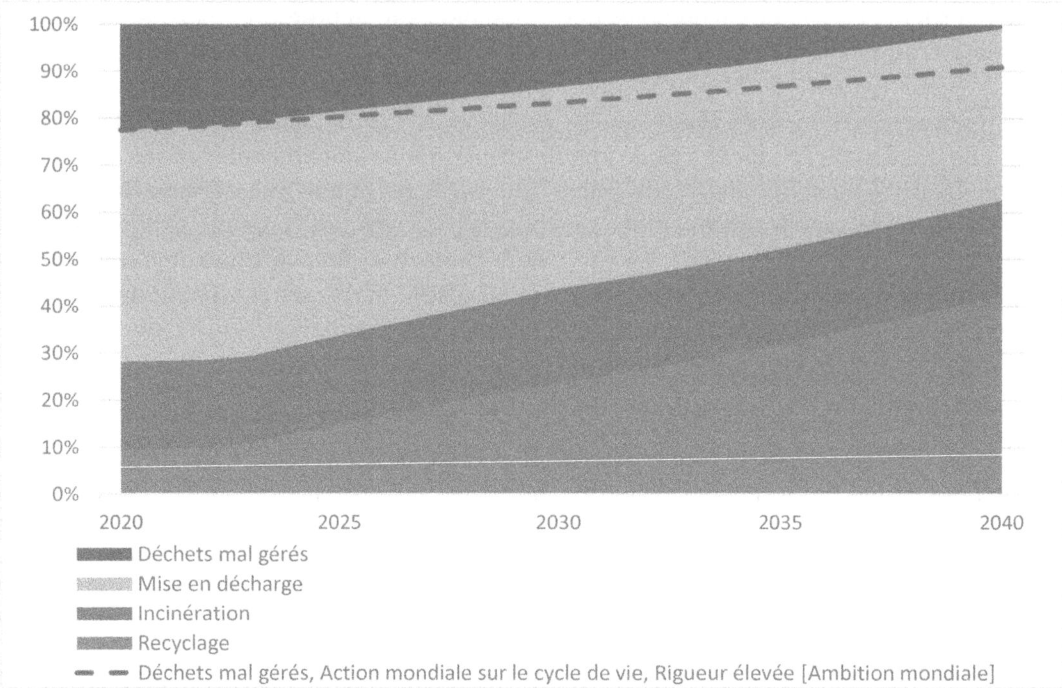

Note : la ligne en pointillés montre les déchets mal gérés restants dans le scénario *Action mondiale sur le cycle de vie, Rigueur variable* à titre de comparaison. Les parts du recyclage sont très semblables dans les deux scénarios (et ne sont donc pas illustrées dans ce graphique pour le scénario *Action mondiale sur le cycle de vie, Rigueur variable*).
Source : modèle ENV-Linkages de l'OCDE.

StatLink https://stat.link/jwb1yt

Les deux scénarios d'ambition élevée donnent lieu à une hausse très sensible des taux de recyclage, la part des déchets recyclés passant à 42 % en 2040, soit plus de quatre fois le taux de 2020 (Graphique 5.6). Une augmentation aussi rapide du recyclage permet la production de débris, qui est indispensable pour effectuer la transition de la production de plastiques primaires à celle de plastiques secondaires. La concrétisation de hausses aussi considérables des taux de recyclage nécessiterait de surmonter des difficultés très importantes, étant donné qu'à l'heure actuelle, les taux de recyclage restent faibles pour plusieurs polymères et dans de nombreux pays à faible revenu et à revenu intermédiaire. Ce point est traité plus en détail au chapitre 7.

Malgré l'efficacité des ensembles de mesures très ambitieuses visant à réduire la production de déchets plastiques, les volumes de déchets créés restent suffisamment élevés pour faciliter l'utilisation des débris dans la production de plastiques secondaires, à condition que les marchés internationaux des débris puissent se développer et que les pertes de recyclage soient réduites. Par conséquent, la production annuelle de plastiques devrait croître modestement par rapport aux niveaux de 2020, mais les deux scénarios d'ambition élevée garantissent que les plastiques secondaires permettent de répondre à la demande supplémentaire. Ainsi, la demande de plastiques primaires chuterait en 2040 par rapport à 2020 dans le scénario *Action mondiale sur le cycle de vie, Rigueur élevée* [*Ambition mondiale*] et se stabiliserait à peu près au cours de cette période dans le scénario *Action mondiale sur le cycle de vie, Rigueur variable*.

5.4. Chaque levier d'action est indispensable pour réduire les déchets plastiques mal gérés et la pollution globale

Les mesures qui limitent la production et la demande et encouragent la conception pour la circularité contribuent à 27 % de la réduction totale des déchets mal gérés obtenue en 2040 dans le scénario *Action mondiale sur le cycle de vie, Rigueur élevée* [*Ambition mondiale*] par rapport au scénario de *référence* (Graphique 5.7). Fait important, la combinaison de l'extension de la durée de vie des produits durables, facilitée par l'amélioration de l'écoconception, et des mécanismes de soutien au réemploi et à la réparation, entraîne une baisse de la demande (et de la production) de plastiques. Plus précisément, cette baisse s'obtient en combinant les quatre leviers d'action :

- Des mesures qui limitent la production et la demande de plastiques (premier levier) permettraient de réduire de 97 Mt (soit de 13 %) l'utilisation totale de plastiques en 2040 par rapport aux chiffres du scénario de *référence*, dont 95 Mt sont des plastiques primaires (14 %). Soulignons que le fait d'agir sur ce levier contribuerait à réduire la forte hausse de la demande d'applications d'emballage à usage unique et à courte durée de vie autres prévue à l'horizon 2040 en l'absence de mesures supplémentaires, qui participerait sinon à une augmentation substantielle de la production de déchets. Ces effets en amont se reportent sur des indicateurs en aval : les déchets totaux sont réduits de 8 % et les déchets mal gérés de 10 %.
- De solides progrès en matière de conception pour la circularité (deuxième levier) seront essentiels pour que des solutions circulaires puissent voir le jour tout au long du cycle de vie des plastiques, comme le réemploi sans risque (réparation, recharge, reconditionnement, etc.) et le recyclage. De cette manière, une conception améliorée peut réduire efficacement la demande de plastiques en prolongeant la durée de vie utile des produits. Des interdictions ou des taxes ciblées peuvent aider à passer des plastiques à courte durée de vie ou problématiques à des produits de remplacement plus sûrs et ayant une empreinte environnementale plus faible. En outre, des critères de conception peuvent rendre possible le remplacement des plastiques par d'autres matériaux, lorsque ces changements peuvent se révéler bénéfiques sur le plan environnemental ou sanitaire. Associé à des mesures visant à limiter la production et la demande, ce deuxième levier entraîne un ralentissement de la croissance de la production et de l'utilisation de plastiques. L'utilisation de plastiques serait ramenée en dessous des niveaux du scénario de *référence*, soit une diminution de 208 Mt (28 %) en 2040, compensant les deux tiers de l'augmentation observée dans le scénario de *référence* entre 2020 et 2040. Le deuxième levier permettrait également d'éviter l'utilisation de 105 Mt (15 %) de plastiques primaires de plus que le premier levier.
- L'écoconception pour la circularité contribue également sensiblement à réduire les déchets totaux et les déchets mal gérés. Les déchets totaux sont réduits de 94 Mt (15 %), ce qui est largement supérieur à la contribution du premier levier visant à limiter la production et la demande. L'un des facteurs clés de ces réductions est la prolongation de la durée de vie des applications. Si ce levier ne permet pas d'améliorer directement la part de déchets gérés, les déchets mal gérés sont réduits de 19 Mt (16 %) en raison de la baisse globale des déchets plastiques générés à l'échelle mondiale.
- L'augmentation du recyclage (troisième levier) a des effets très limités sur l'utilisation totale de plastiques (20 Mt ou moins de 3 %), mais les répercussions sur l'utilisation de plastiques primaires sont bien plus marquées (145 Mt ou 21 %), étant donné que les mesures en faveur du recyclage entraînent un basculement des plastiques primaires vers les plastiques secondaires. De même, l'effet sur les déchets totaux est faible (12 Mt ou 2 %), mais est plus notable lorsqu'il s'agit de la réduction des déchets mal gérés (31 Mt ou 26 %), étant donné qu'une plus grande proportion des déchets collectés est réorientée vers le recyclage, entraînant une baisse des volumes de déchets mal gérés, comme ceux brûlés à l'air libre.
- Enfin, les mesures visant à fermer les voies de rejet (quatrième levier) se concentrent sur l'élimination des déchets mal gérés, et sont essentielles à cet égard, réduisant les déchets mal gérés de 53 Mt

ou 44 %. Toutefois, les effets de ces mesures sur les autres variables sont presque nuls (moins de 1 Mt pour chacune). Les répercussions en amont de la gestion améliorée des déchets sont perceptibles dans l'effet de l'augmentation des coûts de gestion des déchets sur le revenu national et donc l'activité économique. Le fait que cet effet soit minime est donc positif et souligne que les conséquences macroéconomiques de la fermeture des voies de rejet sont faibles (voir le chapitre 6).

La prise de mesures visant ces quatre leviers facilite la transition vers une utilisation plus circulaire des plastiques, car la production de plastiques secondaires (en amont) augmente parallèlement à la disponibilité accrue des débris provenant des activités de recyclage (en aval). Comme évoqué plus en détail dans le chapitre 7, la mise en œuvre mondiale de mesures visant ces quatre leviers avec une rigueur alignée sur celle du scénario *Action mondiale sur le cycle de vie, Rigueur élevée* [*Ambition mondiale*] nécessiterait de surmonter d'importants obstacles économiques, techniques et liés à la gouvernance.

Graphique 5.7. Tous les leviers d'action contribuent à éliminer les déchets plastiques mal gérés à l'horizon 2040

Contribution de chaque levier d'action à la réduction des flux de plastiques, exprimée en variation en pourcentage par rapport au scénario de *référence* en 2040, scénario *Action mondiale sur le cycle de vie, Rigueur élevée* [*Ambition mondiale*]

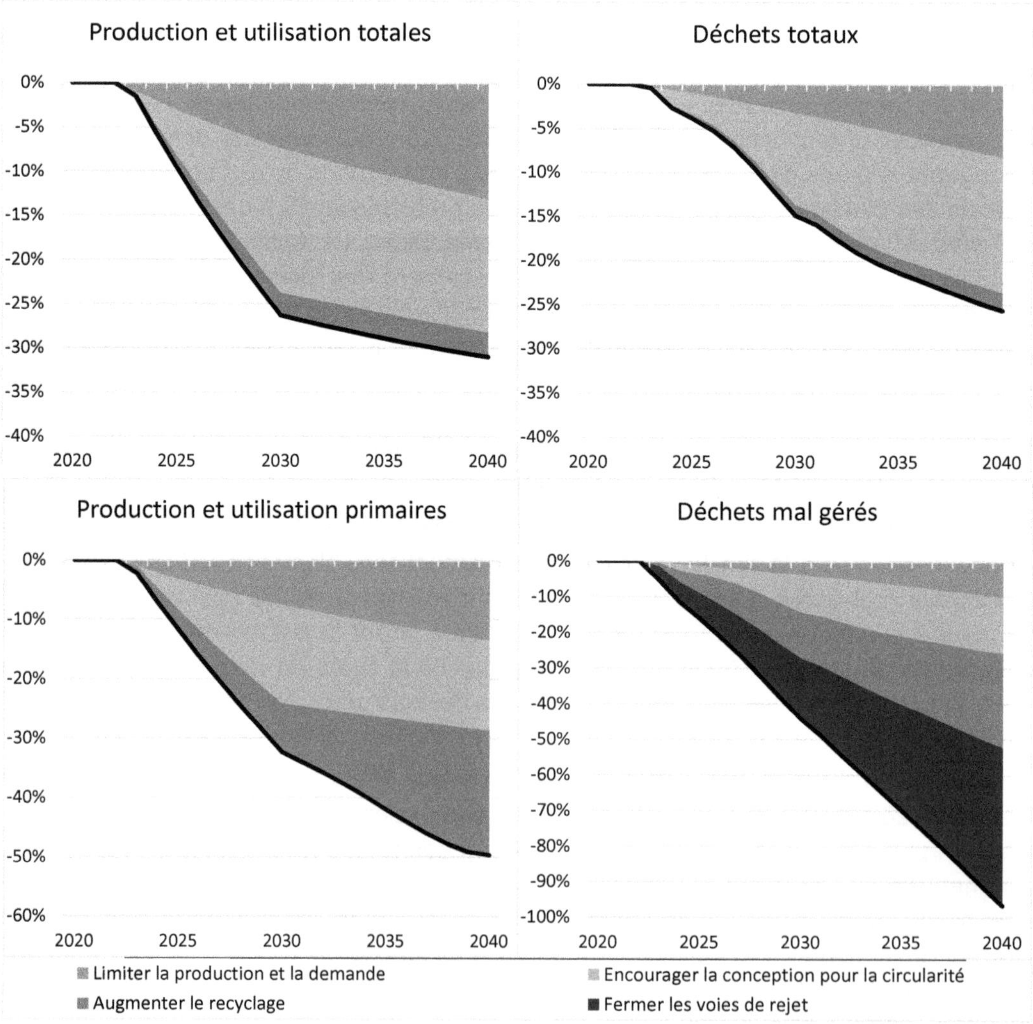

Source : modèle ENV-Linkages de l'OCDE.

StatLink https://stat.link/zgnmq4

Le scénario *Action mondiale sur le cycle de vie, Rigueur élevée* [*Ambition mondiale*] prévoit que l'utilisation de plastiques primaires atteindra un pic en 2022 (Graphique 5.8). La mise en œuvre rapide à l'échelle mondiale des mesures visant à limiter la production et la demande et à améliorer la circularité entraîne une dissociation de la croissance économique et de l'utilisation de plastiques primaires, ce qui se traduit par une diminution notable de l'utilisation totale de plastiques et de l'utilisation de plastiques primaires en 2030. Passé 2030, lorsque les systèmes de recyclage ont une capacité supérieure, dont témoigne la hausse du taux de recyclage, et lorsque la quantité de débris disponibles augmente, l'utilisation de plastiques secondaires continue à progresser, compensant largement la baisse constante de l'utilisation de plastiques primaires. Une diminution correspondante de la production de plastiques primaires devrait avoir des retombées positives sur l'environnement, entraînant notamment une réduction des émissions de GES. Cette transition vers la production et l'utilisation de plastiques secondaires est généralement associée à des impacts environnementaux plus faibles, malgré l'augmentation nécessaire des activités de recyclage (OCDE, 2023[1]).

Graphique 5.8. Le scénario Ambition mondiale fait baisser la production de plastiques primaires en dessous des volumes de 2020

Production et utilisation mondiales de plastiques en millions de tonnes (Mt) (axe de gauche) et taux de recyclage moyen mondial (axe de droite), scénario *Action mondiale sur le cycle de vie, Rigueur élevée* [*Ambition mondiale*]

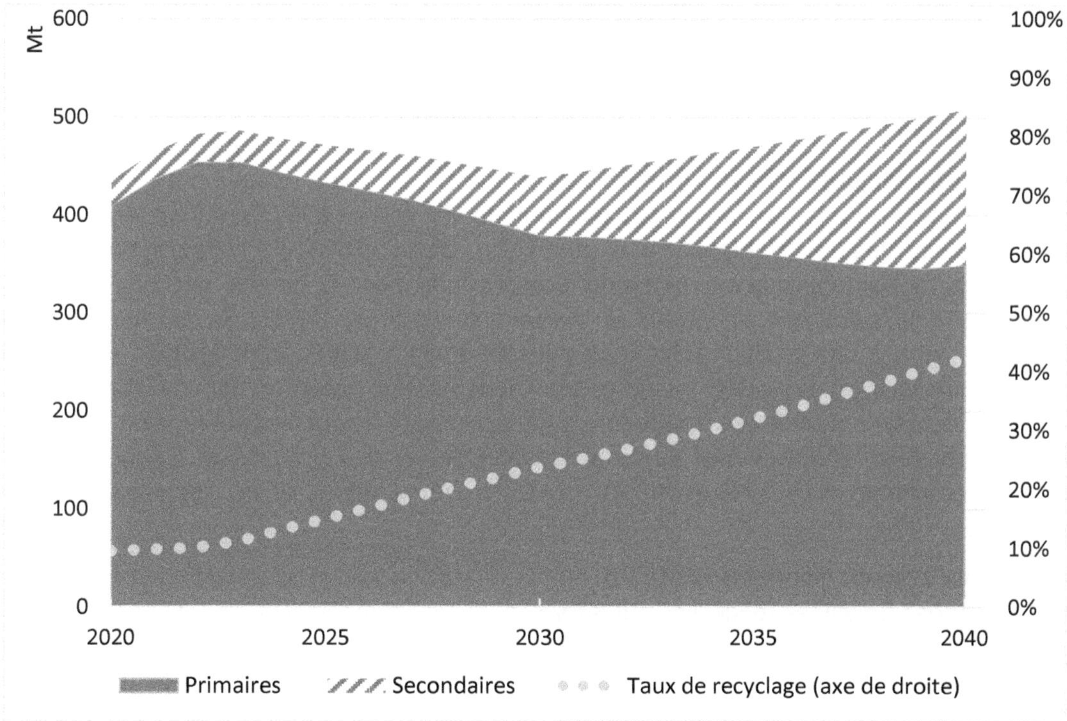

Source : modèle ENV-Linkages de l'OCDE.

StatLink https://stat.link/dth8oa

5.5. Des stratégies pour mettre fin aux rejets de microplastiques seront également requises

La pollution par les microplastiques (en gros, les particules de plastique de moins de 5 mm) représente une menace émergente pour la santé des écosystèmes et des humains. En raison de leur petite taille, les microplastiques sont particulièrement susceptibles d'être ingérés par des espèces aquatiques et ont été détectés dans l'appareil digestif de plusieurs espèces aquatiques et terrestres. L'augmentation de la pollution par les microplastiques constitue une source de préoccupation pour l'environnement et la santé humaine, notamment parce que les microplastiques peuvent être des vecteurs de substances dangereuses.

Les microplastiques sont généralement classés en trois catégories principales (OCDE, 2021[2]) :

- Les **microplastiques primaires**, qui comprennent : i) les microplastiques fabriqués, comme les granulés de plastique qui peuvent pénétrer dans l'environnement à la suite de déversements accidentels survenant durant la production, le transport et l'entreposage, et ii) les microplastiques ajoutés intentionnellement aux produits, comme des microbilles dans les produits cosmétiques ou les agents de gommage.
- Les **microplastiques secondaires liés à l'utilisation**, qui sont issus de la dégradation des plastiques se produisant pendant l'utilisation. Il s'agit par exemple de microplastiques provenant de l'usure des pneus des véhicules sur les revêtements routiers, des peintures, des textiles synthétiques ou des semelles de chaussures.
- Les **microplastiques secondaires liés à la dégradation**, qui proviennent de la dégradation et de la fragmentation de plus grands morceaux de plastiques, y compris après leur rejet dans l'environnement.

Les rejets de microplastiques (primaires et secondaires liés à l'utilisation) devraient s'aggraver dans toutes les régions dans le scénario de *référence*, passant de 2.7 Mt en 2020 à 4.1 Mt en 2040 (dans les catégories pour lesquelles des estimations sont possibles) (OCDE, 2023[1]). Comme indiqué dans (OCDE, 2023[1]), les rejets de microplastiques continuent à augmenter avec la hausse des niveaux de revenus, même si une certaine saturation se produit au niveau des revenus élevés. En revanche, les rejets de macroplastiques par habitant tendent à diminuer dans les pays à revenu intermédiaire et à revenu élevé sous l'effet de l'amélioration des systèmes de gestion des déchets. Les interventions visant à lutter contre les émissions et les rejets de microplastiques sont généralement moins perfectionnées, étant donné que cette forme de pollution est créée tout au long du cycle de vie des produits et qu'une compréhension insuffisante du problème et de l'efficacité des interventions possibles limite actuellement l'action des gouvernements.

Si les risques pour la santé environnementale et humaine associés aux microplastiques font encore l'objet d'études, les données détaillées recueillies sur les voies d'exposition, ainsi que sur les risques généralisés potentiels et les dommages irréversibles qui y sont associés, appellent une intervention pour atténuer les niveaux et les risques de pollution. Il a été avancé que les microplastiques sont des contaminants pour lesquels aucun seuil d'émissions sûr ne peut être déterminé, et que même s'il existe un seuil de sécurité, il sera inévitablement dépassé étant donné l'accumulation permanente et la persistance des microplastiques dans l'environnement (Nordic Council of Ministers, 2022[3]). Les mesures d'atténuation doivent être proportionnées, cohérentes avec les cadres d'action existants, adossées à une analyse coûts-avantages appropriée et suffisamment flexibles pour encourager la recherche scientifique et l'innovation dans le domaine des solutions antipollution.

Étant donné que les microplastiques peuvent avoir des répercussions considérables sur les écosystèmes et la santé humaine, les mesures capables d'atténuer spécifiquement les rejets de microplastiques devront représenter une part importante de l'ensemble de mesures afin de garantir une diminution efficace de la pollution par ces plastiques (OCDE, 2021[2]). Si la réduction des déchets mal gérés et donc des rejets de macroplastiques projetée dans le scénario *Action mondiale sur le cycle de vie, Rigueur élevée* [*Ambition mondiale*] pourrait atténuer la production des microplastiques secondaires issus de la dégradation associés à la pollution supplémentaire, les rejets de microplastiques perdureraient. En l'absence de mesures supplémentaires ciblant les microplastiques, la réduction des rejets de microplastiques proviendrait uniquement de la diminution de l'intensité d'utilisation de plastiques de l'économie et des améliorations attendues de la récupération en bout de chaîne (par exemple, grâce à la collecte et au traitement des eaux usées et des eaux pluviales)[4].

Voici quelques angles d'attaque et mesures possibles pour atténuer les rejets de microplastiques :

- Interdictions ou restrictions visant les microplastiques ajoutés intentionnellement.
- Critères d'écoconception pour minimiser la tendance des produits à générer des microplastiques.
- Évolution des comportements pour que les consommateurs et l'industrie adoptent des pratiques exemplaires (écoconduite pour les premiers et manutention optimale des granulés plastiques de pré-production pour les seconds, par exemple).
- Approches visant le bout de la chaîne, comme l'amélioration de la gestion et du traitement des eaux usées, des eaux pluviales et des ruissellements routiers, afin de retenir les microplastiques produits avant qu'ils ne pénètrent dans l'environnement.
- Normes ou meilleures techniques disponibles pour faire progresser la mise en œuvre des technologies et des processus qui empêchent le rejet des microplastiques dans l'environnement (filtres industriels, commerciaux et domestiques, par exemple).
- Le nettoyage de la pollution plastique peut également contribuer à réduire les microplastiques présents dans l'environnement, bien que l'on ne sache pas comment cela pourrait être réalisé de manière économique et à grande échelle, comme indiqué à la section 7.4 du chapitre 7.

La manière la plus efficace de s'attaquer aux microplastiques consiste vraisemblablement à recourir à un ensemble de mesures d'atténuation ciblant plusieurs points du cycle de vie des produits qui donnent lieu à des rejets. Les mesures visant à minimiser les émissions de microplastiques à la source devraient avoir le potentiel d'atténuation le plus élevé. La prévention est souvent plus économique que le traitement après coup, surtout pour les plastiques ajoutés intentionnellement et les sources diffuses de pollution (par exemple, particules produites par l'usure des pneus, microfibres textiles en suspension dans l'air). Néanmoins, les points d'entrée des microplastiques dans l'environnement sont variés et le risque de pollution du cycle de l'eau ne peut pas être combattu seulement par des mesures en amont. Celles-ci devront donc probablement être complétées par des solutions efficaces en bas de la chaîne, comme l'amélioration de la collecte et du traitement des eaux pluviales, des ruissellements routiers et des eaux usées.

Globalement, de nouvelles recherches doivent être réalisées pour évaluer le rapport coût-efficacité des mesures recensées ci-dessus et le risque de conséquences imprévues. La nécessité de réaliser des recherches plus poussées ne saurait justifier le report des mesures. Certains pays ont déjà mis en œuvre des interdictions ou des restrictions applicables aux microplastiques ajoutés intentionnellement aux produits, comme l'a fait l'UE pour un vaste éventail de produits (dont les matériaux de remplissage granulaire sur les surfaces de sport synthétiques, les cosmétiques, les détergents, les engrais, les paillettes, etc.). Il est également possible de réaliser des progrès importants en matière de réduction des rejets de microplastiques en mettant à profit ou en adaptant des mesures existantes dans d'autres domaines. À titre d'exemple, les mesures visant à faire baisser les déplacements en voiture et à encourager la transition vers des modes de transport plus durables, qui répondent généralement à la nécessité de réduire les émissions de gaz à effet de serre et la pollution atmosphérique, peuvent contribuer sensiblement à faire reculer les rejets de microplastiques imputables à la circulation routière (OCDE, 2020[4]). De même, certaines mesures de réduction en bout de chaîne destinées principalement à gérer d'autres polluants ou les risques d'inondation, comme le recours à des technologies améliorées d'épuration des eaux usées ou à des solutions fondées sur la nature, peuvent s'avérer très bénéfiques à la lutte contre la pollution microplastique.

5.6. Avantages environnementaux d'une ambition mondiale à l'horizon 2040

5.6.1. Des mesures coordonnées à l'échelle mondiale peuvent avoir des retombées positives appréciables sur l'environnement à l'horizon 2040

La pollution plastique représente un défi multidimensionnel associé à un vaste éventail d'effets nocifs qui ne se limitent pas à la présence visible de plastiques dans l'environnement. Des risques pour la santé humaine peuvent notamment découler de l'exposition à des substances chimiques ou à des microplastiques dangereux. Les plastiques présents dans l'environnement peuvent perturber les écosystèmes, être des vecteurs d'espèces envahissantes et nuire aux pêcheries et au tourisme. Le scénario *Action mondiale sur le cycle de vie, Rigueur élevée* [*Ambition mondiale*] illustre une voie à suivre viable afin d'obtenir d'importants effets positifs à l'échelle mondiale pour les générations présentes et futures.

Graphique 5.9. Le scénario Ambition mondiale est le plus bénéfique sur le plan environnemental

Projections pour les rejets de plastiques dans l'environnement en millions de tonnes et pour les plastiques accumulés dans les milieux aquatiques (Mt) et les émissions de gaz à effet de serre (GES) imputables au cycle de vie des plastiques en gigatonnes d'équivalent dioxyde de carbone (Gt éq. CO_2)

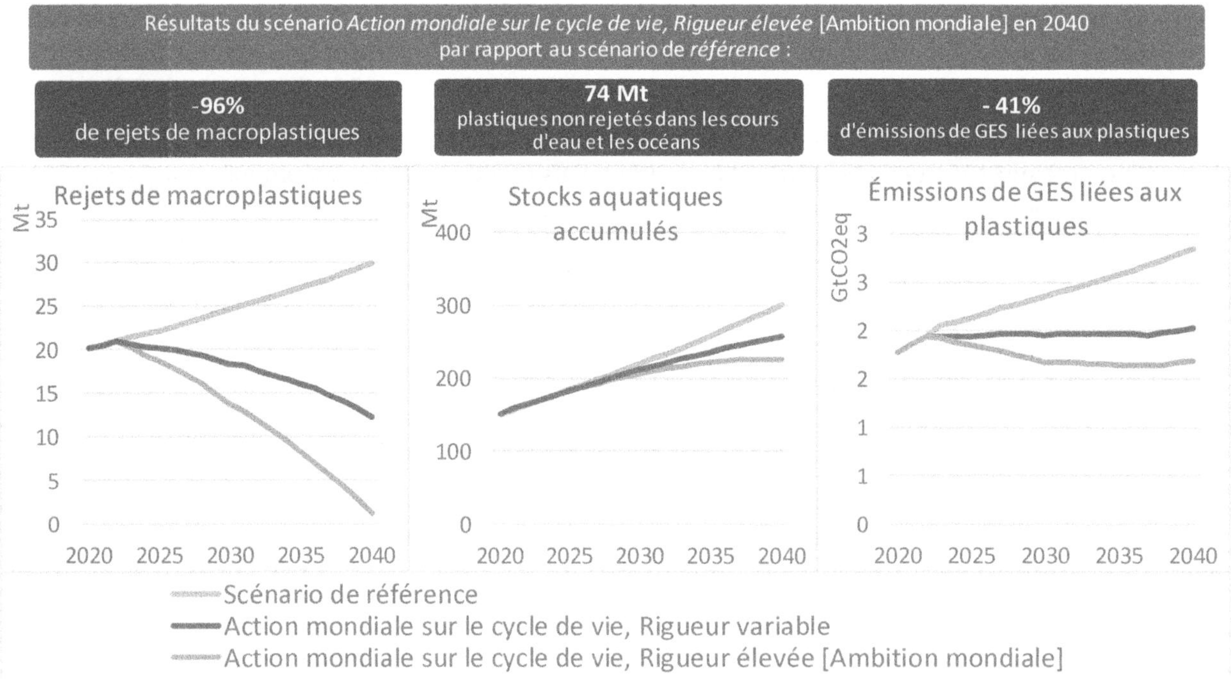

Source : modèle ENV-Linkages de l'OCDE et (Lebreton, 2024[5]), d'après les projections du modèle ENV-Linkages de l'OCDE.

StatLink https://stat.link/b75rl8

L'arsenal complet de mesures de prévention des déchets et d'amélioration de la collecte et de la gestion des déchets envisagé dans le scénario *Action mondiale sur le cycle de vie, Rigueur élevée* [*Ambition mondiale*] permettrait de réduire les rejets de plastiques de plus 95 % d'ici 2040 par rapport au scénario de *référence*. La mise en œuvre combinée des mesures les plus ambitieuses de manière concertée à l'échelle mondiale se traduit presque immédiatement par un recul des rejets de macroplastiques dans l'environnement, sous l'effet de la réduction des applications à courte durée de vie et de l'amélioration de la gestion des déchets, notamment de l'augmentation de la collecte des déchets. Les rejets restant en 2040 proviennent majoritairement de dépôts sauvages non collectés, un flux de déchets qui échappe aux systèmes de gestion des déchets. Cet ensemble de mesures s'attaque également très peu aux rejets de microplastiques : des interventions supplémentaires et ciblées devront être mises en place pour agir sur cette forme de pollution plastique. Globalement, la quantité totale de rejets évités entre 2020 et 2040 lorsqu'on passe du scénario de *référence* au scénario *Action mondiale sur le cycle de vie, Rigueur élevée* [*Ambition mondiale*] s'élève à 246 Mt. Néanmoins, même en mettant rapidement en œuvre cet ensemble de mesures, 273 Mt de plastiques au total seront malgré tout rejetés dans l'environnement entre 2020 et 2040.

La quasi-élimination des rejets de plastiques dans l'environnement d'ici 2040 est un objectif ambitieux qui nécessite des interventions à toutes les étapes du cycle de vie des plastiques à l'échelle mondiale et sa concrétisation repose sur l'hypothèse que les pays veulent et peuvent coordonner leurs efforts. Cette coordination pourrait consister, par exemple, à mettre en place un transfert de technologies (par exemple, technologies avancées de recyclage), à s'entendre sur la suppression progressive des produits plastiques problématiques ou évitables, ou encore des substances chimiques nocives, à élaborer des critères et des directives harmonisés relatifs à la conception pour la circularité, à augmenter l'échelle des marchés internationaux des débris et des plastiques secondaires, et à coordonner la mise en œuvre de systèmes de réemploi, par exemple en s'appuyant sur des critères de conception et des exigences de certification et d'étiquetage harmonisés. À titre de comparaison, dans le scénario *Action mondiale sur le cycle de vie, Rigueur variable*, où la coordination internationale limitée des interventions en amont limite le potentiel d'au moins une partie de ces interventions, 175 Mt de déchets supplémentaires seraient créés d'ici 2040 (par rapport aux quantités de 2020) et 49 Mt seraient mal gérés. Quelque 12 Mt de plastiques seraient encore rejetés en 2040, et la voie à suivre pour atteindre des niveaux proches de zéro ne viserait que 2060, ce qui amplifierait les répercussions du cycle de vie des plastiques et de la pollution plastique.

Le scénario *Action mondiale sur le cycle de vie, Rigueur élevée* [*Ambition mondiale*] aboutit à une réduction très conséquente du stock de plastiques accumulé dans les milieux aquatiques par rapport au scénario de *référence*, évitant que 64 Mt et 11 Mt de plastiques ne viennent respectivement s'ajouter aux stocks existants dans les cours d'eau et les océans. Bien que toutes les trajectoires majeures des plastiques dans les milieux aquatiques soient significativement réduites dans ce scénario par rapport au scénario de *référence* (Graphique 5.10), les stocks de macroplastiques accumulés dans les cours d'eau et les océans seront malgré tout nettement plus élevés en 2040 qu'en 2020 (226 Mt d'accumulation totale entre 2020 et 2040 au lieu de 301 Mt dans le scénario de *référence*), et ce, en dépit du fait qu'il s'agisse de l'action mondiale la plus ambitieuse. D'ici 2040, les plastiques continueront d'être transportés des cours d'eau aux océans, tandis que les rejets dans les cours d'eau provenant des milieux terrestres seront en grande partie éliminés. Ainsi, certains flux, notamment les plastiques qui flottent dans les cours d'eau, pourront devenir négatifs, ce qui signifie que la quantité de plastiques déversée des cours d'eau dans les océans sera supérieure à celle qui pénétrera dans les cours d'eau.

Graphique 5.10. Même si le scénario Ambition mondiale élimine la quasi-totalité des rejets de plastiques dans les milieux aquatiques, les plastiques dans les cours d'eau et les océans continuent de s'accumuler jusqu'en 2040

Rejets de plastiques dans les milieux aquatiques en millions de tonnes (Mt), en 2020 et en 2040 dans le scénario de *référence* et le scénario *Action mondiale sur le cycle de vie, Rigueur élevée* [*Ambition mondiale*]

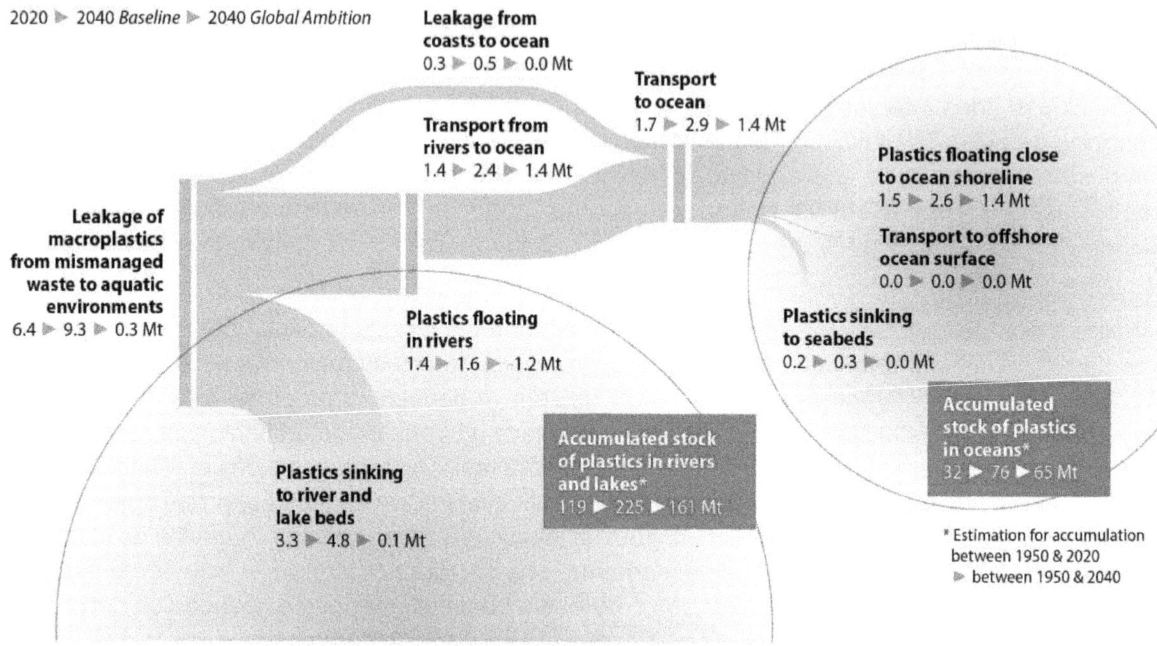

Source : (Lebreton, 2024[5]), à partir des projections du modèle ENV-Linkages de l'OCDE.

Le scénario *Action mondiale sur le cycle de vie, Rigueur élevée* [*Ambition mondiale*] est aussi susceptible d'avoir des effets bénéfiques considérables sur la santé humaine, en grande partie attribuables à une diminution des mauvaises pratiques d'élimination des déchets, comme le brûlage à l'air libre qui crée de la pollution atmosphérique. Les substances chimiques préoccupantes seraient progressivement supprimées afin de réduire les risques pour la santé humaine et l'environnement, et de faciliter le recyclage et le réemploi. Les mesures visant à mettre fin aux rejets de microplastiques s'avéreront également indispensables pour atténuer les effets néfastes sur la santé et l'environnement, comme expliqué dans la section 0.

5.6.2. Une action coordonnée à l'échelle mondiale peut stabiliser les émissions de GES liées aux plastiques

Le cycle de vie des plastiques est étroitement lié au changement climatique, étant donné que la majorité des plastiques est d'origine fossile et que les plastiques primaires d'origine fossile dominent actuellement la production et l'utilisation. Comme indiqué dans (OCDE, 2023[1]), une réduction des émissions de GES liées au cycle de vie des plastiques est impérative pour concrétiser les scénarios climatiques ambitieux, notamment les scénarios de neutralité en GES. La mise en œuvre du scénario *Action mondiale sur le cycle de vie, Rigueur élevée* [*Ambition mondiale*] pourrait aboutir en 2040 à une réduction de 41 % des émissions de GES liées aux plastiques (1.7 Gt éq. CO_2 contre 2.8 Gt éq. CO_2 dans le scénario de *référence* ; voir le Graphique 5.11, partie A) et éviter des hausses significatives par rapport aux niveaux de 2020. Cette réduction des émissions est le résultat net d'une baisse des émissions associées à la production et à la transformation des plastiques primaires et d'une augmentation des émissions liées au renforcement du recyclage (partie B). L'évolution des émissions associées aux déchets mal gérés, comme celles provenant du brûlage à l'air libre, n'a pas pu être quantifiée, mais ces émissions devraient être nettement inférieures dans ce scénario grâce à la réduction conséquente des déchets mal gérés. Toutefois, les émissions restantes ne sont pas compatibles avec les ambitions de l'Accord de Paris. L'ensemble de mesures doit donc être complété par des mesures d'atténuation spécifiques afin de réduire encore les émissions de GES associées aux plastiques.

Les politiques publiques visant à atténuer le changement climatique et à limiter la production de plastiques se sont généralement développées indépendamment. Cependant, les liens entre les interventions relatives aux plastiques et les mesures d'atténuation du changement climatique peuvent être renforcés afin d'en exploiter plus efficacement les synergies (OCDE, 2023[6]). L'association d'actions se rapportant aux plastiques à des mesures ambitieuses d'atténuation encourage davantage l'abandon de la production de plastiques primaires et pourrait ramener les émissions liées aux plastiques en deçà des niveaux de 2020. Plus précisément, les mesures d'atténuation peuvent inciter à abandonner l'utilisation d'énergies fossiles dans la production et la transformation des plastiques et la gestion des déchets plastiques au profit d'autres solutions, dont l'électrification, notamment lorsque le secteur de l'électricité est également décarboné. Ensemble, ces mesures créent des synergies qui réduisent les émissions de GES liées aux plastiques. Les interventions visant les plastiques peuvent réduire la production de plastiques, tandis que les mesures d'atténuation peuvent diminuer l'intensité des émissions de GES de la production restante. Il y a toutefois une contrepartie à l'étape de fin de vie des plastiques, qui réside dans les émissions non négligeables associées au recyclage des plastiques.

Graphique 5.11. Le scénario Ambition mondiale pourrait limiter les émissions de GES liées aux plastiques aux niveaux de 2020 en 2040

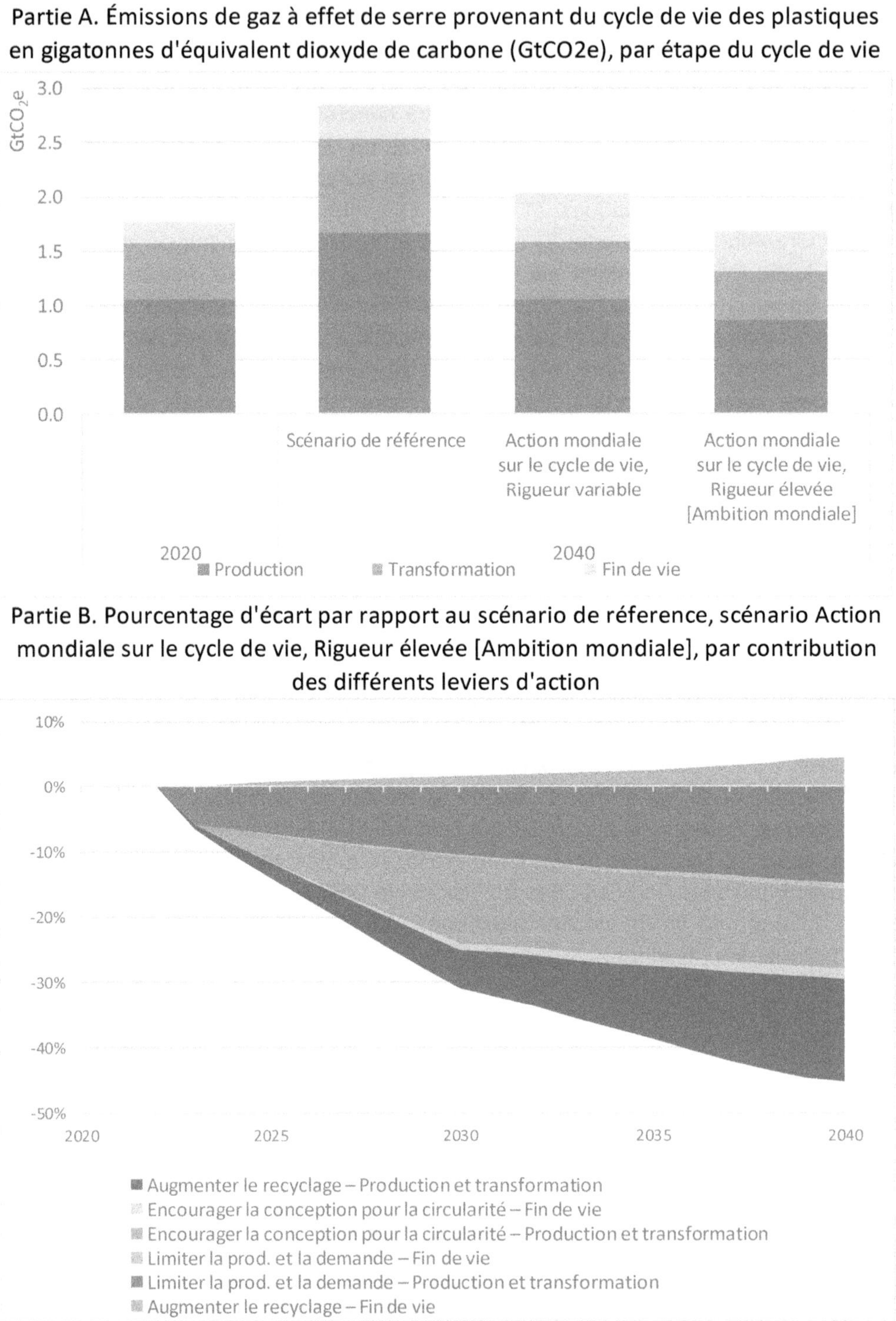

Note : l'évolution des émissions correspondant au quatrième levier, en lien avec l'évolution des déchets mal gérés, ne peut pas être quantifiée. Ce graphique n'en fait donc pas état.
Source : modèle ENV-Linkages de l'OCDE.

StatLink https://stat.link/ivrwch

Références

Lebreton, L. (2024), *Quantitative analysis of aquatic leakage for multiple scenarios based on ENV-Linkages*, non publié. [5]

Nordic Council of Ministers (2022), *Addressing microplastics in a global agreement on plastic pollution*, https://pub.norden.org/temanord2022-566. [3]

OCDE (2023), *Climate change and plastics pollution: synergies between two crucial environmental challenges*, https://www.oecd.org/environment/plastics/Policy-Highlights-Climate-change-and-plastics-pollution-Synergies-between-two-crucial-environmental-challenges.pdf. [6]

OCDE (2023), *Perspectives mondiales des plastiques : Scénarios d'action à l'horizon 2060*, Éditions OCDE, Paris, https://doi.org/10.1787/c5abcbb1-fr. [1]

OCDE (2021), *Policies to Reduce Microplastics Pollution in Water : Focus on Textiles and Tyres*, Éditions OCDE, Paris, https://doi.org/10.1787/7ec7e5ef-en. [2]

OCDE (2020), *Non-exhaust Particulate Emissions from Road Transport : An Ignored Environmental Policy Challenge*, Éditions OCDE, Paris, https://doi.org/10.1787/4a4dc6ca-en. [4]

Notes

[1] Les données chiffrées de la mise en œuvre des scénarios d'action du cadre de modélisation sont présentées à l'annexe B.

[2] L'élimination totale de la pollution plastique nécessiterait de considérer d'autres éléments, notamment de s'attaquer aux plastiques hérités qui sont présents dans l'environnement, aux émissions autres que celles de gaz à effet de serre, ainsi qu'aux préoccupations relatives aux substances chimiques et à la santé humaine.

[3] Comme indiqué à la section 0, les émissions de GES ne baissent pas en deçà des niveaux de 2020, étant donné que l'ensemble de mesures ne cible pas explicitement la réduction des émissions, ce qui laisse penser qu'il serait nécessaire d'inclure des mesures et des objectifs d'atténuation du changement climatique dans les scénarios pour réduire davantage ces émissions.

[4] Ces éléments n'ont pas été inclus dans l'analyse de modélisation actuelle, mais uniquement dans les Perspectives mondiales des plastiques (2023[1]). Le scénario « Ambition mondiale » présenté dans les Perspectives mondiales des plastiques comprenait également un ensemble de mesures visant à atténuer les rejets de microplastiques. Cependant, faute de données et d'informations, celles-ci se limitaient pour l'essentiel à interdire les microplastiques incorporés intentionnellement dans les produits.

6 Comparaison des coûts des différents scénarios

Ce chapitre présente les conséquences économiques des scénarios d'action examinés dans les chapitres précédents. Il est axé sur les conséquences macroéconomiques, comme en témoignent la variation du produit intérieur brut (PIB) ainsi que l'évolution des coûts de collecte, de tri et de traitement des déchets plastiques. Il souligne qu'un ensemble équilibré de mesures, qui combine une action visant à réduire l'utilisation de plastiques et les flux de déchets à une gestion améliorée des déchets, est plus efficace économiquement qu'une action qui se concentre uniquement sur l'aval.

6.1. Introduction

La mise en œuvre des mesures modélisées dans les scénarios d'action présentés dans les chapitres précédents a un coût pour l'économie. Par exemple, l'augmentation de la collecte des plastiques a un prix, le recyclage coûtant généralement davantage que la mise en décharge ou l'incinération, et les taxes sur les plastiques font augmenter les prix[1]. L'écoconception, qui consiste principalement à faciliter une meilleure conception et à permettre une transition des produits à courte durée de vie vers des produits ayant une plus longue durée de vie et bénéficiant de services de réparation, pourrait être une exception. Ce levier entraîne donc une diminution de l'activité économique (et de la valeur ajoutée) dans certains secteurs, mais une augmentation de l'activité économique (et de la valeur ajoutée) dans d'autres secteurs.

De manière générale, les coûts macroéconomiques d'une mesure sont proportionnels à sa rigueur. Les retombées économiques dépendent également du type d'instrument choisi pour concrétiser les ambitions d'un levier d'action particulier : le choix d'autres instruments pourrait modifier sensiblement ces conséquences. Les mesures choisies dans ce rapport s'appuient principalement sur des instruments économiques, car ces derniers peuvent être considérés comme une référence d'efficacité économique pouvant servir à évaluer d'autres possibilités d'action comme des mesures réglementaires. En outre, les instruments modélisés sont les mêmes dans tous les scénarios (mais avec des niveaux de rigueur différents), ce qui permet de comparer les coûts des scénarios.

Ce chapitre présente et compare les coûts macroéconomiques des dix instruments modélisés dans chaque scénario d'action. Les coûts environnementaux de l'inaction n'entrent pas dans le cadre de ce chapitre.

6.2. Les ensembles de mesures qui ciblent tout le cycle de vie des plastiques sont plus efficaces d'un point de vue macroéconomique

Des mesures d'ambition réduite tout au long du cycle de vie des plastiques pourraient généralement en atténuer les conséquences macroéconomiques, mais cette approche se traduirait par des coûts économiques supplémentaires si l'ensemble de mesures n'est pas équilibré (c'est-à-dire s'il se concentre uniquement sur des interventions à certaines étapes du cycle de vie) et par des coûts environnementaux plus importants (Graphique 6.1). Le scénario *Action mondiale sur le cycle de vie, Rigueur faible* représente le résultat d'un accord international moins ambitieux. Si un faible niveau de rigueur des mesures peut réduire les coûts par rapport à des mesures plus strictes (selon la définition restreinte de l'effet sur le PIB, sans prendre en compte les coûts de l'inaction), il réduit également les bénéfices d'action, notamment la baisse des coûts de gestion des déchets découlant de la diminution de leur volume. Les scénarios *Action mondiale en aval, Rigueur élevée* et *Action des économies avancées sur le cycle de vie, Rigueur élevée* montrent qu'un ensemble de mesures déséquilibré peut engendrer des coûts excessifs, notamment en raison d'un accroissement des coûts de gestion des déchets résultant d'un niveau plus élevé de production et d'utilisation de plastiques et de déchets plastiques.

Graphique 6.1. Le scénario Ambition mondiale associe d'importants bénéfices environnementaux et des coûts macroéconomiques limités

Variation en pourcentage du PIB (axe de gauche) et des rejets de plastiques (axe de droite) par rapport au scénario de *référence* en 2040

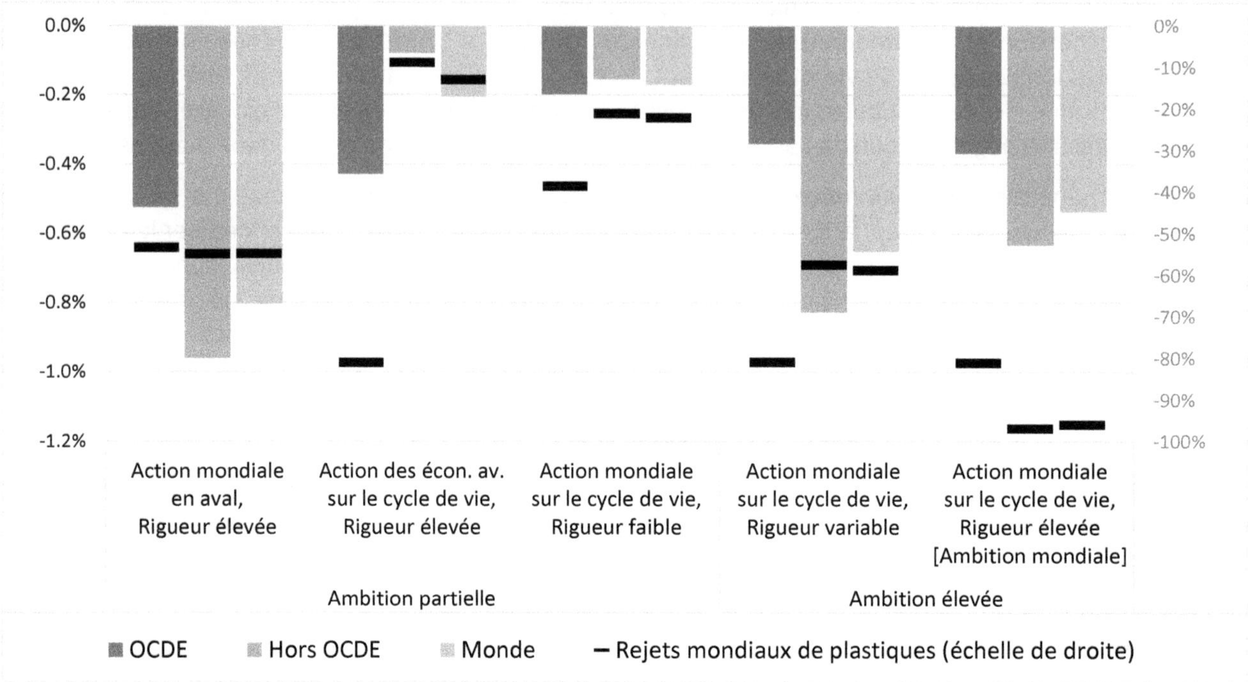

Note : la réduction moindre des rejets dans les pays membres de l'OCDE par rapport à ceux non membres dans les scénarios *Action mondiale sur le cycle de vie, Rigueur variable* et *Action mondiale sur le cycle de vie, Rigueur élevée* [*Ambition mondiale*] est due à une part de déchets mal gérés inférieure, et non à un niveau d'ambition plus faible.
Source : modèle ENV-Linkages de l'OCDE.

StatLink https://stat.link/ynmic3

Le scénario *Action mondiale sur le cycle de vie, Rigueur variable*, qui regroupe les mesures contenues dans les trois scénarios d'ambition partielle, engendre également des coûts macroéconomiques plus élevés que nécessaire, en particulier dans les pays non membres de l'OCDE. Dans ce scénario, les pays non membres de l'OCDE se concentrent sur les interventions en aval, et combinent donc des objectifs ambitieux de recyclage et de gestion des déchets plastiques d'un côté, et d'importants volumes de déchets plastiques de l'autre. Ce cas de figure entraîne des coûts non négligeables et ne permet pas d'éliminer complètement les rejets de plastiques dans l'environnement.

Pour les pays membres de l'OCDE, le niveau d'ambition et les coûts macroéconomiques sont comparables dans les trois scénarios les plus ambitieux (*Action des économies avancées sur le cycle de vie, Rigueur élevée* ; *Action mondiale sur le cycle de vie, Rigueur variable* ; et *Action mondiale sur le cycle de vie, Rigueur élevée* [*Ambition mondiale*]), car tous supposent la mise en œuvre de mesures rigoureuses dans ces territoires. Cependant, les deux scénarios d'action d'ambition élevée ont un coût macroéconomique inférieur dans les pays membres de l'OCDE par rapport à ceux non membres, car les ensembles de mesures sont plus équilibrés entre les régions. Par conséquent, les entreprises ne perdent pas autant en compétitivité par rapport à leurs concurrents des pays non membres de l'OCDE.

Les conséquences macroéconomiques de l'ambitieux ensemble de mesures envisagé dans le scénario *Action mondiale sur le cycle de vie, Rigueur élevée [Ambition mondiale]* se limitent à 0.5 % du PIB mondial en 2040. Les coûts macroéconomiques reflètent uniquement les coûts qui ont pu être modélisés, c'est-à-dire les coûts attendus de la mise en œuvre des instruments d'action envisagés et de leurs effets économiques indirects. Toutefois, la réduction des pressions environnementales et sanitaires le long du cycle de vie des produits pourrait avoir des retombées économiques substantielles. Même si ces retombées n'ont pas été évaluées de manière quantitative dans le cadre de cette analyse, elles devraient largement compenser les coûts quantifiés de la mise en œuvre des ensembles de mesures examinés (OCDE, 2023[1]).

Si les coûts sont globalement modestes au niveau mondial dans le scénario *Action mondiale sur le cycle de vie, Rigueur élevée [Ambition mondiale]*, notamment compte tenu des avantages environnementaux notables, les coûts macroéconomiques dans les pays non membres de l'OCDE sont en moyenne supérieurs à ceux des pays membres (un peu plus de 0.6 % de perte de PIB par rapport au scénario de *référence* en 2040, contre moins de 0.4 %). Cette différence s'explique notamment par le fait que les systèmes de gestion des déchets de nombreux pays en développement sont moins étendus, et par le coût que représente l'amélioration de ces systèmes (voir également la section 6.3). La section 7.5 du chapitre 7 abordera plus en détail le soutien à apporter à l'action dans les pays en développement, dont le financement.

Les effets macroéconomiques du scénario *Action mondiale sur le cycle de vie, Rigueur élevée [Ambition mondiale]* diffèrent notablement selon les quatre leviers d'action[2]. Les mesures visant à accroître les taux de recyclage sont celles qui contribuent le plus aux coûts macroéconomiques, et consistent à la fois à améliorer les systèmes de gestion des déchets pour augmenter les taux de recyclage et à fixer des objectifs d'incorporation de matières recyclées. Selon le pays, un système de taxes et de subventions mis en œuvre dans le modèle afin de réduire les plastiques primaires et stimuler la production de plastiques secondaires fait augmenter le prix des produits en plastique pour les consommateurs[3].

Les interventions visant à encourager la conception pour la circularité incluent des mesures susceptibles d'offrir des avantages économiques et environnementaux, étant donné qu'elles s'attachent à améliorer l'efficacité économique de l'utilisation des plastiques (c'est-à-dire à réduire l'intensité d'utilisation de plastiques) et à orienter l'activité économique vers des biens plus durables et des services de réparation. Ces mesures ne sont pas rentables dans le scénario de *référence*, où les plastiques restent bon marché, mais elles le deviennent lorsqu'elles sont associées à des interventions qui accroissent le coût d'utilisation des plastiques primaires (comme les taxes sur les plastiques prévues dans le levier « limiter la production et la demande »).

Le levier « limiter la production et la demande », c'est-à-dire des taxes sur les plastiques et les emballages, entraîne une légère réduction du PIB, les consommateurs et l'industrie se détournant des plastiques bon marché. L'effet macroéconomique de ce glissement est particulièrement marqué dans les pays non membres de l'OCDE, comme les pays en développement en Afrique subsaharienne et en Asie. L'intensité d'utilisation de plastiques de ces économies est en moyenne supérieure à celle des pays membres de l'OCDE (voir le chapitre 2), principalement en raison d'un PIB relativement faible et d'une économie moins diversifiée où les services représentent une part plus réduite. Pour ces pays, il est donc plus difficile d'éviter la hausse des coûts liée aux taxes sur l'utilisation de plastiques en orientant l'activité économique vers des secteurs qui consomment moins de plastiques. En outre, le développement économique tend à s'accompagner d'un essor des infrastructures et du secteur du bâtiment, généralement associé à une importante consommation de plastiques. Ensuite, le pays évolue vers une économie davantage axée sur les services, ce qui entraîne une diminution de l'intensité d'utilisation de plastiques[4].

Enfin, les coûts macroéconomiques prévus qui seraient associés à la fermeture des voies de rejet, le quatrième levier de l'ensemble de mesures, sont relativement faibles. Comme l'explique en détail la section 6.3, ce levier accroît les coûts de collecte, de tri et de traitement des déchets. Cependant, les coûts différentiels de la mise en œuvre des mesures de ce levier, une fois que les autres politiques ont déjà contribué à réduire les flux totaux de déchets, sont très modestes, en particulier au niveau macroéconomique.

Graphique 6.2. Les coûts macroéconomiques du scénario Ambition mondiale varient selon le levier d'action et la région

Contribution des différents leviers d'action à la variation du PIB mondial en pourcentage par rapport au scénario de *référence*, scénario *Action mondiale sur le cycle de vie, Rigueur élevée [Ambition mondiale*]

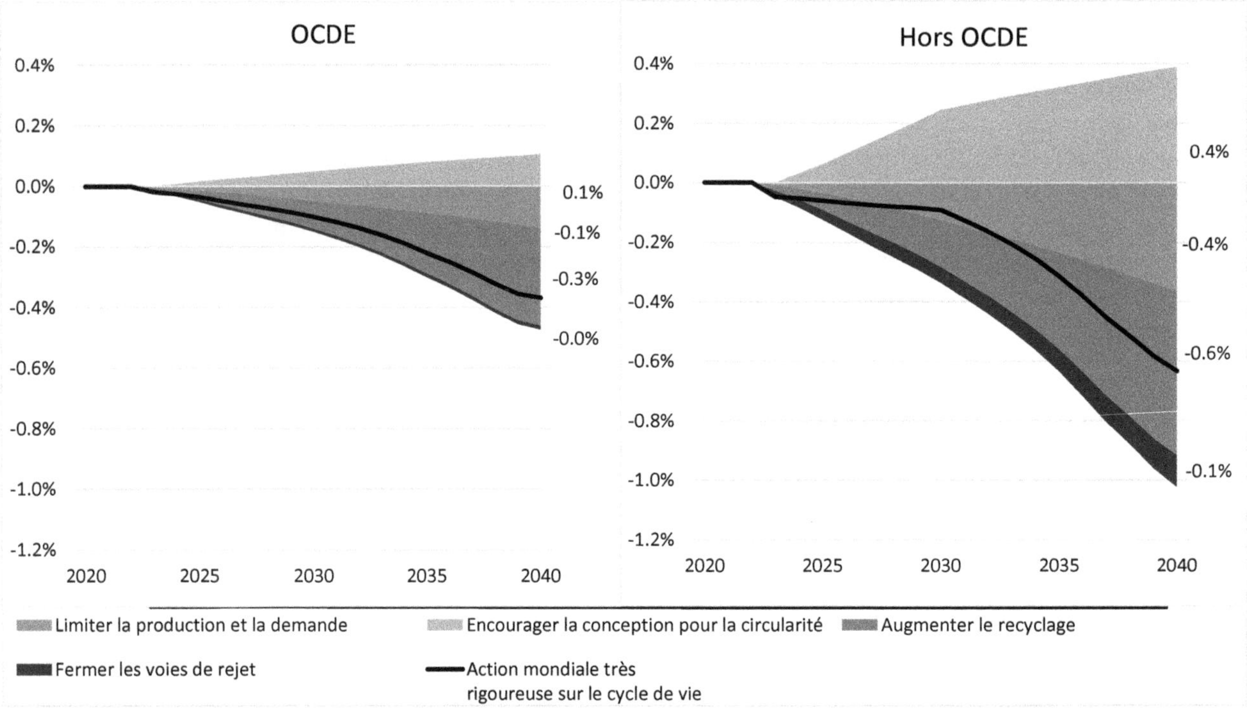

Source : modèle ENV-Linkages de l'OCDE.

StatLink https://stat.link/tihe3j

6.3. Les pays non membres de l'OCDE doivent investir davantage pour améliorer la gestion des déchets

Le renforcement de la collecte, du tri et du traitement des déchets, autrement dit l'amélioration de la gestion des déchets, représente une part non négligeable des coûts macroéconomiques des scénarios de politiques sur les plastiques, comme le montre l'analyse des coûts macroéconomiques par levier ci - dessus. Dans le scénario de *référence*, les pays membres de l'OCDE investiraient déjà collectivement plus de 1 000 milliards USD dans la gestion des déchets plastiques entre 2020 et 2040. Les pays non membres de l'OCDE investiraient un montant similaire, qui s'élèverait à 2 100 milliards USD (Graphique 6.3 ; voir également le Graphique 6.4 , partie A). Une grande part de ces coûts est liée à la collecte des déchets, caractérisée par des coûts unitaires relativement faibles qui, cumulés, représentent un montant conséquent. Le traitement supplémentaire des déchets plastiques pour l'incinération ou le recyclage a un coût unitaire plus élevé, mais réduit nettement les volumes. De plus, le coût par habitant de la gestion des déchets plastiques varie considérablement d'un pays à l'autre, avec des coûts relativement élevés aux États-Unis et au Canada, les coûts les plus bas étant observés en Afrique subsaharienne.

Graphique 6.3. Dans l'hypothèse de politiques inchangées, les coûts de collecte représentent la plus grande part des coûts de gestion des déchets

Coûts cumulés de la gestion des déchets par habitant pour la période 2020-2040 par région et par catégorie en USD, scénario de *référence*

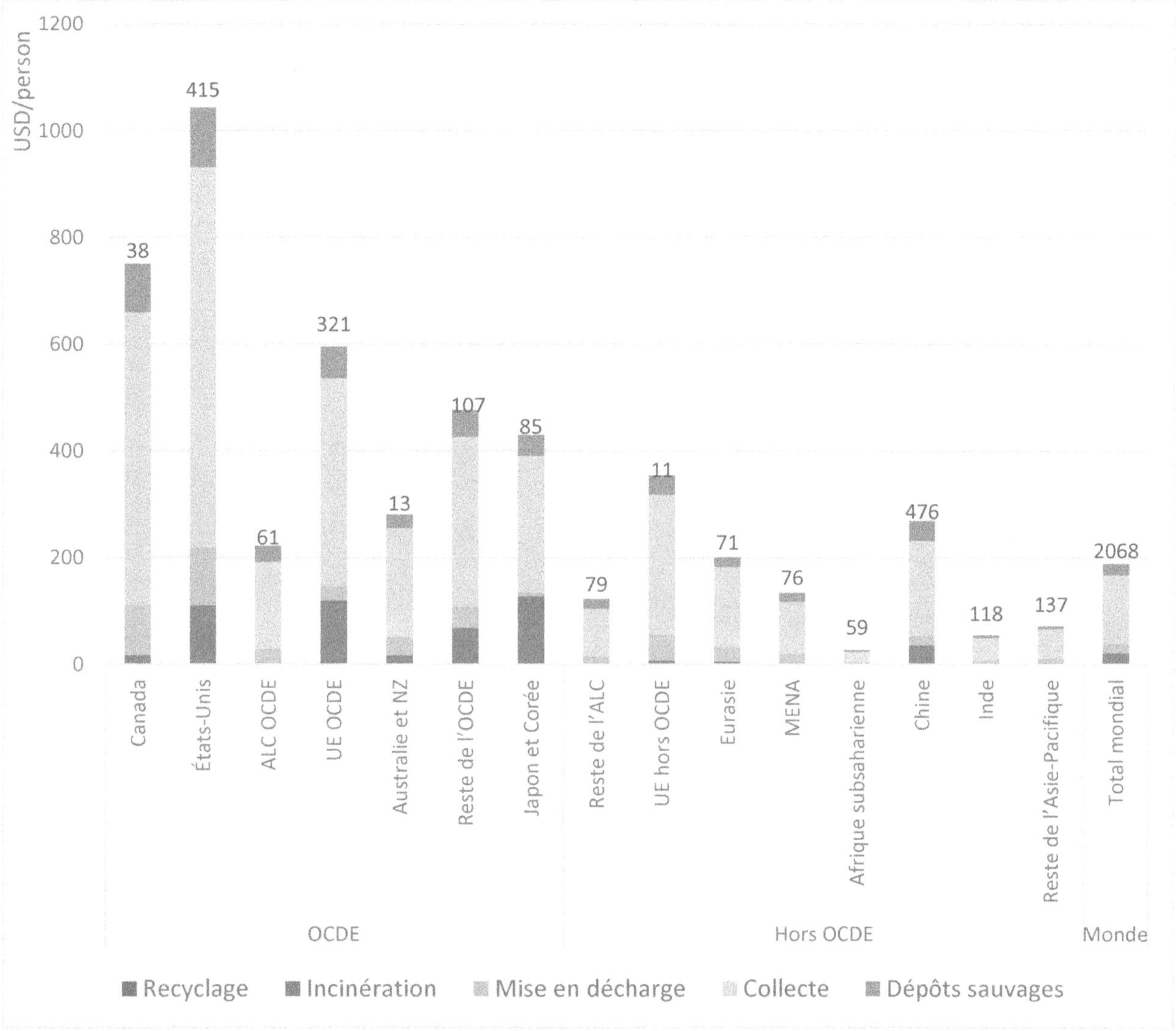

Note : les valeurs au-dessus des colonnes indiquent les coûts totaux de la gestion des déchets.
Source : modèle ENV-Linkages de l'OCDE.

StatLink https://stat.link/o3cfu6

Les différents ensembles de mesures ont deux effets distincts sur les coûts de gestion des déchets (Graphique 6.4). D'un côté, les mesures en amont et en milieu de cycle de vie peuvent réduire les volumes totaux de déchets plastiques, réduisant ainsi les coûts de collecte, de tri et de traitement. D'un autre côté, les mesures en aval impliquent la collecte d'une plus grande part des déchets (et des dépôts sauvages) et le recours à des méthodes de gestion des déchets plus onéreuses, notamment pour le recyclage. Ces coûts de gestion des déchets engagés dans les scénarios de politiques sur les plastiques, également appelés « besoins d'investissement », correspondent à la différence de coût entre le scénario d'action et le scénario de *référence*. Ils sont attribués aux différentes catégories de gestion des déchets, à savoir le recyclage, l'incinération, la mise en décharge (contrôlée), la collecte et le ramassage municipal des dépôts sauvages.

Graphique 6.4. Une intervention axée sur les mesures en aval engendre des coûts élevés pour collecter les volumes importants de déchets

Partie A : Coûts cumulés de la gestion des déchets pour 2020-2040 par région et par catégorie, en milliards d'USD - Valeurs absolues

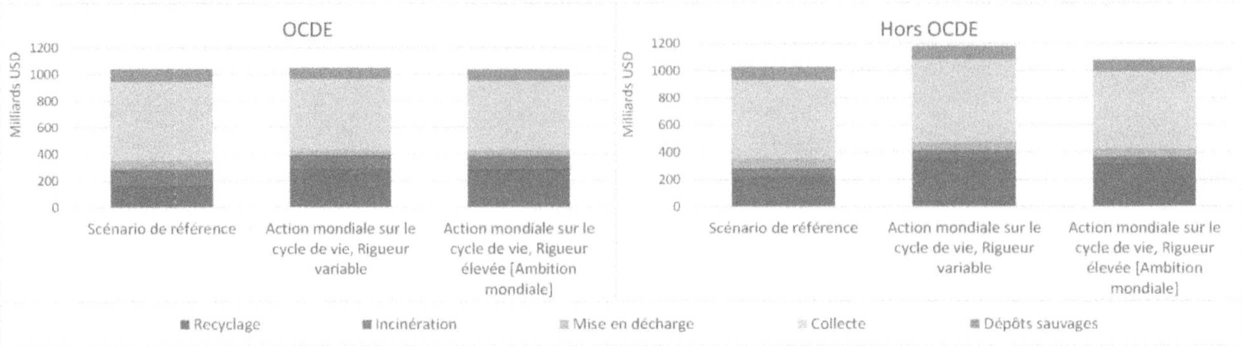

Partie B : Coûts cumulés de la gestion des déchets pour 2020-2040 par région et par catégorie, en milliards d'USD - Écart par rapport au scénario de référence

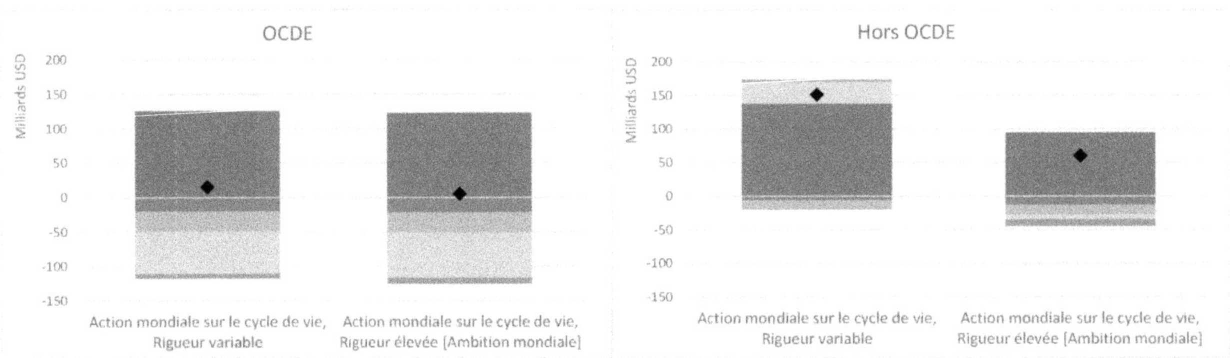

Source : modèle ENV-Linkages de l'OCDE.

StatLink https://stat.link/yz8j15

Au bout du compte, les changements nets des coûts de gestion des déchets induits par les mesurent sont généralement mineurs dans les pays membres de l'OCDE, mais positifs dans la plupart des pays non membres. Dans les premiers, les hausses de coût sont presque exclusivement dues à l'augmentation du recyclage, tandis que dans de nombreuses économies émergentes et en développement, la collecte des déchets plastiques entraîne également des coûts supplémentaires significatifs, surtout en l'absence de mesures suffisantes en amont et en milieu de cycle pour réduire les volumes de déchets.

Dans les pays de l'OCDE, où les volumes de déchets mal gérés sont déjà faibles dans le scénario de *référence*, les coûts supplémentaires concernent principalement les activités de recyclage, s'élevant à plus de 120 milliards USD entre 2020 et 2040 dans les scénarios *Action mondiale sur le cycle de vie, Rigueur variable* et *Action mondiale sur le cycle de vie, Rigueur élevée [Ambition mondiale]*. Ces valeurs ne correspondent pas à un coût net, étant donné que les mesures en amont et en milieu de cycle réduisent également les volumes de déchets et donc les coûts opérationnels de la gestion des déchets. C'est le même cas de figure pour la Chine.

L'augmentation des déchets produits dans le scénario *Action mondiale sur le cycle de vie, Rigueur variable* accroît l'ampleur du problème et risque de mettre sous tension les systèmes de collecte et de gestion des déchets, notamment dans les économies à faible revenu et à revenu intermédiaire en croissance rapide. Étant donné que l'utilisation de plastiques et les déchets plastiques ne sont pas maîtrisés, certains pays font face à des coûts et à des besoins d'investissement nettement plus élevés, alors que les rejets de plastiques dans l'environnement se poursuivent. Dans le scénario *Action mondiale sur le cycle de vie, Rigueur variable*, les coûts nécessaires pour mettre en place les systèmes de gestion des déchets dans les pays non membres de l'OCDE aux échelles requises (c'est-à-dire les coûts associés au recyclage, à la collecte des déchets et à la gestion des dépôts sauvages) atteindraient 174 milliards USD, tandis que les coûts évités d'incinération et de mise en décharge se limiteraient à 20 milliards USD.

Dans les pays où la part de déchets mal gérés est significative dans le scénario de *référence*, comme ceux d'Afrique subsaharienne ainsi que les économies émergentes et les pays en développement d'Asie (région Reste de l'Asie), la hausse des coûts de collecte dépasse la diminution des volumes de déchets même dans le scénario *Action mondiale sur le cycle de vie, Rigueur élevée [Ambition mondiale]*, entraînant une augmentation totale des coûts de 18 milliards USD en Afrique subsaharienne et de 14 milliards USD dans la région Reste de l'Asie (Graphique 6.5). Néanmoins, les effets des mesures combinées le long du cycle de vie des produits contribuent à limiter la hausse des coûts nets de la collecte, du tri et du traitement des déchets dans les pays non membres de l'OCDE dans le scénario *Action mondiale sur le cycle de vie, Rigueur élevée [Ambition mondiale]*. Les coûts nets de la gestion des déchets augmentent d'un montant relativement modeste de 50 milliards USD dans ce scénario par rapport aux niveaux du scénario de *référence* L'Encadré 6.1 illustre bien les liens entre l'évolution des coûts de gestion des déchets et les différents leviers d'action.

Graphique 6.5. La réduction des volumes de déchets compense largement l'augmentation des coûts de gestion des déchets dans de nombreux pays dans le scénario *Action mondiale sur le cycle de vie, Rigueur élevée [Ambition mondiale]*

Coûts cumulés de gestion des déchets pour 2020-2040 par catégorie, écart par rapport au scénario de *référence* (en milliards USD), scénario *Action mondiale sur le cycle de vie, Rigueur élevée* [*Ambition mondiale*]

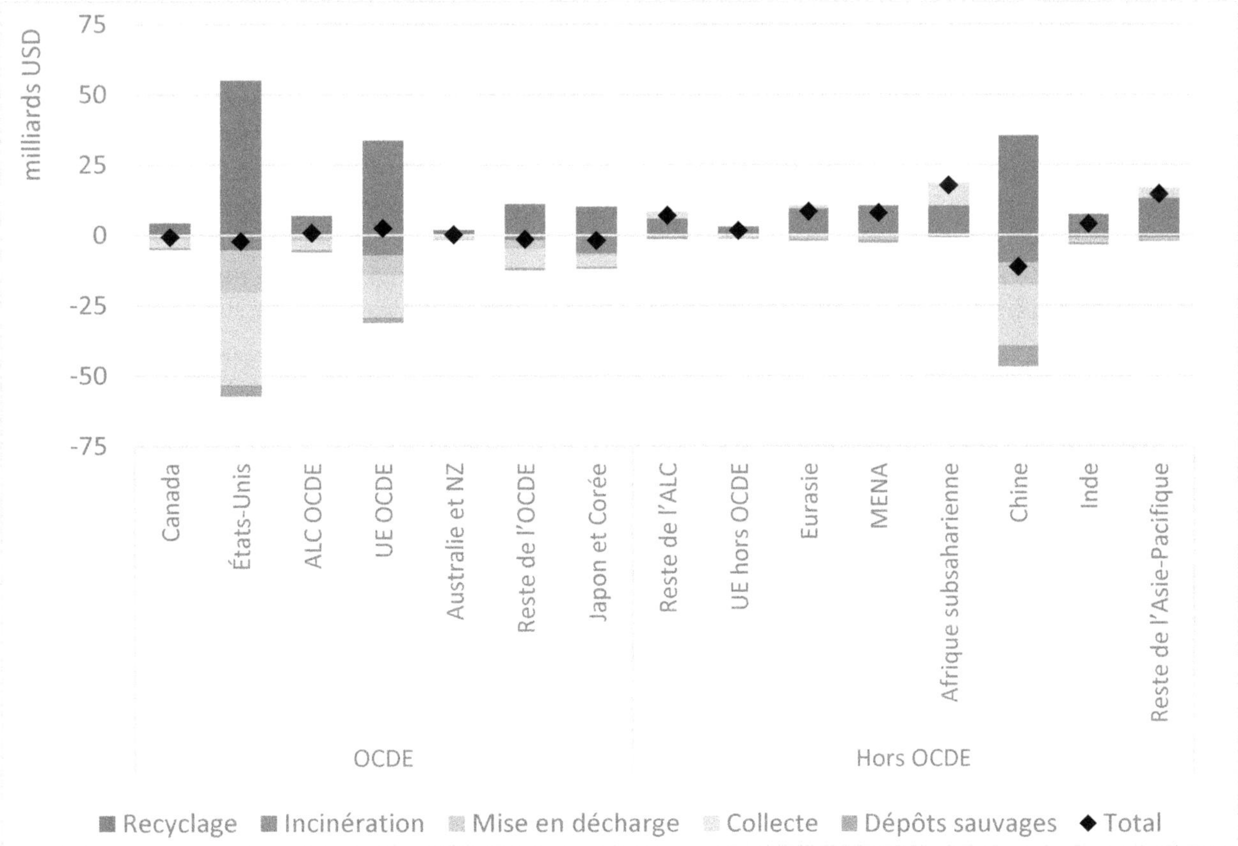

Source : modèle ENV-Linkages de l'OCDE.

StatLink https://stat.link/2jwlm9

Enfin, les incertitudes techniques pourraient remettre en question la viabilité d'un recours excessif aux mesures en aval et faire croître les coûts de mise en œuvre des politiques au-delà des projections présentées dans ce document. Les contraintes technologiques, notamment le délai nécessaire pour créer des décharges contrôlées ou des installations de recyclage, pourraient faire obstacle à la mise en place rapide de ces structures. En outre, étant donné que le scénario *Action mondiale sur le cycle de vie, Rigueur élevée* [*Ambition mondiale*] suppose un développement rapide du recyclage dans toutes les régions, des inquiétudes se font jour concernant la disponibilité d'une quantité suffisante de déchets plastiques et le fonctionnement des marchés internationaux nécessaires pour appuyer ces activités de recyclage ambitieuses.

En conclusion, bien qu'une intervention axée sur les mesures en aval offre la possibilité de limiter les déchets mal gérés, cette approche ne permettra probablement pas de s'attaquer aux causes profondes de la pollution plastique. Cela s'explique en partie par les investissements nettement plus importants nécessaires pour gérer des volumes croissants de déchets et les éventuelles contraintes techniques qui pourraient freiner la création de systèmes de gestion des déchets avancés. Il existe de fortes incertitudes autour de la viabilité et la rentabilité éventuelles d'une stratégie reposant majoritairement sur les mesures en aval. Les stratégies axées sur les mesures en aval des pays à faible revenu et à revenu intermédiaire reposent sur l'hypothèse que les pays qui ne disposent pas à l'heure actuelle de systèmes robustes de collecte et de gestion des déchets sont capables de mettre en œuvre rapidement les mesures et les investissements nécessaires. La stratégie la plus rentable pour atteindre l'objectif mondial d'éliminer la pollution plastique serait probablement que les pays reconnaissent ensemble la nécessité d'opter pour des stratégies couvrant l'ensemble du cycle de vie.

Encadré 6.1. Mettre en regard les coûts de gestion des déchets et les mesures permet de montrer l'effort requis pour fermer les voies de rejet de plastiques dans l'environnement

L'évolution des coûts d'incinération des déchets plastiques présentée dans le Graphique 6.5 est déterminée par trois facteurs : (i) les volumes totaux de déchets diminuent sous l'effet des mesures en amont et en milieu de cycle (afin de limiter la production et la demande et d'encourager l'écoconception) ; (ii) la part de déchets incinérés recule du fait des mesures visant à augmenter le recyclage ; et (iii) la fermeture des voies de rejet entraîne une augmentation des taux de collecte des déchets et une diminution des taux de perte des dépôts sauvages, ce qui accroît la quantité de déchets traités (Graphique 6.5). Le Graphique 6.6 décompose les coûts de gestion des déchets en fonction de ces trois effets.

Graphique 6.6. Les évolutions des coûts associés aux différents leviers d'action se compensent largement mutuellement

Coûts cumulés de gestion des déchets entre 2020 et 2040 par levier d'action, écart par rapport au scénario de *référence* (en millions USD)

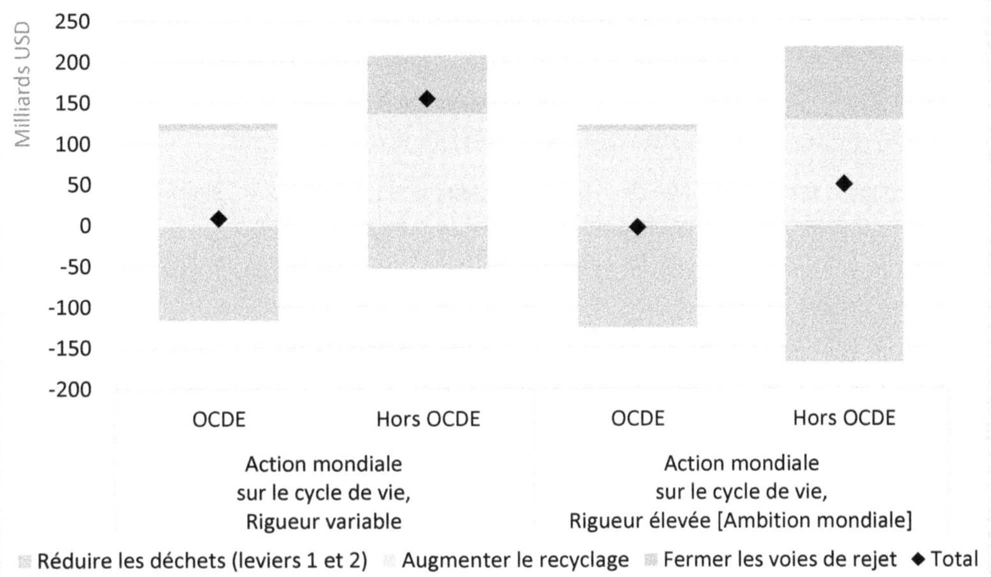

Note : les totaux sont identiques à ceux du Graphique 6.5.
Source : modèle ENV-Linkages de l'OCDE.

StatLink https://stat.link/gs9rda

Dans les pays où la part des déchets mal gérés est actuellement faible, en particulier, les effets des mesures adoptées en amont et en aval afin de réduire les déchets correspondent à peu près aux catégories de coût négatif du Graphique 6.5, étant donné que la baisse des coûts d'incinération est en grande partie due à la diminution de la quantité totale de déchets plastiques produits.

Cependant, dans les pays où la part de déchets mal gérés est importante, les économies de coûts résultant des mesures en amont et en aval sont supérieures à l'évolution des coûts de collecte des déchets suggérée dans le Graphique 6.5, cette évolution correspondant à une diminution de déchets générés (une économie par rapport au scénario de *référence*) combinée une hausse des coûts de collecte (coûts supplémentaires, découlant principalement de l'augmentation de la collecte et du recyclage des déchets, par rapport au scénario de *référence*). Dans l'autre décomposition des coûts présentée dans le Graphique 6.6, ces coûts supplémentaires reflètent les coûts associés à la fermeture des voies de rejet, définis comme la hausse des coûts de collecte (incluant les dépôts sauvages) et de gestion en l'absence de l'effet des interventions en amont.

Enfin, les coûts supplémentaires de gestion des déchets associés à l'augmentation du recyclage correspondent pour l'essentiel aux coûts de recyclage supplémentaires, qui sont en partie compensés par la diminution des coûts d'incinération et de mise en décharge.

Le graphique ci-dessus montre que la baisse des coûts de gestion des déchets du scénario *Action mondiale sur le cycle de vie, Rigueur élevée [Ambition mondiale]* par rapport au scénario *Action mondiale sur le cycle de vie, Rigueur élevée* découle de l'effet des mesures visant à limiter la production et la demande, ainsi que des politiques destinées à encourager l'écoconception des produits. Les coûts de l'augmentation du recyclage sont très similaires (étant donné que l'ensemble de mesures est très semblable), tandis que les coûts associés à la fermeture des voies de rejet sont quelque peu supérieurs, mais aussi plus efficaces étant donné que les parts de déchets mal gérés sont réduites à zéro.

6.4. Des approches coordonnées peuvent limiter les coûts d'action

Les ensembles de mesures qui se concentrent sur l'aval, notamment le scénario *Action mondiale en aval, Rigueur élevée*, réduisent les rejets plastiques mais font augmenter les déchets plastiques totaux, entraînant une hausse conséquente des coûts totaux de gestion des déchets. L'absence de mesures en amont n'est pas rentable pour la gestion des déchets (Graphique 6.7).

Graphique 6.7. Un juste équilibre entre les interventions en amont, en milieu de cycle et en aval peut rendre les ensembles de mesures plus efficaces économiquement

Comparaison de l'évolution en pourcentage des rejets de plastiques par rapport au scénario de *référence* en 2040 et des coûts cumulés de gestion des déchets pour 2020-2040 (en milliards USD)

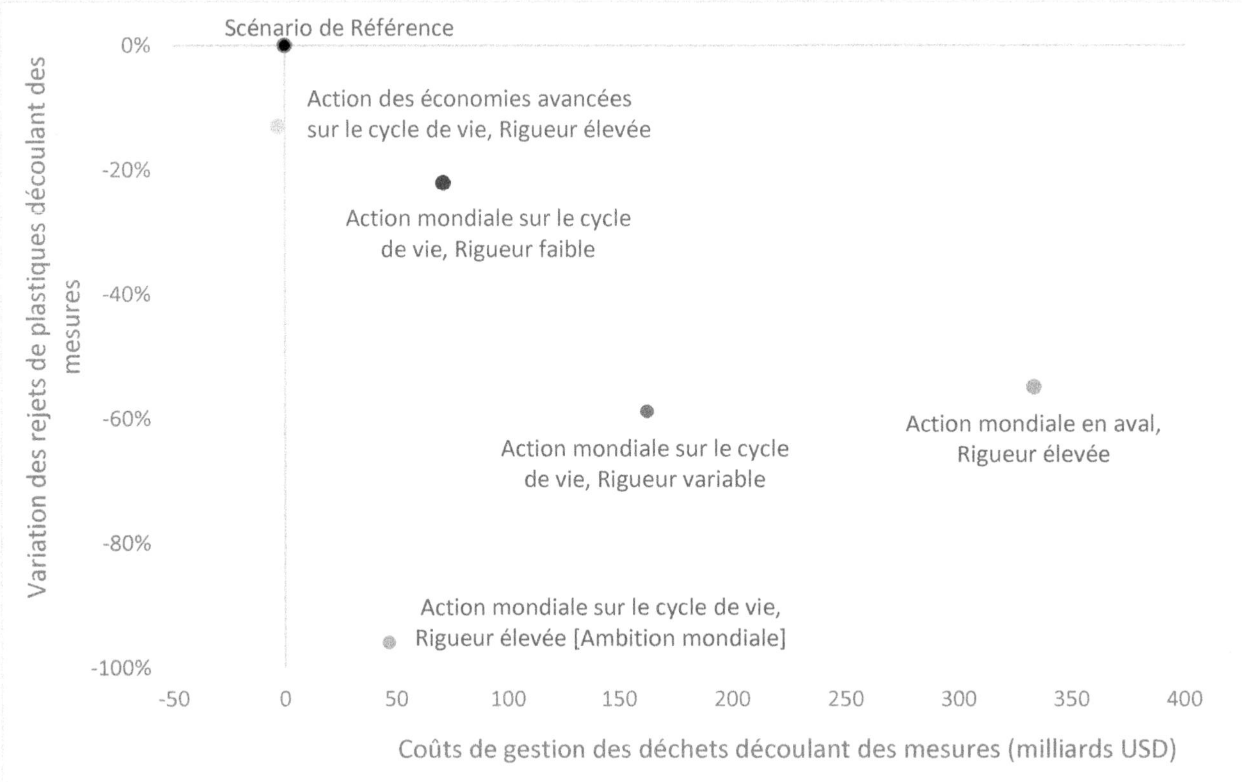

Source : modèle ENV-Linkages de l'OCDE.

StatLink https://stat.link/g0kfn4

En revanche, une ambition élevée tout au long du cycle de vie dans les économies avancées n'aura que des effets très limités sur les coûts de gestion de déchets à l'échelle mondiale, ces pays ayant déjà des taux de collecte des déchets très élevés. En conséquence, la réduction des rejets mondiaux de plastiques reste également modeste. Le scénario *Action mondiale sur le cycle de vie, Rigueur faible*, qui équilibre les mesures entre les quatre leviers d'action, mais avec des niveaux d'ambition partielle, a des effets intermédiaires.

La fusion des trois scénarios d'ambition partielle dans le scénario *Action mondiale sur le cycle de vie, Rigueur variable* permet d'éviter les coûts les plus importants du scénario d'action en aval uniquement, en intégrant des mesures ambitieuses en amont et en milieu de cycle du scénario *Action des économies avancées sur le cycle de vie, Rigueur élevée* et les mesures pour les économies émergentes et en développement du scénario *Action mondiale sur le cycle de vie, Rigueur faible*. Toutefois, ce scénario d'action intégré ne met pas fin à tous les rejets de plastiques et dépend encore trop des mesures en aval.

Par conséquent, le scénario *Action mondiale sur le cycle de vie, Rigueur élevée [Ambition mondiale]* améliore le scénario *Action mondiale sur le cycle de vie, Rigueur variable* en harmonisant davantage les mesures en amont et en milieu de cycle, en éliminant les rejets de plastiques et en réduisant simultanément les coûts totaux de gestion des déchets dans le monde.

Les conclusions énoncées ci-dessus concernant l'efficacité économique des ensembles de mesures équilibrés sont valables à l'échelle mondiale, mais peuvent malgré tout engendrer des coûts dans des pays ayant une faible capacité à réaliser l'investissement requis pour la gestion des déchets. Par conséquent, il pourrait être utile d'accompagner la solution efficace à l'échelle mondiale de politiques destinées à aider les pays en développement à augmenter leur capacité de mise en œuvre des mesures et de gestion des déchets, ainsi que d'offrir un soutien international pour les investissements nécessaires. Ce point est abordé plus en détail dans le chapitre 7.

6.5. Quelles seraient les conséquences économiques et environnementales d'une action plus étalée dans le temps ?

La vitesse de mise en œuvre des mesures dans le scénario *Action mondiale sur le cycle de vie, Rigueur élevée [Ambition mondiale]* met sous tension l'économie, et notamment les systèmes de gestion des déchets. La définition d'un nouvel objectif pour mettre fin à la pollution plastique après 2040 permettrait peut-être de réduire les coûts de transition. Le scénario *Action mondiale sur le cycle de vie, Retardée* examine cette possibilité en modélisant le même ensemble de mesures que le scénario *Action mondiale sur le cycle de vie, Rigueur élevée [Ambition mondiale]*, mais sur une période plus longue, compatible avec un objectif d'élimination des rejets de macroplastiques à l'horizon 2060[5]. Une action retardée pourrait avoir des avantages économiques à court terme, mais au prix de répercussions significatives pour la pollution plastique et d'effets négatifs sur le bien-être des générations actuelles et futures.

En effet, la mise en œuvre des mesures sur une période plus longue (comme dans le scénario *Action mondiale sur le cycle de vie, Retardée*) pourrait limiter les coûts macroéconomiques d'ici 2040 à 0.2 % du PIB mondial, contre 0.5 % pour le scénario *Action mondiale sur le cycle de vie, Rigueur élevée [Ambition mondiale]* (Graphique 6.8). Les coûts à plus long terme jusqu'en 2060 seraient très similaires dans les deux scénarios. Les niveaux d'ambition réduits à l'horizon 2040 pourraient limiter les coûts macroéconomiques jusqu'en 2040 dans tous les pays du fait de la mise en œuvre plus lente des mesures, ainsi que de la restructuration moins rapide des systèmes de gestion de déchets. En outre, lorsque l'ambition d'éliminer les rejets de plastiques est reportée, certains pays peuvent en tirer des avantages concurrentiels temporaires lorsqu'ils ont des objectifs relativement modestes et une importante capacité d'amélioration du recyclage. Ce phénomène résulte de l'hypothèse que les pays membres de l'OCDE renforcent plus rapidement la rigueur des mesures que les pays non membres, ce qui provoque une plus faible augmentation des coûts de production dans certains secteurs d'exportation en Asie (en Chine, notamment) que dans la plupart des autres régions, leur permettant de profiter de la hausse temporaire de leur compétitivité qui en découle (OCDE, 2023[1]). Cependant, il s'agit d'un cas exceptionnel qui ne devrait pas perdurer, étant donné que les pays accroissent la rigueur des politiques afin d'atteindre l'objectif mondial. L'augmentation temporaire du PIB ne tient pas non plus compte des externalités associées à un objectif repoussé, c'est-à-dire aux occasions manquées de réduire la production de plastiques et les déchets plastiques et d'éviter des rejets supplémentaires dans l'environnement et de la pollution. Ces externalités entraîneraient des coûts de nettoyage plus élevés à l'avenir, ainsi que des effets négatifs non négligeables sur le bien-être du fait des dommages sanitaires et environnementaux.

Graphique 6.8. Une action plus étalée dans le temps peut réduire de moitié les coûts macroéconomiques transitoires à moyen terme

Impact des scénarios sur le PIB par région, exprimé en taux de variation par rapport au scénario de *référence* en 2040

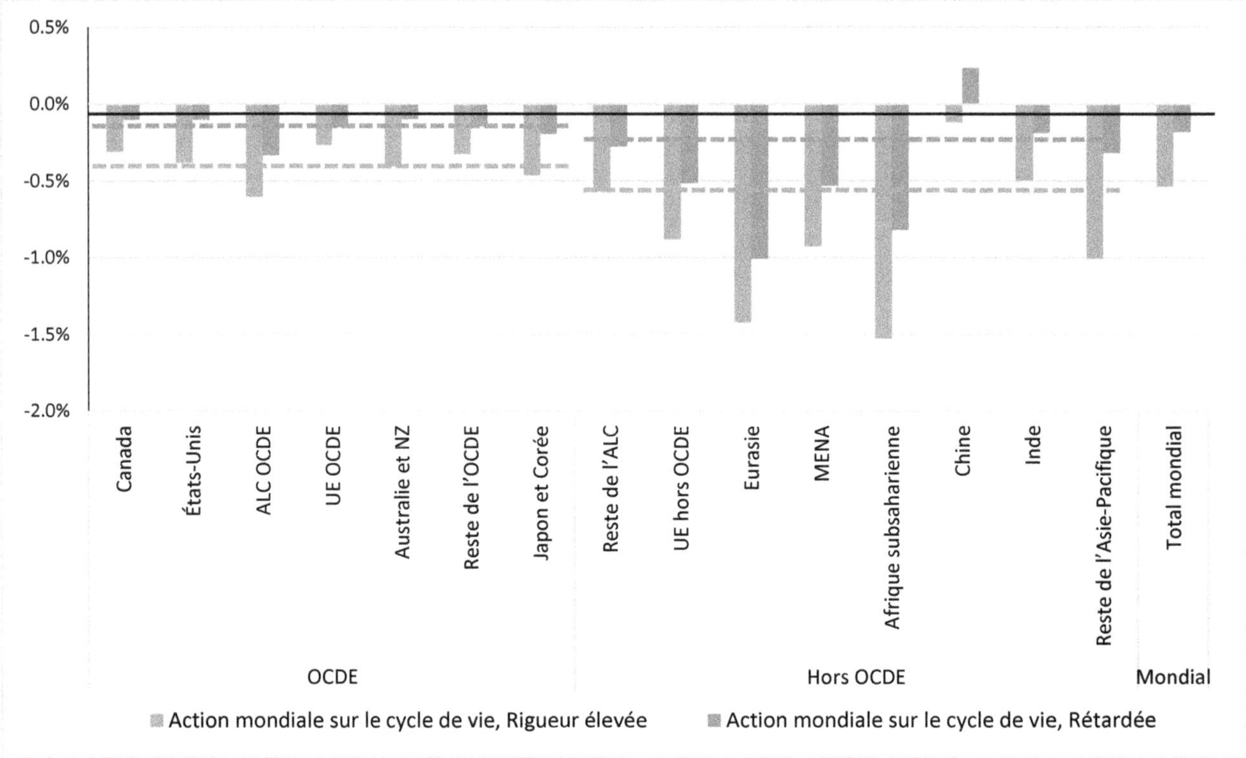

Note : les lignes en pointillés représentent l'effet moyen sur le PIB pour les pays membres de l'OCDE (à gauche) et les pays non membres de l'OCDE (à droite).
Source : modèle ENV-Linkages de l'OCDE.

StatLink https://stat.link/bf427p

Fait important, une action retardée ferait peser un fardeau environnemental et sanitaire nettement plus lourd sur les générations actuelles et futures (Graphique 6.9 ; Encadré 6.2). Les volumes de déchets mal gérés diminueraient relativement lentement et il y aurait encore 64 millions de tonnes (Mt) de déchets mal gérés en 2040. De même, les volumes de rejets de plastiques ne réduiraient que de 1.1 % par an entre 2020 et 2040 (contre 13 % dans le scénario *Action mondiale sur le cycle de vie, Rigueur élevée [Ambition mondiale]*), ce qui signifie qu'environ 16 Mt de macroplastiques continueraient d'être rejetés dans l'environnement à l'horizon 2040. La trajectoire plus lente vers l'élimination des rejets de macroplastiques entraîne l'accumulation de 38 Mt supplémentaires de macroplastiques dans les seuls milieux aquatiques durant la période 2020-2040. La quantité de plastiques accumulés dans ces milieux augmentant, ceux-ci tendent à se dégrader en microplastiques de plus petite taille et ils deviennent difficiles, ou presque impossibles à retirer. Les rejets supplémentaires dans les milieux aquatiques ont donc des répercussions environnementales plus graves. Enfin, une action plus étalée dans le temps générerait également 3.9 Gt éq. CO_2 d'émissions de gaz à effet de serre de plus que dans le scénario *Action mondiale sur le cycle de vie, Rigueur élevée [Ambition mondiale]* entre 2020 et 2040.

Graphique 6.9. Une action retardée amplifie la pollution plastique dans les cours d'eau et les océans

Stocks de macroplastiques s'accumulant dans les milieux aquatiques jusqu'en 2040, en millions de tonnes (Mt)

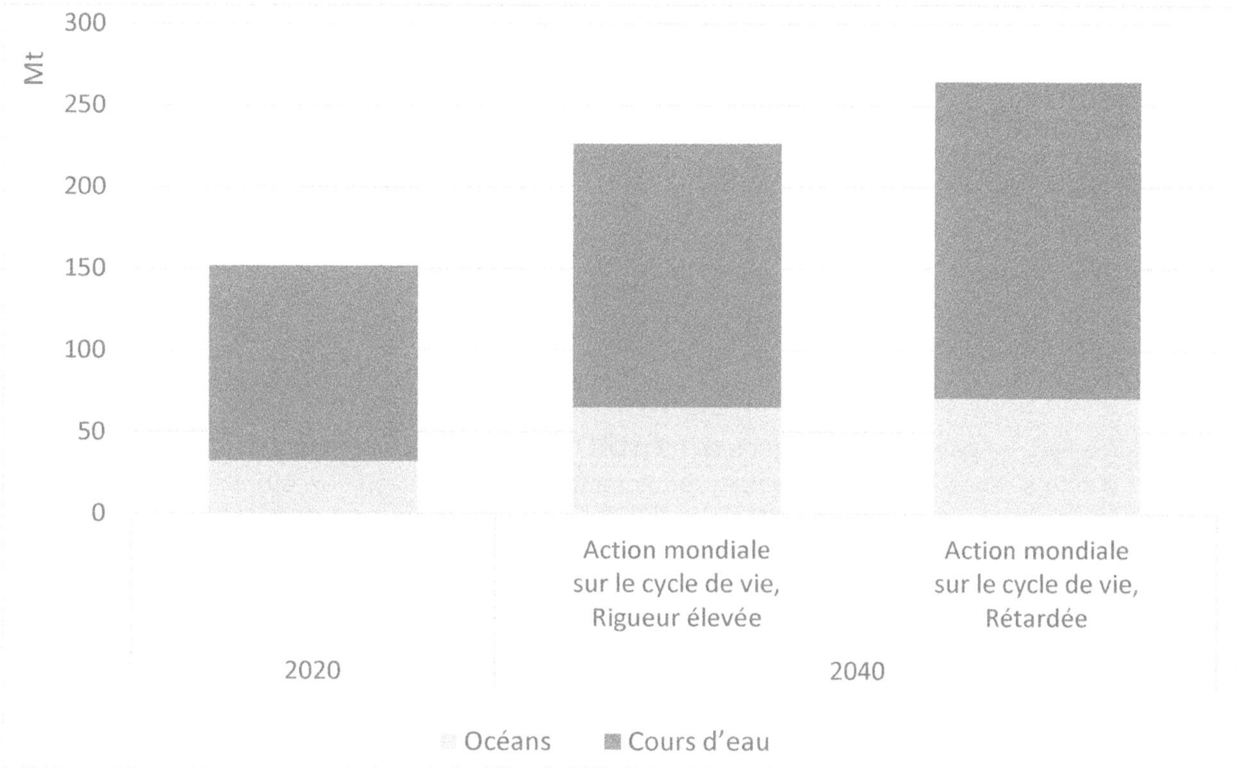

Source : (Lebreton, 2024[2]), à partir des projections du modèle ENV-Linkages de l'OCDE.

StatLink https://stat.link/1ba9ly

Encadré 6.2. Avantages environnementaux à long terme d'une action rapide

Le report des objectifs d'action de 2040 à 2060 implique que les rejets de plastiques se poursuivent au-delà de 2040, entraînant différents effets négatifs entre 2040 et 2060, comme une augmentation des plastiques accumulés dans l'environnement, dont les cours d'eau et les rivières, et davantage d'émissions de gaz à effet de serre.

Par rapport au scenario *Action mondiale sur le cycle de vie, Rigueur élevée [Ambition mondiale]*, le scenario *Action mondiale sur le cycle de vie, Retardée* donnerait les résultats suivants d'ici 2060:

+ 936 Mt déchets plastiques supplémentaires sur la période 2020-2060

+ 297 Mt de rejets de plastiques supplémentaires sur la période 2020-2060

+ 7.2 Gt CO_2-e des niveaux d'émissions GES sur la période 2020-2060

+ 92 Mt de stocks de plastique accumulés dans les rivières et les océans

Source : modèle ENV-Linkages de l'OCDE.

Références

Lebreton, L. (2024), *Quantitative analysis of aquatic leakage for multiple scenarios based on ENV-Linkages*, non publié. [2]

OCDE (2023), *Perspectives mondiales des plastiques : Scénarios d'action à l'horizon 2060*, Éditions OCDE, Paris, https://doi.org/10.1787/c5abcbb1-fr. [1]

Notes

[1] Les recettes fiscales peuvent être réinjectées au profit des ménages et des entreprises, par exemple en diminuant d'autres taxes ou en augmentant les sommes forfaitaires versées aux premiers. Les coûts macroéconomiques d'une politique fiscale ne se mesurent donc pas au coût de la taxe elle-même, mais aux coûts associés au glissement fiscal, qui sont nettement inférieurs.

[2] La répartition des coûts entre les différents leviers varie d'un scénario à l'autre en fonction des leviers sur lesquels est axée l'intervention.

[3] La politique est mise en œuvre dans le modèle de manière à ce que les recettes fiscales générées par les plastiques primaires couvrent les subventions versées pour les plastiques secondaires, ce qui rend en principe la politique neutre sur le plan budgétaire pour les gouvernements (à l'exception des effets indirects). Toutefois, selon la situation du pays, cette intervention peut faire augmenter ou baisser le prix à la consommation des plastiques.

[4] Les Perspectives mondiales des plastiques (OCDE, 2023[1]) montrent que cette courbe en U inversé existe pour les macroplastiques, mais pas pour les microplastiques.

[5] Le taux mondial de recyclage des plastiques visé à l'horizon 2060, tel que défini dans les Perspectives mondiales des plastiques, est plus ambitieux que celui fixé pour 2040 dans le scénario *Action mondiale sur le cycle de vie, Rigueur élevée* [*Ambition mondiale*], ce qui reflète le fait que les obstacles technologiques au recyclage devraient diminuer au fil du temps.

7 L'Ambition mondiale en contexte : Défis et priorités

La mise en œuvre d'ensembles de mesures rigoureuses à l'échelle de la planète peut faciliter la transition vers un monde sans pollution plastique. Ce chapitre passe en revue les défis et les priorités dont devront tenir compte les responsables de l'action publique lors de la mise en œuvre de ces mesures le long du cycle de vie des plastiques. Il examine également les efforts de recherche qui seront nécessaires pour combler les lacunes des connaissances actuelles et faire en sorte que tous les pays disposent de moyens de mise en œuvre adéquats.

7.1. Introduction

Comme l'ont montré les précédents chapitres, une ambition mondiale qui se manifesterait par la mise en œuvre de mesures rigoureuses sur l'ensemble de la planète et aux différents stades du cycle de vie (telles qu'elles sont modélisées dans le scénario *Action mondiale sur le cycle de vie, Rigueur élevée* [*Ambition mondiale*]) pourrait offrir d'importants avantages pour l'environnement comme pour le bien-être humain. Ces avantages ne pourront toutefois se concrétiser que si un certain nombre d'obstacles sont surmontés. Ce chapitre passe en revue les défis et les priorités dont devront tenir compte les responsables de l'action publique lors de la mise en œuvre des quatre leviers, y compris les instruments d'action visant à limiter la production et la demande et à encourager l'écoconception, et les mesures destinées à augmenter le recyclage et à fermer les voies de rejet. Il examine également les efforts de recherche qui seront nécessaires pour combler les lacunes des connaissances, s'agissant par exemple de la pollution par les microplastiques et des mesures destinées à en assurer la réduction, et pour faire en sorte que toutes les régions du monde disposent des moyens requis pour mettre en œuvre avec succès des ensembles de mesures rigoureuses.

7.2. Accélérer l'action visant à ralentir les flux de plastiques et encourager l'écoconception

Dans le cadre des efforts mondiaux pour endiguer la production et l'utilisation de matières plastiques, le scénario *Action mondiale sur le cycle de vie, Rigueur élevée* [*Ambition mondiale*] entraînerait une réduction spectaculaire de la demande de plastiques à des fins d'emballage, laquelle s'accroîtrait d'environ 70 % à l'horizon 2040 dans le scénario de *référence*. Des mutations structurelles de l'économie seront nécessaires pour obtenir des réductions significatives de la demande de plastiques, en passant par exemple des applications à usage unique à des systèmes de réemploi. L'ensemble stylisé de mesures du scénario *Action mondiale sur le cycle de vie, Rigueur élevée* [*Ambition mondiale*] modélisé dans le présent rapport suppose que tous les pays seront capables et désireux de mettre en œuvre des taxes sur la production ou l'utilisation de plastiques. Comme il en a également été question au chapitre 1, en fonction de la situation particulière de chaque pays, ces taxes pourraient être évitées s'il est possible de trouver d'autres instruments permettant de promouvoir avec autant d'efficacité une réduction des flux de plastiques.

7.2.1. Des normes harmonisées favoriseraient l'élimination ou la réduction des plastiques problématiques et l'écoconception des plastiques

L'identification et l'élimination progressive des plastiques évitables et problématiques peuvent apporter une importante contribution à la réduction de la mauvaise gestion des déchets et de leur rejet dans l'environnement, ainsi qu'à une diminution des craintes pour la santé humaine. Plus de 140 pays ont interdit ou restreint certaines matières et certains emballages plastiques souvent liés à des applications à usage unique particulièrement propices à la production de déchets sauvages et aux rejets dans l'environnement. Il faudra toutefois redoubler d'efforts pour identifier les objets en plastique, les polymères et les additifs non sûrs, et pour trouver des solutions évitant que leur substitution ne présente de possibles risques fortuits. Raubenheimer et Urho (2024[1]) ont proposé des critères potentiels fondés sur la fonction ou l'utilisation finale d'un produit et selon qu'il est ou non jugé essentiel, comme indiqué au Graphique 7.1.

Il est fondamental que la conception des produits tienne compte des considérations de circularité afin de prolonger leur durée de vie et de permettre leur réemploi sans danger, leur plus grande réparabilité, ainsi que des taux de recyclage plus élevés. La reconception des produits peut toutefois se heurter à des obstacles techniques et économiques. Les gouvernements devraient envisager des cadres d'action encourageant la conception pour la circularité et faciliter l'adoption de modèles économiques qui lui soient propices.

Graphique 7.1. Hiérarchie des décisions pour déterminer quels sont les produits problématiques, superflus et évitables

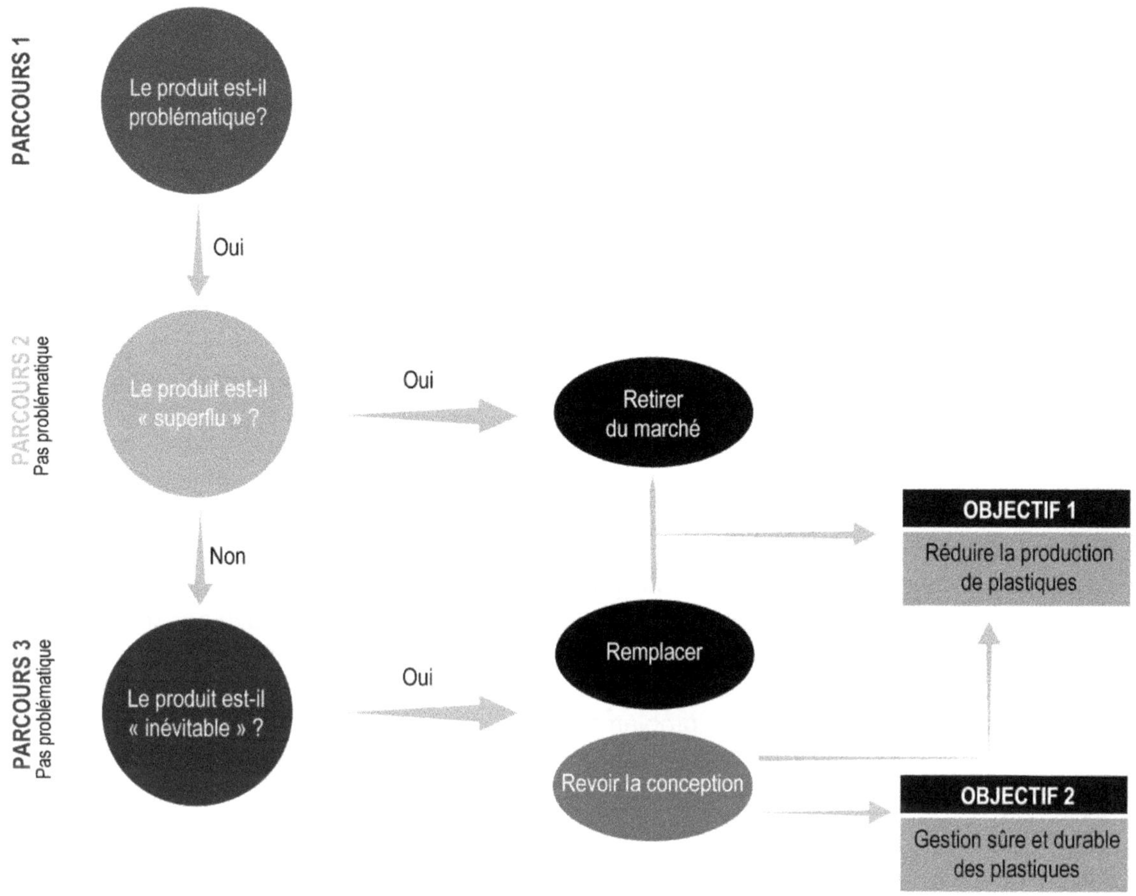

Source : adapté de (Raubenheimer et Urho, 2024[1]).

7.2.2. De fortes incitations, des investissements infrastructurels et des normes harmonisées pourraient favoriser l'expansion des systèmes de réemploi

Les systèmes de réemploi portent une promesse de réduction de la demande de plastiques et de la production de déchets, s'agissant en particulier des applications des plastiques à courte durée de vie. Définis au sens large, ces systèmes visent à permettre l'utilisation à plusieurs reprises d'un même objet, servant généralement à l'emballage. Le consommateur bénéficie du service procuré par l'article, tel que la possibilité de disposer d'un repas protégé par un emballage qui est ensuite retourné au fournisseur. Les articles réemployables se caractérisent généralement par une plus forte intensité en ressources que leurs équivalents à usage unique et nécessitent des infrastructures et une maintenance particulières (lavage, par exemple), aussi est-il essentiel d'avoir la certitude qu'ils seront utilisés à plusieurs reprises pour garantir la concrétisation de leurs avantages du point de vue de l'environnement.

Le réemploi peut certes être mis en œuvre dans des systèmes en circuit fermé, mais il atteint son efficacité maximale lorsqu'il est appliqué à grande échelle. Pour ce faire, la collaboration entre l'industrie et les différents niveaux d'administration est cruciale pour établir des cadres d'action cohérents autour du réemploi. Les incitations publiques au réemploi et à l'innovation peuvent jouer un rôle primordial en favorisant l'expansion et l'intégration de ces modèles à plus grande échelle, notamment pour encourager les investissements d'infrastructure requis. Les systèmes de réemploi doivent être conçus pour répondre aux besoins spécifiques de chaque secteur et de chaque contexte socioéconomique. Au niveau international, l'élaboration de définitions claires du réemploi et de l'harmonisation des critères pourraient aider à établir un cadre clair et applicable, décourager les approches fragmentées et encourager l'investissement dans les modèles de réemploi.

7.3. Soutenir une gestion des déchets respectueuse de l'environnement dans toutes les régions

7.3.1. Un soutien technique et financier est nécessaire pour mettre en place des systèmes de collecte des déchets dans le monde entier

Comme indiqué au chapitre 5, les progrès dans le sens d'une élimination de la pollution plastique nécessiteront une amélioration significative de la collecte et du tri des déchets, surtout dans les pays en développement. Par habitant, bien des pays à faible revenu et à revenu intermédiaire présentent des niveaux d'utilisation de plastiques et des taux de production de déchets plus modérés que les pays à revenu élevé. Ces pays tendent toutefois à se caractériser par un moindre développement de leurs services de collecte et de gestion des déchets, souvent de pair avec la persistance de pratiques telles que la mise en décharge à ciel ouvert ou le brûlage qui exacerbent les craintes pour la santé humaine et pour l'environnement. Dans un tel contexte, les problèmes de gouvernance et la limitation des ressources financières font actuellement obstacle à une mise en place rapide d'infrastructures performantes de gestion des déchets.

Pour soutenir la mise en place de systèmes performants de collecte et de tri partout dans le monde, certains instruments ont fait leurs preuves, par exemple les dispositifs de responsabilité élargie des producteurs (REP) et les cibles de collecte des déchets. Le renforcement de la collecte, du tri et du traitement de déchets plastiques feront vraisemblablement partie intégrante des améliorations d'ensemble de la gestion des déchets, outre le ciblage des matières et des déchets plastiques. La collecte des déchets étant souvent menée à bien par des ramasseurs de déchets informels, des solutions comptant sur la participation du secteur informel contribueraient à atteindre les taux élevés de collecte prévus dans le scénario *Action mondiale sur le cycle de vie, Rigueur élevée* [*Ambition mondiale*], tout en réduisant dans le même temps les risques pour la santé des travailleurs et en assurant une transition juste. Comme indiqué au chapitre précédent, la maîtrise de la demande de plastiques peut jouer un rôle primordial dans la limitation des coûts de collecte des déchets.

7.3.2. Des avancées techniques majeures pourraient être nécessaires pour assurer les améliorations significatives du recyclage envisagées dans les scénarios d'ambition élevée

Le scénario *Action mondiale sur le cycle de vie, Rigueur élevée* [*Ambition mondiale*] prévoit une élimination quasi totale des déchets plastiques mal gérés et une transition majeure vers le recyclage dans le traitement des plastiques en fin de vie, de telle sorte qu'il couvre 42 % des déchets produits à l'horizon 2040 (Graphique 7.2). Cela correspondrait à une multiplication par quatre du taux moyen mondial de recyclage des plastiques (qui s'est établi à 9.5 % en 2020).

Actuellement, les technologies de recyclage existantes et la disponibilité des rebuts limitent une plus grande transition vers les plastiques secondaires. Le recyclage mécanique des déchets plastiques post-consommation se heurte à des difficultés variables selon les flux de déchets. Ces difficultés tiennent notamment à la disponibilité d'infrastructures de recyclage pour certains types de plastiques (tels que les PET), à l'éventuelle présence d'additifs dangereux ainsi qu'à la nécessité d'opérations de démontage dans le cas des flux de déchets complexes (s'agissant par exemple des équipements électriques et électroniques) (Landrigan et al., 2023[2]). L'obtention des résultats visés par le scénario *Action mondiale sur le cycle de vie, Rigueur élevée* [*Ambition mondiale*] exigera de nettes améliorations du recyclage et une réduction des pertes de recyclage (Encadré 7.1). Des investissements calibrés dans les technologies de recyclage, combinés à des interventions en amont et en milieu de cycle (dont une meilleure conception pour le recyclage), seront nécessaires pour accroître les sources de matières premières viables pour le recyclage mécanique.

Encadré 7.1. Tous les plastiques collectés en vue de leur recyclage ne sont pas recyclés

Les déchets plastiques collectés pour être recyclés incluent fréquemment certaines matières non plastiques. Par ailleurs, les déchets plastiques collectés sont généralement composés d'une multitude d'objets et de fragments de plastique aux caractéristiques physiques et chimiques variables. Divers facteurs déterminent dans quelle mesure les volumes collectés sont utiles au retraitement des plastiques. En règle générale, les pays à revenu élevé mettent en œuvre des dispositifs de collecte sélective destinés à réunir une grande masse de matières au moyen d'un système simple, accessible, et facile à comprendre pour la population. À l'inverse, dans de nombreux pays à faible revenu et à revenu intermédiaire, la collecte sélective des déchets en vue de leur recyclage est assurée par des travailleurs informels qui procèdent à un écrémage des flux de déchets pour en extraire les éléments et les objets de plus grande valeur, préférant la qualité et la concentration à la quantité. Même après une collecte sélective effectuée avec soin, les articles en plastique contiennent une multitude de matières et d'objets qui s'y retrouvent volontairement ou involontairement agrégés, coincés, collés, ou qui sont entraînés avec eux, et qui doivent être retirés du plastique dominant avant que celui-ci puisse être retraité.

Les estimations et les projections présentées dans ce rapport pour la catégorie des « déchets plastiques recyclés » concernent les déchets plastiques effectivement recyclés, exclusion faite des pertes de recyclage.

Source : (OCDE, 2023[3]).

Le scénario *Action mondiale sur le cycle de vie, Rigueur élevée* [*Ambition mondiale*] repose sur l'hypothèse que les technologies de recyclage mécanique[1] permettront d'atteindre des taux élevés de recyclage pour tous les flux de déchets et tous les polymères, y compris ceux qui ne sont aujourd'hui guère recyclés. Des avancées techniques majeures pourraient donc être nécessaires pour rendre possible une substitution massive des plastiques secondaires aux plastiques primaires quels que soient les polymères et pour réduire d'autant les impacts sur l'environnement. Si ces avancées techniques substantielles devaient ne pas se produire, les ambitions de l'ensemble de mesures envisagé ne pourront être satisfaites que si les objectifs de certaines des autres composantes de celui-ci sont revus à la hausse, par exemple sous la forme de réductions induites de l'utilisation des polymères difficiles à recycler ou d'une baisse plus significative de la demande de plastiques.

Graphique 7.2. L'Ambition mondiale exige d'importants progrès technologiques en matière de recyclage

Taux moyen mondial de recyclage

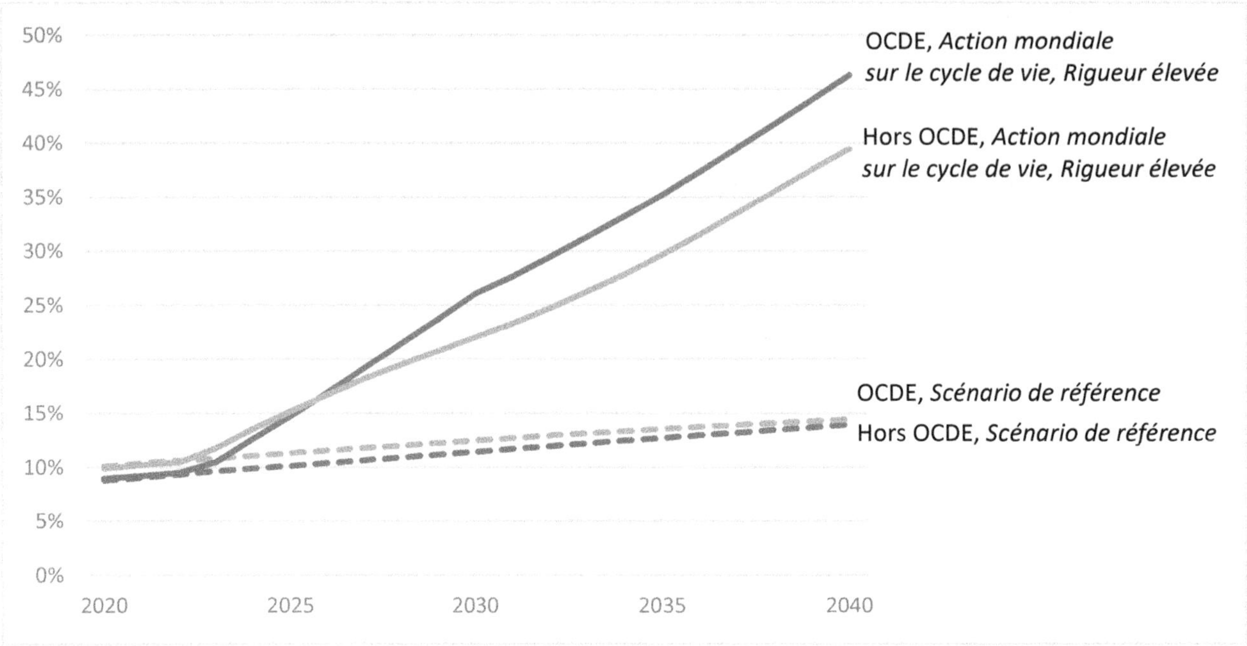

Note : le taux de recyclage correspond au pourcentage du volume total des déchets produits dans une année donnée qui est recyclé sous forme de plastiques secondaires.
Source : modèle ENV-Linkages de l'OCDE.

StatLink https://stat.link/nr5wqy

Par ailleurs, la réduction du volume des déchets abandonnés sur la voie publique ou dans la nature (c'est-à-dire des déchets qui échappent à la collecte du fait des comportements individuels ou en raison de leur dépôt dans des décharges sauvages) est une mesure importante pour assurer une diminution des rejets dans l'environnement. Les communes ne pourront probablement pas collecter la totalité des déchets abandonnés sur la voie publique ou dans la nature, mais le scénario *Action mondiale sur le cycle de vie, Rigueur élevée* [*Ambition mondiale*] suppose une nette augmentation des taux de ramassage des déchets et du balayage des rues dans toutes les régions, outre les améliorations déjà prévues dans ce domaine dans le scénario de *référence* du fait de l'augmentation des niveaux de revenus (Graphique 7.3). Les augmentations requises sont particulièrement élevées en Afrique et en Inde, où les taux de collecte des déchets sauvages à l'horizon 2040 sont censés augmenter de 65 % dans le scénario de *référence* à 75 % dans le scénario *Action mondiale sur le cycle de vie, Rigueur élevée* [*Ambition mondiale*]. À l'échelle mondiale, les rejets dans l'environnement évités grâce à une amélioration de l'enlèvement des déchets sauvages devraient être supérieurs à 1.2 million de tonnes (Mt) à l'horizon 2040.

Graphique 7.3. Le scénario Ambition mondiale exige de fortes améliorations de la collecte municipale des déchets abandonnés sur la voie publique ou dans la nature

Déchets sauvages collectés et non collectés en millions de tonnes (Mt)

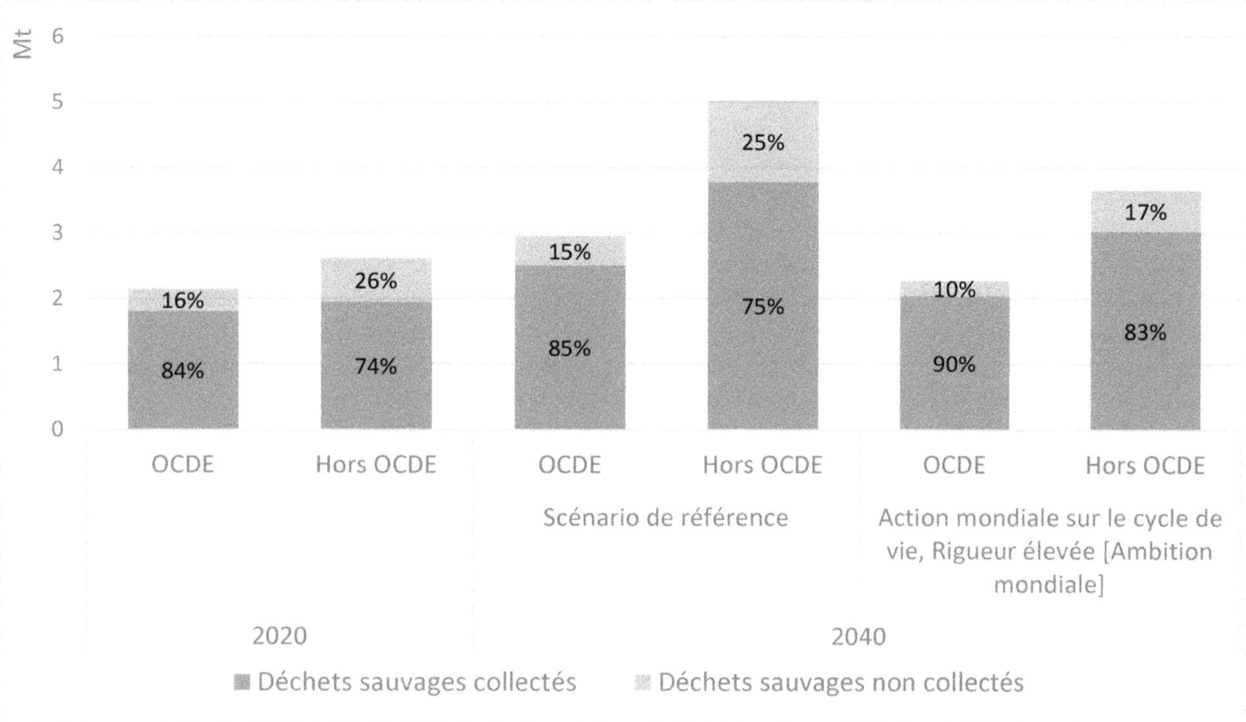

Source : modèle ENV-Linkages de l'OCDE.

StatLink https://stat.link/jlantc

7.4. Des recherches plus poussées seront nécessaires pour mieux orienter les actions de réduction des rejets de microplastiques et les mesures correctrices requises

La pollution par les microplastiques représente une nouvelle menace pour les écosystèmes et pour la santé humaine. Faute de données et d'informations suffisantes, le scénario *Action mondiale sur le cycle de vie, Rigueur élevée* [*Ambition mondiale*] ne prend en considération qu'un ensemble limité de mesures spécifiquement axées sur les rejets de microplastiques, telles que l'interdiction de l'ajout intentionnel de microplastiques au cours de l'élaboration des cosmétiques et des produits de soins personnels. Dans ce scénario, la réduction des rejets de microplastiques découlerait pour une large part d'une diminution de l'utilisation globale de plastiques ou de l'amélioration attendue de leur récupération en bout de chaîne (traitement des eaux usées, par exemple). La réduction des rejets de macroplastiques pourrait également entraîner une baisse de la production de microplastiques issus de la dégradation des plastiques qui polluent l'environnement.

Bien qu'elles ne soient pas prises en considération dans le modèle, les actions spécifiquement destinées à réduire les rejets de microplastiques devront également constituer un élément important de l'ensemble de mesures visant à atténuer efficacement la pollution par les microplastiques. Des recherches plus poussées seront nécessaires pour évaluer l'efficacité-coût des options d'atténuation et guider le choix des interventions publiques. Malgré les lacunes dans les connaissances actuelles, des progrès significatifs peuvent être obtenus à court terme en concentrant les efforts sur les options d'atténuation qui produisent des coavantages conformes aux autres objectifs environnementaux tels que la lutte contre le changement climatique et les améliorations de la qualité de l'air ou de l'eau, qui contribuent également à la réduction des rejets de microplastiques, ou encore la réduction des volumes de transport routier. Les autres sources de rejet de microplastiques devraient également être étudiées afin de mieux comprendre l'ampleur du problème et quelles pourraient en être les solutions.

Des recherches plus poussées pourraient également contribuer à mettre en lumière quelles pourraient être les interventions correctrices nécessaires pour réduire les risques pour la santé humaine et pour l'environnement. Comme indiqué au chapitre 5, la pollution plastique héritée du passé et les nouvelles contributions encore attendues entre 2020 et 2040 devraient entraîner une aggravation du problème. Les stocks de macroplastiques présents dans les cours d'eau et les océans, variable qui fait souvent office d'indicateur de la pollution plastique, devraient passer de 152 Mt en 2020 à 226 Mt en 2040 dans le scénario *Action mondiale sur le cycle de vie, Rigueur élevée* [*Ambition mondiale*] (soit 74 Mt de moins que dans le scénario de *référence*). Outre les interventions des pouvoirs publics envisagées dans le scénario *Action mondiale sur le cycle de vie, Rigueur élevée* [*Ambition mondiale*], les initiatives correctrices auraient un rôle important à jouer dans la réduction des risques pour les écosystèmes et pour le bien-être humain, surtout dans les pays en développement les plus touchés par la pollution plastique. Les efforts de dépollution, tels que les interventions ciblées sur les points chauds ou les opérations de nettoyage citoyen, pourraient également aider à réunir des données sur la pollution de l'environnement et à guider l'action des pouvoirs publics. Une attention toute particulière n'en devrait pas moins être accordée aux impacts environnementaux de ces efforts de dépollution, surtout s'ils font appel à de nouvelles technologies. Les technologies de nettoyage de la pollution plastique peuvent certes jouer un rôle important dans la réduction des rejets de déchets dans l'environnement, mais le risque que des technologies de nettoyage non régulées puissent s'avérer inefficaces et avoir des effets négatifs inattendus sur les écosystèmes, du fait par exemple des prises accessoires ou de l'élimination de matières organiques importantes pour les fonctions des écosystèmes, constitue une source d'inquiétude (Falk-Andersson et al., 2023[4]).

7.5. Moyens de mise en œuvre et de financement

Une action plus ambitieuse des pouvoirs publics s'avère certes nécessaire dans tous les pays pour aider à passer d'une économie linéaire à une économie circulaire dans le domaine des plastiques et mettre réellement fin à la pollution par les plastiques, mais il convient de reconnaître que bon nombre de pays en développement devront supporter un fardeau plus lourd pour atteindre ces objectifs, notamment les petits États insulaires en développement. Ces pays affichent souvent une expansion rapide de l'utilisation de plastiques (notamment dans des secteurs essentiels pour leur développement, tels que les transports et les infrastructures), ainsi que des niveaux élevés de mauvaise gestion des déchets. Ils peuvent dans le même temps être particulièrement vulnérables à la pollution plastique et aux risques qui lui sont liés, surtout lorsqu'ils sont très dépendants de secteurs tels que la pêche ou le tourisme. Ce contexte particulier souligne le rôle crucial des pays en développement dans les efforts pour mettre fin à la pollution plastique.

La transition vers des économies sans pollution plastique devrait bénéficier à tous les pays, mais les coûts économiques attendus seraient inégalement répartis entre les différentes régions du monde. Comme l'a mis en évidence le chapitre 6, tous les scénarios d'action modélisés imposent des coûts macroéconomiques plus élevés aux pays en développement qu'aux pays développés, exception faite du scénario *Action mondiale sur le cycle de vie, Rigueur faible* (où les coûts sont faibles et à peu près égaux en termes relatifs pour l'ensemble des pays) et du scénario *Action des économies avancées sur le cycle de vie, Rigueur élevée* (où les pays en développement ne mettent en œuvre aucune mesure nouvelle). Dans le scénario *Action mondiale sur le cycle de vie, Rigueur élevée* [*Ambition mondiale*], l'élimination des rejets de macroplastiques impliquerait des surcoûts macroéconomiques représentant environ 0.5 % du PIB mondial à l'horizon 2040, par rapport au scénario de *référence*. L'Afrique subsaharienne devrait toutefois subir les plus fortes répercussions macroéconomiques, entraînant une baisse de 1.5 % de son

PIB en comparaison de son niveau dans le scénario de *référence*, du fait principalement des importants coûts supplémentaires de gestion des déchets (Graphique 7.4 ; voir le chapitre 6 pour plus de précisions). Dans le scénario de *référence*, les coûts de gestion des déchets sont relativement faibles en Afrique subsaharienne, alors que le développement de l'activité de collecte et la transition vers une augmentation du recyclage s'accompagnent d'importants coûts additionnels. La réduction des coûts entraînée par les mesures modélisées destinées à ralentir l'utilisation de plastiques et la production de déchets (dans le cadre des leviers visant à limiter la production et la demande et à encourager la conception pour la circularité) ne peuvent pas totalement compenser les coûts additionnels de collecte et de traitement des déchets.

Graphique 7.4. Les coûts d'élimination des rejets sont inégalement répartis entre les différentes régions du monde

Répartition entre les différentes régions des coûts économiques (variations du PIB) de mise en œuvre du scénario d'action et des coûts cumulés de gestion des déchets résultant de l'application des mesures, ces deux variables étant exprimées selon leur pourcentage de variation à l'horizon 2040 dans le scénario *Action mondiale sur le cycle de vie, Rigueur élevée* [*Ambition mondiale*] par rapport aux projections du scénario de *référence*

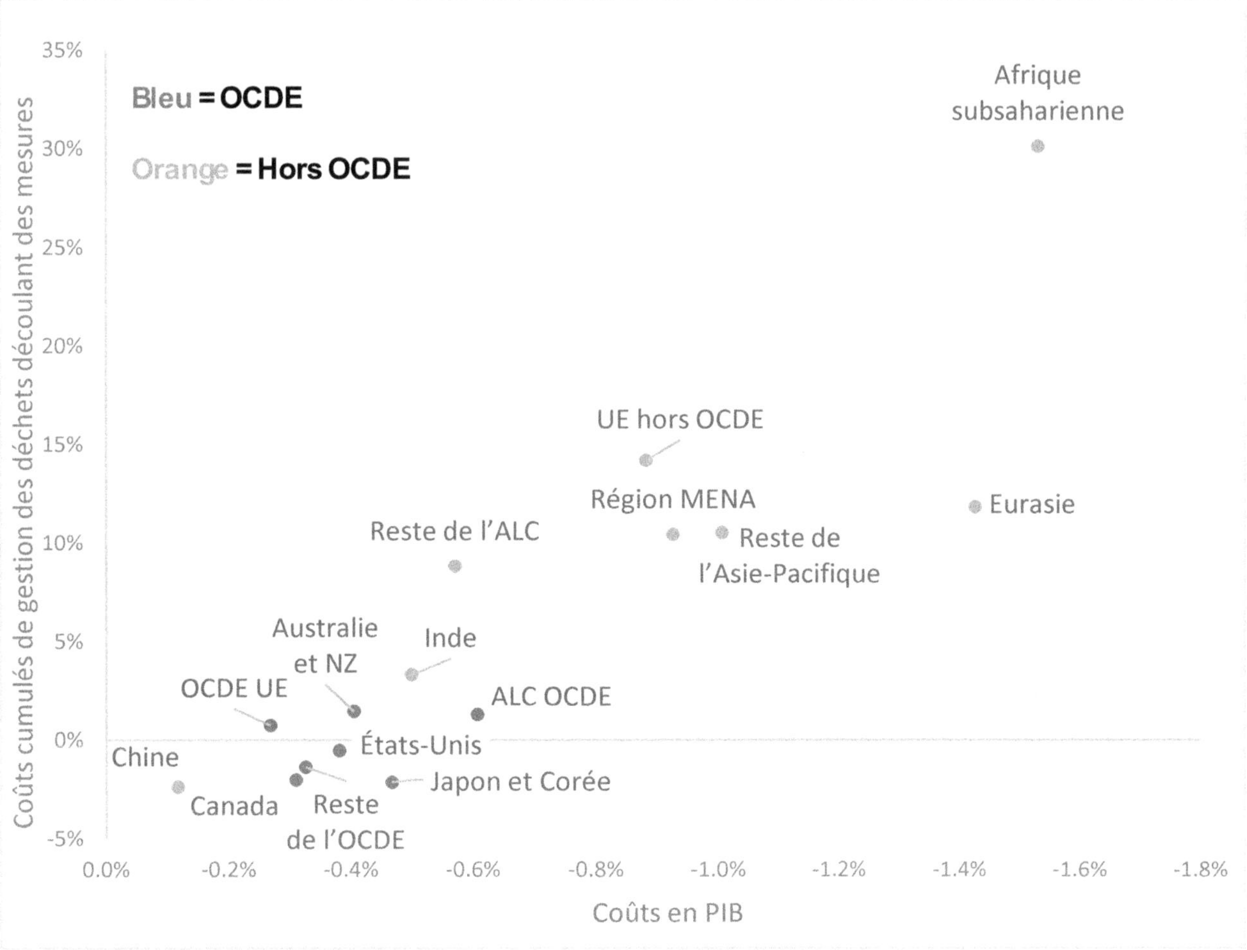

Source : modèle ENV-Linkages de l'OCDE.

StatLink https://stat.link/vzl0sm

7.5.1. Faire en sorte que tous les pays disposent de moyens adéquats pour financer la collecte et le traitement des déchets, outre les solutions susceptibles de contribuer à la prévention des déchets

Les mesures et les investissements nécessaires imposent une charge plus lourde aux pays en développement, surtout à ceux actuellement dotés des systèmes de gestion des déchets les moins avancés. Dans le scénario de *référence*, les plus fortes augmentations de la consommation (et des déchets) de plastique devraient se produire dans les économies non membres de l'OCDE déjà caractérisées par des taux élevés de mauvaise gestion et de rejet de déchets dans l'environnement. Les régions telles que l'Afrique subsaharienne ou le Moyen-Orient et l'Afrique du Nord devraient donc représenter d'après les projections une part croissante de l'ensemble des déchets mal gérés à l'échelle mondiale, puisque la consommation et les déchets de plastique progresseraient dans ces régions à un rythme plus rapide que l'amélioration prévue des systèmes de gestion des déchets.

Une augmentation ininterrompue des rejets de plastique amplifierait les effets préjudiciables sur la biodiversité et sur les écosystèmes ainsi que sur les populations locales de ces pays, du fait par exemple des risques accrus d'inondations ou de conséquences négatives sur les économies dépendantes des océans. Les plastiques ne sont pas biodégradables dans des conditions naturelles, mais ils peuvent se fragmenter en microplastiques difficiles à récupérer une fois dans l'environnement et susceptibles d'accroître les voies et les risques d'exposition pour la faune et la flore sauvages comme pour les êtres humains. Le reste des déchets mal gérés devrait finir en décharge ou être incinéré de manière informelle, ce qui aurait également des conséquences négatives sur les communautés locales et sur la santé humaine.

Un accroissement des investissements d'infrastructure sera nécessaire pour éliminer les rejets de plastique à l'échelle mondiale, mais surtout pour améliorer la gestion des déchets dans les pays en développement, qui ont actuellement largement recours à des pratiques informelles en la matière et dont les taux de collecte restent peu élevés. Dans le scénario *Action mondiale sur le cycle de vie, Rigueur élevée* [*Ambition mondiale*], les besoins en investissements des systèmes de gestion des déchets dans les pays non membres de l'OCDE s'élèveraient à plus de 1 billion USD sur une durée de plus de 20 ans[2].

Compte tenu de la contribution cruciale des pays en développement à l'élimination de la pollution plastique, il est indispensable d'assurer un financement adéquat du développement, y compris potentiellement une réorientation et une augmentation de l'aide publique au développement (APD). L'APD destinée à limiter la pollution plastique a eu tendance à augmenter ces dernières années, mettant en évidence le consensus public croissant quant à la gravité du problème et à la nécessité d'agir (Encadré 7.2). À elle seule, l'APD demeure toutefois largement insuffisante par rapport aux investissements cumulés nécessaires dans toutes les régions du monde pour s'attaquer à la pollution plastique. Les nouvelles stratégies adoptées pour combler le déficit de financement et mobiliser davantage de ressources consistent à i) soutenir les initiatives visant à accroître les ressources totales disponibles pour limiter la pollution plastique dans les pays en développement, y compris celles fournies par le secteur privé ; ii) améliorer le ciblage des ressources existantes au niveau mondial et leur adéquation par rapport aux besoins et aux priorités des pays, iii) adopter les bonnes pratiques internationales et encourager l'innovation, et iv) promouvoir l'apprentissage mutuel et définir des orientations pour assurer une coopération pour le développement plus efficace (Agnelli et Tortora, 2022[5]).

Il est essentiel d'établir des flux de recettes fiables et durables pour financer la mise en œuvre de ces systèmes améliorés et élargis de gestion des déchets. À titre d'exemple, l'instauration de systèmes de REP dans les pays en développement a efficacement contribué à couvrir les coûts de la collecte sélective, du tri et du recyclage des déchets. Dans le cas des pays en développement, le secteur informel, et en particulier les ramasseurs de déchets, devraient de fait être associés à la conception et au fonctionnement des systèmes de REP.

Encadré 7.2. Évolutions récentes des flux de financement destinés à soutenir une meilleure gestion des plastiques

Les engagements financiers destinés à réduire la pollution plastique ont eu tendance à augmenter ces dernières années, mettant en évidence le consensus public croissant quant à la gravité du problème et à la nécessité d'agir. L'analyse des flux d'aide publique au développement (APD) montre qu'un montant total de 1 460 millions USD (dont 269 millions USD spécifiquement destinés à la gestion des déchets plastiques et 1 191 millions USD plus généralement à celle des déchets solides) a été mobilisé en 2022 pour soutenir la gestion des déchets plastiques et solides (Agnelli et Tortora, 2022[5]). L'APD pour la gestion des déchets plastiques et solides a certes enregistré une augmentation ininterrompue au cours de la dernière décennie (Graphique 7.5), mais elle reste insuffisante par rapport aux investissements cumulés nécessaires dans les différentes régions du monde pour s'attaquer à la pollution plastique. L'APD n'en peut pas moins jouer un rôle important dans la mobilisation d'autres sources de financement, y compris d'origine privée, pour soutenir les interventions à tous les stades de la chaîne de valeur des plastiques.

Graphique 7.5. L'aide publique au développement destinée à limiter la pollution plastique est en augmentation

Aide publique au développement (APD) pour la gestion des déchets solides et APD spécifiquement consacrée à la gestion des plastiques, 2010-2022, en millions USD (à prix constants de 2022)

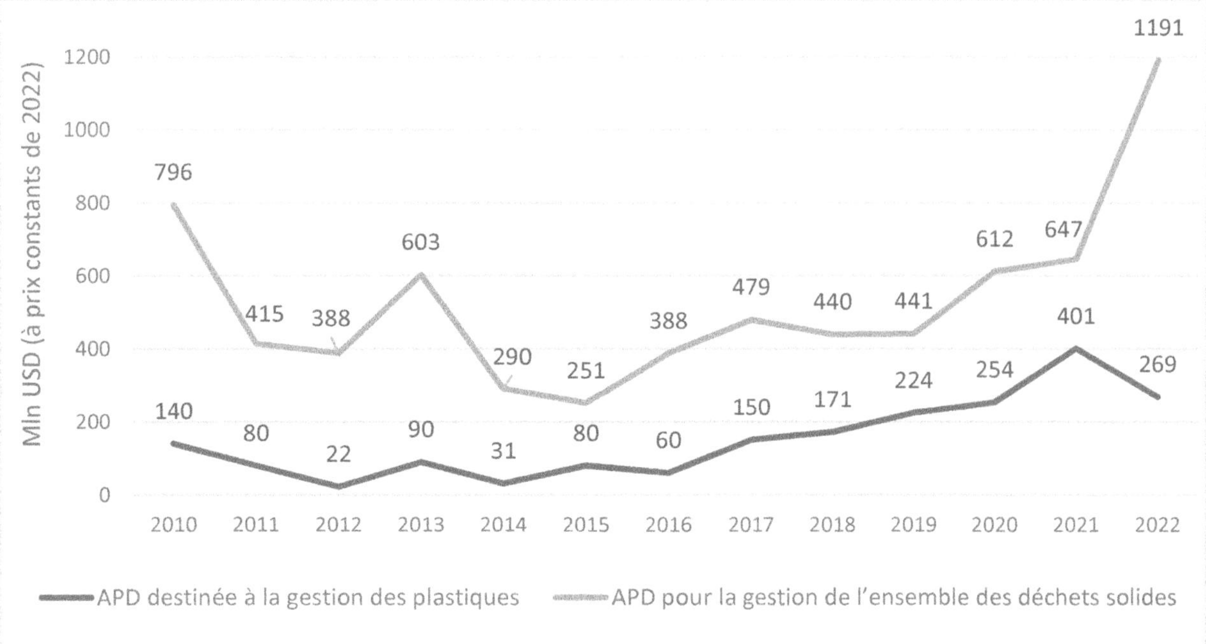

Source : (OCDE, 2024[6]).

StatLink https://stat.link/3jhcxo

Les flux de financements privés consacrés aux mesures de réduction de la pollution plastique sont également en augmentation. Entre janvier 2018 et juin 2023, environ 160 milliards USD ont été investis à l'échelle mondiale dans des « solutions de circularité des plastiques » (The Circulate Initiative, 2023[7]). Les investissements sont toutefois très inégalement répartis : près de 90 % de ces flux financiers se sont orientés vers l'Amérique du Nord et vers l'Europe, vraisemblablement parce que ces régions disposent d'un environnement plus stable et plus favorable à l'investissement dans l'économie circulaire. Les financements privés sont de même inégalement répartis entre les différentes composantes de la chaîne de valeur : le recyclage en aval bénéficie de la majeure partie des investissements – environ 85 % (soit 137 milliards USD) – tandis que les solutions en amont et en milieu de cycle, telles que les modèles de réemploi, en reçoivent une bien moindre part.

Source : (Agnelli et Tortora, 2022[5] ; The Circulate Initiative, 2023[7]).

Au-delà de la collecte et de la gestion des déchets, il est essentiel d'orienter les investissements vers l'amont et le milieu de la chaîne de valeur des plastiques afin de promouvoir des modes de consommation circulaires et d'alléger la charge supportée par les systèmes de gestion des déchets. Les stratégies pourraient notamment consister à favoriser les solutions permettant de réduire les plastiques évitables et problématiques, de promouvoir une augmentation du réemploi et de la réparation, et d'encourager l'écoconception. Une forte coopération internationale sera indispensable pour développer les capacités, faciliter le transfert de technologies et renforcer la gouvernance, ainsi que pour financer les investissements et l'innovation nécessaires dans les pays en développement, à l'aide de financements publics (nationaux et internationaux) mais aussi privés.

7.5.2. Assurer l'adéquation des flux financiers par rapport aux objectifs de l'instrument juridiquement contraignant sur la pollution plastique et étudier les possibilités de mobiliser d'autres sources de financement

Une réorientation majeure des investissements liés aux plastiques sera nécessaire partout dans le monde. Si seuls sont pris en considération les déchets et le recyclage, tant les pays de l'OCDE que ceux qui n'en sont pas membres auraient à investir plus de 1 billion USD au cours de la période 2020-2040 pour gérer les volumes de déchets plastiques prévus dans le scénario de *référence*, sur un montant total de 2.1 billions USD à l'échelle mondiale. Dans les scénarios d'action, ces besoins de financement sont plus élevés, vu que le tri et le recyclage des déchets sont plus onéreux que, par exemple, leur mise en décharge, à moins que des mesures appropriées en amont et en milieu de cycle ne réduisent suffisamment les volumes de déchets pour permettre de réorienter les activités de gestion des déchets au lieu d'en accroître l'ampleur.

En plus de développer le recyclage et de rendre possible la substitution des plastiques secondaires aux plastiques primaires, il sera également nécessaire de réorienter les investissements afin de soutenir des solutions plus en amont, dont la mise en œuvre de systèmes de réemploi pour les emballages et les produits. Il est essentiel que les flux financiers provenant de sources publiques aussi bien que privées soient à la hauteur des objectifs et des cibles de l'instrument juridiquement contraignant en cours de négociation, afin de permettre une transition profonde à toutes les étapes du cycle de vie des plastiques.

7.6. Considérations concernant les recherches futures

Un certain nombre d'aspects économiques importants de la pollution plastique n'ont pas pu être explicitement modélisés dans l'analyse. Les recherches futures pourraient compléter les éléments d'information exposés dans le présent rapport et procéder à un examen plus détaillé des points suivants :

- Une comparaison des coûts et des avantages des diverses options envisageables dans le cadre des leviers d'action (par exemple, le recours à la réglementation ou au contraire à des taxes pour limiter la demande de plastiques), ainsi que dans des contextes particuliers. Les gouvernements peuvent faire face à des problèmes d'économie budgétaire ou à d'autres contraintes concernant l'utilisation de certains instruments d'action, ou avoir une préférence pour certains d'entre eux. L'examen des conséquences économiques des différents instruments d'action qui visent à atteindre les mêmes objectifs (dans chaque levier) pourrait permettre de tirer de nouveaux enseignements sur les coûts et les avantages qui leur sont associés, ainsi que sur les arbitrages qu'ils pourraient impliquer.
- Une analyse des conséquences sectorielles des mesures mises en œuvre dans les différents scénarios, ainsi que des moteurs du changement des structures économiques des économies des différentes régions. Certains secteurs, tels que les véhicules automobiles et les textiles, subissent plus durement que les autres les effets des politiques relatives aux plastiques. Étant donné que les secteurs les plus touchés font partie intégrante des chaînes de valeur mondiales et sont exposés à des degrés divers à la concurrence internationale, les facteurs nationaux et internationaux à l'origine de ces conséquences sectorielles pourraient donner lieu à une étude plus approfondie.
- Une évaluation des coûts et des avantages des mesures axées sur les rejets de microplastiques. Comme indiqué à la section 7.4, les pouvoirs publics devront prendre des mesures spécifiques pour lutter contre les rejets de microplastiques dans l'environnement, ce qui exige à son tour de plus amples recherches sur l'efficacité-coût des différentes options de réduction.
- Une évaluation des coûts et des avantages des mesures encourageant le recours aux solutions de remplacement et aux produits de substitution des plastiques. Une bonne part de l'élimination de la pollution plastique proviendra d'une utilisation accrue des solutions de remplacement et des produits de substitution. L'on ne sait cependant pas toujours avec certitude quels seraient les coûts du remplacement des plastiques par d'autres matériaux, ni s'il impliquerait des corrélations négatives entre différents enjeux environnementaux (et donc s'il offrirait des avantages nets du point de vue de l'environnement).
- L'intégration des politiques de gestion des plastiques dans le cadre plus large des politiques environnementales destinées à faire face à la triple crise du climat, de la pollution et de la biodiversité. L'ensemble de mesures du scénario Action mondiale sur le cycle de vie, Rigueur élevée [Ambition mondiale] assurerait une stabilisation des émissions de gaz à effet de serre (GES) à leurs niveaux de 2020, mais l'intégration de ces mesures avec les politiques d'atténuation du changement climatique permettrait assurément de plus grandes réductions des émissions. De même, l'intégration des politiques de gestion des plastiques avec les autres politiques environnementales pourrait créer des synergies et mettre en lumière les éventuelles corrélations négatives.
- Une évaluation des coûts et des avantages de l'élimination des plastiques déjà rejetés dans l'environnement. On suppose généralement que les mesures correctrices sont plus onéreuses que celles visant à éviter les rejets de plastiques, surtout lorsque ces plastiques ont déjà abouti dans les cours d'eau et les océans. On ne dispose toutefois d'aucune analyse exhaustive des coûts et des avantages des mesures correctrices, prenant notamment en considération les différents milieux de l'environnement et le recours à différents types d'interventions (comme les opérations de nettoyage citoyen ou la mise en œuvre de technologies de dépollution).

- Une évaluation des coûts sociaux de la pollution plastique et des conséquences distributives de l'inaction pour les différentes catégories de ménages. La pollution plastique pourrait toucher de manière disproportionnée les ménages défavorisés, par exemple ceux vivant de la pêche artisanale dans les petits États insulaires en développement. Par ailleurs, l'augmentation des coûts des produits liée aux mesures en amont pourrait affecter à divers degrés le pouvoir d'achat des différentes catégories de ménages. Ces effets pourraient justifier des mesures d'accompagnement dont la mise en œuvre efficace exigera un chiffrage des conséquences.
- Le rôle des changements de comportement dans l'élimination de la pollution plastique. Les ménages jouent un rôle central dans la réduction de la demande de plastiques, que ce soit de manière directe (par exemple dans le cas des emballages pour les ventes en ligne) ou indirecte à travers les plastiques incorporés dans les produits de consommation (comme les fibres synthétiques présentes dans les articles d'habillement). Les ménages peuvent également contribuer à améliorer les taux de recyclage et à pousser l'industrie à accroître la circularité de leur utilisation de plastiques.
- Une analyse plus différenciée des conséquences économiques des mesures ciblant certains polymères et certaines applications dans des régions spécifiques, en mettant l'accent sur les plastiques les plus préjudiciables (c'est-à-dire ceux dont la probabilité de finir dans l'environnement est particulièrement élevée ou qui contiennent des produits chimiques préoccupants). Les ensembles de mesures modélisés dans le présent rapport sont nécessairement assez rudimentaires et ne permettent qu'une analyse globale. Une analyse plus poussée de certains polymères et de certaines applications des plastiques pourrait mettre en lumière quelles sont les possibilités dont disposent les gouvernements pour éviter les plus importantes sources de pollution plastique.
- Une évaluation du soutien public à la production et à la consommation de plastiques primaires, entre autres les subventions aux énergies fossiles. Les politiques d'internalisation des externalités de la production et de la consommation de plastiques examinées dans le présent rapport risquent d'être sapées par un soutien implicite ou explicite à la production de plastiques primaires, de la même manière que la subvention des énergies fossiles compromet les objectifs d'atténuation du changement climatique. Un inventaire des actuelles mesures de soutien aux plastiques primaires et une analyse plus poussée des conséquences de leur réforme pourraient également contribuer à tracer une trajectoire d'élimination de la pollution plastique offrant un bon rapport efficacité-coût.

Bien que ces questions doivent faire l'objet de recherches futures, le présent rapport trace un chemin clair vers l'élimination de la pollution plastique à l'horizon 2040, grâce à la disparition quasi totale des rejets de macroplastiques dans l'environnement et à une stabilisation des émissions de GES à leurs niveaux de 2020. Une trajectoire efficace conjugue des actions coordonnées à l'échelle mondiale pour limiter la production et la demande, encourager la conception pour la circularité, augmenter le recyclage et fermer les voies de rejet. L'ambition est immense et des défis de taille devront être surmontés, mais une approche mondiale équilibrée couvrant l'ensemble du cycle de vie des plastiques peut offrir d'importants avantages environnementaux tout en imposant des coûts économiques moins élevés que les autres scénarios moins ambitieux présentés dans ce rapport.

Références

Agnelli, A. et P. Tortora (2022), « The role of development co-operation in tackling plastic pollution : Key trends, instruments, and opportunities to scale up action », *OECD Environment Working Papers*, n° 207, Éditions OCDE, Paris, https://doi.org/10.1787/721355cb-en. [5]

Falk-Andersson, J. et al. (2023), « Cleaning Up without Messing Up: Maximizing the Benefits of Plastic Clean-Up Technologies through New Regulatory Approaches », *Environmental Science & Technology*, vol. 57/36, pp. 13304-13312, https://doi.org/10.1021/acs.est.3c01885. [4]

Landrigan et al. (2023), « The Minderoo-Monaco Commission on Plastics and Human Health », *Ann.als of Global Health*, vol. 89 (1)/23, https://doi.org/10.5334/aogh.4056. [2]

OCDE (2024), *Sustainable Ocean for All Initiative: Data Platform on Development Finance for the Sustainable Ocean Economy*, https://oecd-main.shinyapps.io/ocean/ (consulté le 6 août 2024). [6]

OCDE (2023), *Perspectives mondiales des plastiques : Scénarios d'action à l'horizon 2060*, Éditions OCDE, Paris, https://doi.org/10.1787/c5abcbb1-fr. [3]

Raubenheimer, K. et N. Urho (2024), *Global criteria to address problematic, unnecessary and avoidable plastic products*, https://doi.org/10.6027/temanord2024-508. [1]

The Circulate Initiative (2023), *Key findings from the global edition of the Plastics Circularity Investment Tracker*, https://www.thecirculateinitiative.org/_files/ugd/77554d_cf7f3eb1f4d1460baffbde23dc0f5db4.pdf?index=true. [7]

Notes

[1] Du fait des préoccupations quant à la faisabilité et aux répercussions environnementales du recyclage chimique, l'analyse des scénarios part du postulat que les technologies de recyclage mécanique constituent le principal type de technologies de recyclage mises en œuvre par les pays.

[2] Il convient toutefois de souligner que ces besoins en investissements ne prennent actuellement en considération que les interventions en aval du cycle de vie des plastiques et ne tiennent notamment pas compte des investissements nécessaires pour permettre la mise en œuvre de mesures ambitieuses en amont et en milieu de cycle, promouvant par exemple le réemploi, l'écoconception et le recours à des matériaux de substitution.

Annexe A. Cadre de modélisation

Cette annexe fournit de plus amples précisions sur le cadre méthodologique employé pour obtenir les estimations et les projections de l'utilisation de matières plastiques, de la production de déchets et des effets sur l'environnement présentées dans le rapport. Ces estimations et projections ont été établies selon la méthodologie utilisée dans les Perspectives mondiales des plastiques publiées par l'OCDE (2023[1] ; 2023[2]).

Le modèle ENV-LINKAGES

ENV-Linkages, le modèle d'équilibre général calculable (EGC) dynamique interne de l'OCDE, sert de base à la projection des activités économiques à l'origine de l'utilisation de plastiques. Il s'agit d'un modèle multisectoriel et multirégional qui établit un lien entre les activités économiques et les aspects énergétiques et environnementaux. Château, Dellink et Lanzi (2014[3]) offrent une description plus poussée du modèle. Les agrégations sectorielle et régionale du modèle utilisées dans les simulations sont indiquées au Tableau A A.1 et au Tableau A A.2 2 respectivement.

Tableau A A.1. Agrégation sectorielle du modèle ENV-Linkages

Agriculture, pêche et sylviculture	Industries manufacturières
Riz paddy	Produits alimentaires
Blé et méteil	Textiles
Autres céréales	Produits du bois
Légumes et fruits	Produits chimiques
Oléagineux	Produits pharmaceutiques de base
Canne à sucre et betterave sucrière	Produits en caoutchouc et en matière plastique primaires
Plantes à fibres	Produits en matière plastique secondaire
Autres cultures	Pâtes, papiers et produits de l'édition
Bétail et lait cru	Minéraux non métalliques
Autres produits d'origine animale	Produits métalliques ouvrés
Pêche	Électronique
Sylviculture	Équipement électrique
	Véhicules automobiles
Industries non manufacturières	Autre matériel de transport
Extraction de charbon	Autres machines et outillage
Extraction de pétrole brut	Autres activités manufacturières, recyclage inclus
Extraction de gaz naturel	Sidérurgie
Autres activités extractives	Métaux non ferreux
Produits du pétrole et du charbon	**Services**
Distribution de gaz	Transport terrestre
Captage et distribution d'eau	Transport aérien
Construction	Transport par voie navigable
Transport et distribution d'électricité	Assurances
Production d'électricité (8 technologies)	Services marchands
Production d'électricité : nucléaire ; hydroélectrique (et géothermique) ; solaire ; éolienne ; issue de centrales au charbon ; issue de centrales au gaz ; issue de centrales au pétrole ; autre (combustibles renouvelables, déchets, etc.).	Autres services aux entreprises
	Activités immobilières
	Activités d'hébergement et de restauration
	Administration publique et défense
	Éducation
	Santé et action sociale

Tableau A A.2. Agrégation régionale du modèle ENV-Linkages

Macrorégions	Pays et régions du modèle ENV-Linkages	Principaux pays et territoires inclus
OCDE	Canada	Canada
	États-Unis	États-Unis d'Amérique
	Amérique latine (ALC) OCDE	Chili, Colombie, Costa Rica, Mexique
	UE OCDE	Allemagne, Autriche, Belgique, Danemark, Espagne, Estonie, Finlande, France, Grèce, Hongrie, Irlande, Italie, Lettonie, Lituanie, Luxembourg, Pays-Bas, Pologne, Portugal, République slovaque, Slovénie, Suède, Tchéquie
	Australie et Nouvelle-Zélande	Australie, Nouvelle-Zélande
	Japon et Corée	Corée, Japon
	Reste de l'OCDE	Islande, Israël, Norvège, Royaume-Uni, Suisse, Türkiye
Hors OCDE	Reste de l'Amérique latine (ALC)	Pays d'Amérique latine et des Caraïbes non membres de l'OCDE
	UE hors OCDE	Bulgarie, Chypre, Croatie, Malte, Roumanie
	Eurasie	Pays européens et de la région caspienne non membres de l'OCDE, y compris la Fédération de Russie
	Moyen-Orient et Afrique du Nord (MENA)	Algérie, Arabie saoudite, Bahreïn, Égypte, Émirats arabes unis, Iraq, Koweït, Liban, Libye, Maroc, Oman, Qatar, République arabe syrienne, République islamique d'Iran, Sahara occidental, Tunisie, Yémen
	Afrique subsaharienne	Afrique subsaharienne
	Chine	République populaire de Chine, Hong Kong (Chine)
	Inde	Inde
	Reste de l'Asie-Pacifique	Autres pays d'Asie et du Pacifique non membres de l'OCDE

Dans le modèle ENV-Linkages, la production s'inscrit par hypothèse dans un contexte de réduction au minimum des coûts, de marchés parfaits et de technologies à rendements d'échelle constants. La technologie de production est spécifiée sous la forme de fonctions de production imbriquées à élasticité de substitution constante (CES) s'inscrivant dans une hiérarchie ramifiée. Cette structure est reproduite pour chaque extrant, bien que le paramétrage des fonctions CES puisse différer selon les secteurs. Dans ce modèle, les technologies font l'objet d'une spécification *putty/semi-putty*, ce qui signifie que les possibilités de substitution entre les facteurs sont censées être plus fortes avec le nouveau capital qu'avec l'ancien. À court terme, cela confère une inertie au système économique, avec peu de possibilités de substitution des intrants les plus onéreux, mais permet à plus longue échéance un ajustement relativement souple des quantités aux variations de prix. L'accumulation de capital est modélisée comme dans le modèle traditionnel de croissance économique de type néo-classique établi par Solow/Swan, où la croissance économique est censée être le fruit d'une combinaison de travail, d'accumulation de capital et de progrès technique.

La demande de consommation des ménages est le résultat d'un comportement de maximisation statique formalisé au moyen d'un « système linéaire de dépenses étendu ». Un consommateur représentatif de chaque région – qui considère les prix comme donnés – répartit de manière optimale son revenu disponible sur tout l'éventail des produits de consommation et d'épargne. L'épargne est considérée comme un bien ordinaire dans la fonction d'utilité et ne dépend donc pas de l'adoption d'un comportement prospectif par le consommateur. Dans chaque région, les administrations perçoivent différents types d'impôts pour financer les dépenses publiques. Dans l'hypothèse d'une épargne publique (ou d'un déficit public) fixe, le budget de l'État est équilibré par ajustement de l'impôt sur le revenu auquel les consommateurs sont assujettis. À chaque période, l'investissement, net de l'amortissement économique, est égal à la somme de l'épargne publique, de l'épargne des consommateurs et des flux nets de capitaux en provenance de l'étranger.

Les échanges internationaux se composent d'un ensemble de flux bilatéraux régionaux. Le modèle adopte la spécification d'Armington et suppose que les produits nationaux et les produits importés ne sont pas parfaitement substituables. En outre, les produits importés de régions différentes sont aussi imparfaitement substituables. La répartition des échanges entre les différents partenaires est donc fonction des prix relatifs à l'équilibre.

L'équilibre des marchés suppose que, d'une part, la production totale de tout bien ou service soit égale à la demande auprès des producteurs locaux, augmentée des exportations, et que, d'autre part, la demande totale soit répartie entre les demandes (finale et intermédiaire) adressées aux producteurs locaux et la demande d'importations.

Le modèle ENV-Linkages est totalement homogène du point de vue des prix et seuls comptent les prix relatifs. Tous les prix sont exprimés dans l'unité de compte du système de prix qui a été arbitrairement choisie : l'indice OCDE des prix à l'exportation des produits manufacturés. Chaque région dispose d'une balance des opérations courantes établie dans cette unité de compte.

ENV-Linkages étant un modèle récursif dynamique qui n'intègre pas de comportement prospectif, les variations des modes d'innovation induites par les prix ne s'y trouvent pas représentées. En revanche, le modèle tient compte du progrès technologique par le biais d'un ajustement annuel des différents paramètres de productivité, y compris, par exemple, l'amélioration autonome de l'efficacité énergétique et de la productivité du travail. En outre, vu que le choix des intrants est relativement plus flexible dans le cas de la production réalisée avec du nouveau capital, les technologies existantes peuvent se propager à d'autres entreprises. En conséquence, dans le cadre de modélisation EGC, les entreprises choisissent la combinaison d'intrants la moins coûteuse compte tenu de l'état actuel de la technologie. La différenciation du capital en fonction de son ancienneté permet que cette flexibilité soit plus grande à long terme qu'à brève échéance.

Estimations et projections de l'utilisation de matières plastiques, de la production de déchets plastiques et du devenir des plastiques en fin de vie

Le modèle ENV-Linkages a été élargi afin d'intégrer la production et l'utilisation de plastiques primaires et secondaires (recyclés). Les données relatives à la production et à l'utilisation de matières plastiques sont exprimées en millions de tonnes métriques (Mt), et l'utilisation de plastiques est ventilée par région, par polymère et par application. Le Graphique A A.1 présente les estimations de l'utilisation de plastiques par polymère et par application en 2020. Les estimations de la production de déchets et du devenir des plastiques en fin de vie sont établies sur la base des durées de vie selon les applications et des pourcentages de plastiques en fin de vie dans les différents pays. De plus amples informations sur les sources de données utilisées pour estimer les flux de plastiques, depuis la production jusqu'à l'élimination et la mauvaise gestion, sont fournies par (OCDE, 2023[1]).

Graphique A A.1. Polymères et applications des plastiques pris en considération dans le cadre de modélisation

Pourcentages d'utilisation des polymères par application, à l'échelle mondiale, 2020

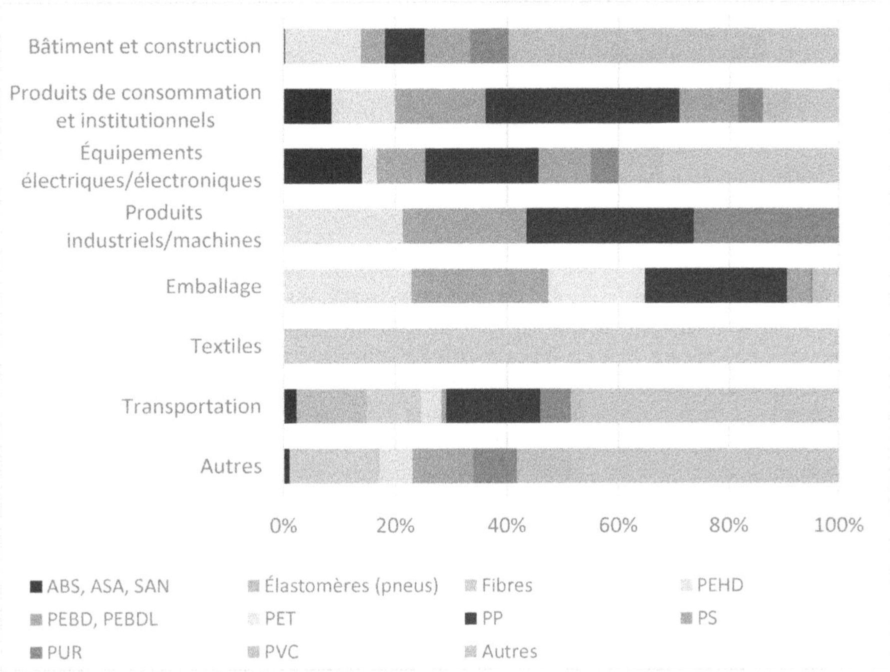

Source : modèle ENV-Linkages de l'OCDE.

Estimations et projections des rejets de plastiques dans les milieux aquatiques

Les projections des rejets de déchets plastiques dans les milieux aquatiques ont été établies par L. Lebreton (2024[4]) selon une méthodologie fondée sur l'estimation du volume de déchets plastiques aboutissant dans les milieux aquatiques (par région). Comme exposé plus en détail dans (OCDE, 2023[2]), cette méthodologie s'appuie sur les résultats d'une étude antérieure de Borrelle et al. (2020[5]) qui estimait les rejets de déchets plastiques mal gérés dans les cours d'eau, les lacs et les océans à l'échelle mondiale. Le modèle calcule la probabilité que des rejets de plastiques (issus des déchets plastiques mal gérés produits dans une certaine région ou un certain pays) finissent dans un milieu aquatique (cours d'eau, lac, ou océan).

Le modèle évalue également la mobilité des plastiques dans les milieux aquatiques, ainsi que leur dégradation. Le modèle du budget massique des plastiques dans l'ensemble des océans présenté par (Lebreton et Andrady, 2019[6]) est étendu à une représentation simplifiée du milieu aquatique mondial. Le modèle distingue les apports annuels dans les eaux douces et dans les océans, ce qui permet que les déchets plastiques flottants passent d'un compartiment à l'autre au fil du temps. Le modèle distingue par ailleurs les apports selon les types de polymères en s'appuyant sur les estimations du modèle ENV-Linkages de l'OCDE et sur les projections des volumes de déchets présentées dans ce rapport. Le destin probable des plastiques rejetés est déterminé en fonction de leur densité. Les taux de dégradation sont par ailleurs variables selon les polymères, d'après les résultats en laboratoire (Gerritse et al., 2020[7]). Le cadre du modèle général est présenté au Graphique A A.2. La méthodologie est exposée plus en détail dans (OCDE, 2023[2]).

Graphique A A.2. Modèle de bilan massique des plastiques dans les milieux aquatiques à l'échelle mondiale

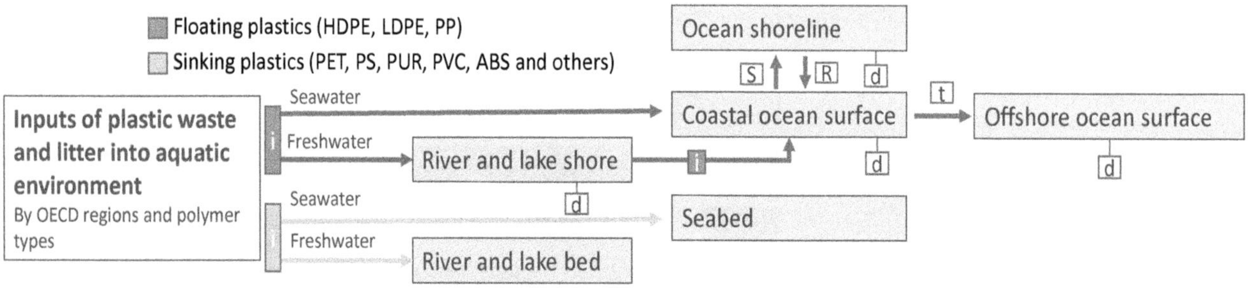

Note : les apports de masse par région modélisée, ventilés par type de polymères, sont cumulés de 1951 jusqu'à 2060 dans la modélisation du destin des plastiques. Les plastiques d'une densité supérieure à celle de l'eau coulent et s'accumulent au fond des cours d'eau, des lacs et des mers. Les plastiques flottants (d'une densité inférieure à celle de l'eau) sont transportés entre les différents compartiments des milieux aquatiques et se dégradent en microplastiques au fil du temps sous l'effet du contact avec la lumière du soleil. Le paramètre régional « i » correspond au rapport entre les plastiques qui restent dans les eaux douces et ceux qui pénètrent dans le milieu marin. Les paramètres « s » et « r » représentent respectivement la fraction qui s'échoue sur les rivages à l'échelle mondiale et celle qui s'en trouve libérée. Le paramètre « t » correspond à la fraction des plastiques flottants entraînés des eaux côtières vers celles du large. Pour finir, « d » est la fraction de la masse qui se dégrade en microplastiques au cours de chaque année, laquelle est variable selon le type de polymères.
Source : (OCDE, 2023[2]).

Estimations et projections des émissions de gaz à effet de serre liées aux plastiques

La méthodologie et les paramètres employés pour établir les projections de la contribution du cycle de vie des plastiques aux émissions de GES à l'échelle mondiale sont décrits en détail dans (OCDE, 2023[2]). Les émissions de GES liées aux plastiques sont calibrées sur la base des facteurs d'émission de l'année 2015 tirés de Zheng et Suh (2019[8]), ajustés au fil du temps comme décrit dans (OCDE, 2023[2]). Seules sont quantifiées les émissions de GES découlant de la production et de la conversion, du recyclage, de la mise en décharge et de l'incinération. Les émissions de GES attribuables aux autres stades du cycle de vie des plastiques, telles que celles entraînées par le brûlage à ciel ouvert des déchets, plastiques, ou celles liées aux rejets de plastiques dans l'environnement, ne sont pas estimées faute de données suffisantes.

Références

Borrelle, S. et al. (2020), « Predicted growth in plastic waste exceeds efforts to mitigate plastic pollution », *Science*, vol. 369/6510, pp. 1515-1518, https://doi.org/10.1126/science.aba3656. [5]

Château, J., R. Dellink et E. Lanzi (2014), « An Overview of the OECD ENV-Linkages Model : Version 3 », *OECD Environment Working Papers*, n° 65, Éditions OCDE, Paris, https://doi.org/10.1787/5jz2qck2b2vd-en. [3]

Gerritse, J. et al. (2020), « Fragmentation of plastic objects in a laboratory seawater microcosm », *Scientific Reports*, vol. 10/1, p. 10945, https://doi.org/10.1038/s41598-020-67927-1. [7]

Lebreton, L. (2024), *Quantitative analysis of aquatic leakage for multiple scenarios based on ENV-Linkages*, non publié. [4]

Lebreton, L. et A. Andrady (2019), « Future scenarios of global plastic waste generation and disposal », *Palgrave Communications*, vol. 5/1, p. 6, https://doi.org/10.1057/s41599-018-0212-7. [6]

OCDE (2023), *Perspectives mondiales des plastiques : Déterminants économiques, répercussions environnementales et possibilités d'action*, Éditions OCDE, Paris, https://doi.org/10.1787/5c7bba57-fr. [1]

OCDE (2023), *Perspectives mondiales des plastiques : Scénarios d'action à l'horizon 2060*, Éditions OCDE, Paris, https://doi.org/10.1787/c5abcbb1-fr. [2]

Zheng, J. et S. Suh (2019), « Strategies to reduce the global carbon footprint of plastics », *Nature Climate Change*, vol. 9/5, pp. 374-378, https://doi.org/10.1038/s41558-019-0459-z. [8]

Annexe B. Détails sur les scénarios d'action

Cette annexe fournit des détails sur la méthodologie employée pour élaborer l'analyse des scénarios d'action axés sur la réduction des rejets de plastiques dans l'environnement à l'horizon 2040. Le rapport quantifie les avantages environnementaux et les conséquences macroéconomiques des différents scénarios d'action, en mettant en lumière leurs répercussions sur le PIB, ainsi que les besoins de financement selon les régions. L'analyse adopte une approche mondiale, mais distingue 15 régions mondiales en fonction des caractéristiques de leurs économies et de leurs systèmes de gestion des déchets.

Leviers d'action

Tous les scénarios sont établis sur la base de dix instruments d'action répartis entre les quatre leviers d'action ci-après :

1. **Limiter la production et la demande** : faire baisser la production et la demande, en prenant des mesures pour éviter la production et l'utilisation des plastiques problématiques et superflus, promouvoir un allongement de la durée de vie des produits, encourager le réemploi des produits et favoriser un déplacement de la demande vers les services de réparation. La maîtrise de la production de plastiques vierges, par exemple de certains polymères, pourrait également constituer une bonne stratégie pour réduire les répercussions environnementales liées aux stades amont du cycle de vie des plastiques, ainsi que pour limiter l'utilisation de plastiques et pour ralentir le flux des plastiques au sein de l'économie.
2. **Encourager la conception pour la circularité** : accroître la circularité des processus de production, en évitant par exemple l'utilisation des matières problématiques et des produits chimiques dangereux, en favorisant le réemploi ou en établissant des normes de produits pour renforcer la réparabilité et la substitution des plastiques (lorsqu'elle présente des avantages sur le plan de l'environnement).
3. **Augmenter le recyclage** : boucler la boucle des matières en améliorant la collecte sélective, le tri et le recyclage des déchets plastiques.
4. **Fermer les voies de rejet** : réduire les pertes de plastiques dans l'environnement, grâce notamment à une collecte et une élimination efficaces des déchets, ainsi qu'à une amélioration du ramassage des déchets sauvages et du balayage des rues par les services des communes.

Description des scénarios

Outre le scénario de *référence,* cinq scénarios fondamentaux sont modélisés dans le présent rapport.

Scénarios d'ambition partielle

- Le scénario ***Action mondiale en aval, Rigueur élevée*** reflète une issue possible des négociations d'un traité axé sur des cibles et des approches relatives à la gestion des déchets (c'est-à-dire sur le levier 3, portant sur l'augmentation du recyclage, et sur le levier 4, qui a trait à la fermeture des voies de rejet). Il prévoit des mesures rigoureuses pour améliorer la collecte, le tri et le recyclage des déchets, ainsi que le ramassage des déchets sauvages et le nettoyage des dépôts sauvages par les services des communes. Les mesures destinées à limiter la production et la demande et à encourager la conception pour la circularité se limitent aux dispositions déjà en vigueur (en d'autres termes, aucune action supplémentaire n'est prise concernant les leviers 1 et 2).

- Le scénario ***Action des économies avancées sur le cycle de vie, Rigueur élevée*** modélise une situation où, en l'absence de cibles mondiales définies d'un commun accord, seuls certains pays adoptent des mesures plus rigoureuses sur l'ensemble du cycle de vie des plastiques. Plus particulièrement, un groupe d'économies avancées (correspondant approximativement aux pays membres de l'OCDE et de l'Union européenne) mettent en œuvre des mesures très rigoureuses dans l'ensemble des quatre leviers d'action, tandis que les autres pays ne vont pas au-delà des améliorations déjà prévues dans le scénario de *référence*.
- Le scénario ***Action mondiale sur le cycle de vie, Rigueur faible*** reflète une issue possible des négociations d'un traité couvrant largement le cycle de vie des plastiques, mais prévoyant des mesures d'une rigueur faible. Ce scénario modélise une action publique additionnelle, mais plus progressive et d'une rigueur faible dans tous les pays et pour l'ensemble des quatre leviers.

Scénarios d'ambition élevée

- Le scénario ***Action mondiale sur le cycle de vie, Rigueur variable*** combine les trois scénarios précédemment décrits. Il reflète l'issue d'un traité caractérisé par une harmonisation modérée du degré de couverture du cycle de vie par les mesures mises en œuvre dans les différents pays. Dans ce scénario, les pays sont convenus d'agir selon les trois axes définis dans les scénarios d'ambition partielle précédemment décrits, mais sans aller plus loin. Les économies avancées appliquent des mesures très rigoureuses à toutes les étapes du cycle de vie (conformément au scénario *Action des économies avancées sur le cycle de vie, Rigueur élevée*), tandis que les autres pays mettent en œuvre une action très rigoureuse pour les leviers 3 et 4 (conformément au scénario *Action mondiale en aval, Rigueur élevée*), mais d'une rigueur faible pour les leviers 1 et 2 (conformément au scénario *Action mondiale sur le cycle de vie, Rigueur faible*).
- Le scénario ***Action mondiale sur le cycle de vie, Rigueur élevée*** [*Ambition mondiale*] modélise une approche globale et coordonnée impliquant une intensification à l'échelle mondiale des interventions des pouvoirs publics sur l'ensemble du cycle de vie des plastiques, conformément à l'objectif commun d'éliminer la pollution plastique à l'horizon 2040. Dans ce modèle, cela se traduit par un objectif plus restreint consistant à réduire la mauvaise gestion des déchets plastiques et à mettre fin aux rejets de macroplastiques à l'horizon 2040[1]. Par rapport au scénario *Action mondiale sur le cycle de vie, Rigueur variable*, des mesures plus rigoureuses en amont et en milieu de cycle seront mises en œuvre dans les pays non membres de l'OCDE ou de l'UE, qui aligneront par conséquent leur degré d'ambition dans les quatre leviers d'action sur celui des économies avancées.

Spécification des instruments d'action pour les scénarios d'ambition partielle

Levier	Instrument d'action	***Action mondiale en aval, Rigueur élevée***	***Action des économies avancées sur le cycle de vie, Rigueur élevée***	***Action mondiale sur le cycle de vie, Rigueur faible***
Limiter la production et la demande	Taxe sur les emballages en plastique	Aucune	*OCDE, UE* : 1 000 USD/tonne à l'horizon 2030, doublement à l'horizon 2040. *Reste du monde* : aucune.	*UE* : 1 000 USD/tonne à l'horizon 2030, constante par la suite. *Reste de l'OCDE* : 1 000 USD/tonne à l'horizon 2040. *Hors OCDE* : 1 000 USD/tonne à l'horizon 2060.
	Taxe sur les plastiques hors emballages	Aucune	*OCDE, UE* : 750 USD/tonne à l'horizon 2030, doublement à l'horizon 2040. *Reste du monde* : aucune.	*OCDE* : 750 USD/tonne à l'horizon 2040. *Hors OCDE* : 750 USD/tonne à l'horizon 2060.
Encourager la conception pour la circularité	Écoconception pour la durabilité et la réparation	Aucune	*OCDE, UE* : allongement de 15 % de la durée de vie à l'horizon 2040 ; diminution de 10 à 20 % de la demande de biens durables à l'horizon 2030, niveau constant par la suite ; augmentation de la demande de services de réparation de sorte que les dépenses totales *ex ante* demeurent inchangées. *Reste du monde* : allongement de 15 % de la durée de vie à l'horizon 2040.	*Niveau mondial* : allongement de 10 % de la durée de vie à l'horizon 2040, diminution de 5 à 10 % de la demande de biens durables à l'horizon 2040, augmentation de la demande de services de réparation de sorte que les dépenses totales *ex ante* demeurent inchangées.
	Interdiction de certains plastiques à usage unique	Aucune	*OCDE, UE* : élimination progressive du PP pour certains produits de consommation à l'horizon 2030. *Reste du monde* : aucune.	Aucune
	Substitution des plastiques	Aucune	*OCDE, UE* : réduction de 17 % de l'utilisation de plastiques dans la production à l'horizon 2030 et augmentation correspondante de l'utilisation d'autres intrants, niveau constant par la suite. *Reste du monde* : aucune.	*Niveau mondial* : réduction de 8.5 % de l'utilisation de plastiques dans la production et augmentation correspondante de l'utilisation d'autres intrants, niveau constant par la suite.
Augmenter le recyclage	Objectif de contenu recyclé	*Niveau mondial* : objectif de 30 % de contenu recyclé à l'horizon 2040.	*OCDE, UE* : objectif de 30 % de contenu recyclé à l'horizon 2040. *Reste du monde* : aucune.	*OCDE* : objectif de 40 % de contenu recyclé. *Hors OCDE* : objectif de 20 % de contenu recyclé.
	REP pour les emballages, l'électronique, l'automobile et la confection	Aucune	*OCDE, UE* : taxe sur les intrants plastiques de 300 USD/tonne à l'horizon 2030, niveau constant par la suite ; augmentation du recyclage de 30 points de pourcentage à l'horizon 2040 ; octroi de subventions au secteur des déchets en garantissant la neutralité budgétaire de cet instrument. *Reste du monde* : aucune.	*OCDE + UE* : augmentation du recyclage de 30 points de %, taxe sur les intrants plastiques – 300 USD/tonne à l'horizon 2030, niveau constant par la suite, octroi de subventions au secteur des déchets en garantissant la neutralité budgétaire de cet instrument. *Reste hors OCDE* ; aucune.
	Augmentation du recyclage dans la gestion des déchets	*UE, Japon et Corée* : objectif de taux de recyclage de 60 % à l'horizon 2030, 80 % à l'horizon 2060.	*UE, Japon et Corée* : objectif de taux de recyclage de 60 % à l'horizon 2030, 80 % à l'horizon 2060. *Reste de l'OCDE* : objectif de taux de recyclage de 60 % à l'horizon 2040.	*UE, Japon et Corée* : objectif de taux de recyclage de 60 % à l'horizon 2030, 70 % à l'horizon 2060. *Reste de l'OCDE, Chine* : objectif de taux de recyclage de 60 % à l'horizon 2060.

		Reste de l'OCDE, Chine : objectif de taux de recyclage de 60 % à l'horizon 2040. *Reste hors OCDE* : objectif de taux de recyclage de 45 % à l'horizon 2040.	*Reste hors OCDE* ; aucune.	*Reste hors OCDE* : objectif de taux de recyclage de 40 % à l'horizon 2060.
	Amélioration de la collecte des déchets plastiques	*Niveau mondial* : taux de réduction des pourcentages de déchets mal gérés à l'horizon 2040 conforme au scénario *Action mondiale sur le cycle de vie, Rigueur élevée*.	*OCDE, UE* : réduction totale des pourcentages de déchets mal gérés. *Reste hors OCDE* ; aucune.	*OCDE* : réduction totale des pourcentages de déchets mal gérés. *Hors OCDE* : réduction de moitié des pourcentages de déchets mal gérés.
Fermer les voies de rejet	Amélioration de la collecte des déchets sauvages	*Pays à revenu élevé :* augmentation des taux de collecte de 5 points de pourcentage à l'horizon 2040. *Pays à revenu intermédiaire* : augmentation en fonction du revenu (proportionnelle entre les taux des pays à revenu élevé et à faible revenu, respectivement). *Pays à faible revenu :* augmentation des taux de collecte de 10 points de pourcentage à l'horizon 2040.	*Pays de l'OCDE et de l'UE à revenu élevé :* augmentation des taux de collecte de 5 points de pourcentage à l'horizon 2040. *Pays de l'OCDE et de l'UE à revenu intermédiaire* : augmentation en fonction du revenu (proportionnelle entre les taux des pays à revenu élevé et à faible revenu, respectivement). *Reste hors OCDE* ; aucune.	*Pays à revenu élevé :* augmentation des taux de collecte de 5 points de %. *Pays à revenu intermédiaire* : augmentation en fonction du revenu (proportionnelle entre les taux des pays à revenu élevé et à faible revenu, respectivement). *Pays à faible revenu* : aucune.

Note : le degré de rigueur des instruments d'action assortis d'une date cible est établi par interpolation linéaire entre 2023 et la date cible.

Spécification des instruments d'action pour les scénarios d'ambition élevée

Levier	Instrument d'action	***Action mondiale sur le cycle de vie, Rigueur variable***	***Action mondiale sur le cycle de vie, Rigueur élevée*** *[Ambition mondiale]*
Limiter la production et la demande	Taxe sur les emballages en plastique	*OCDE, UE* : 1 000 USD/tonne à l'horizon 2030, doublement à l'horizon 2040. *Reste du monde* : 1 000 USD/tonne à l'horizon 2060.	*Niveau mondial* : 1 000 USD/tonne à l'horizon 2030, doublement à l'horizon 2040.
	Taxe sur les plastiques hors emballages	*OCDE, UE* : 750 USD/tonne à l'horizon 2030, doublement à l'horizon 2040. *Reste du monde* : 750 USD/tonne à l'horizon 2060.	*Niveau mondial* : 750 USD/tonne à l'horizon 2030, doublement à l'horizon 2040.
Encourager la conception pour la circularité	Écoconception pour la durabilité et la réparation	*Niveau mondial* : allongement de 15 % de la durée de vie à l'horizon 2030, niveau constant par la suite. *OCDE, UE* : diminution de 10 à 20 % de la demande de biens durables à l'horizon 2030, niveau constant par la suite ; augmentation de la demande de services de réparation de sorte que les dépenses totales *ex ante* demeurent inchangées. *Reste du monde* : diminution de 5 à 10 % de la demande de biens durables à l'horizon 2040, augmentation de la demande de services de réparation de sorte que les dépenses totales *ex ante* demeurent inchangées.	*Niveau mondial* : allongement de 15 % de la durée de vie à l'horizon 2030, niveau constant par la suite ; diminution de 10 à 20 % de la demande de biens durables à l'horizon 2030, niveau constant par la suite ; augmentation de la demande de services de réparation de sorte que les dépenses totales *ex ante* demeurent inchangées.
	Interdiction de certains plastiques à usage unique	*OCDE, UE* : élimination progressive du PP pour certains produits de consommation à l'horizon 2030. *Reste du monde* : aucune.	*Niveau mondial* : élimination progressive du PP pour certains produits de consommation à l'horizon 2030.
	Substitution des plastiques	*OCDE, UE* : réduction de 17 % de l'utilisation de plastiques dans la production à l'horizon 2030 et augmentation correspondante de l'utilisation d'autres intrants, niveau constant par la suite. *Reste du monde* : réduction de 8.5 % de l'utilisation de plastiques dans la production à l'horizon 2030 et augmentation correspondante du recours à d'autres intrants.	*Niveau mondial* : réduction de 17 % de l'utilisation de plastiques dans la production à l'horizon 2030 et augmentation correspondante du recours à d'autres intrants, niveau constant par la suite.
Augmenter le recyclage	Objectif de contenu recyclé	*Niveau mondial* : objectif de 30 % de contenu recyclé à l'horizon 2040.	*Niveau mondial* : objectif de 30 % de contenu recyclé à l'horizon 2040.
	REP pour les emballages, l'électronique, l'automobile et la confection	*OCDE, UE* : taxe sur les intrants plastiques de 300 USD/tonne à l'horizon 2030, niveau constant par la suite ; augmentation du recyclage de 30 points de pourcentage à l'horizon 2040 ; octroi de subventions au secteur des déchets en garantissant la neutralité budgétaire de cet instrument. *Reste du monde : aucune*	*Niveau mondial* : taxe sur les intrants plastiques de 300 USD/tonne à l'horizon 2030, niveau constant par la suite ; augmentation du recyclage de 30 points de pourcentage à l'horizon 2040 ; octroi de subventions au secteur des déchets en garantissant la neutralité budgétaire de cet instrument.
	Augmentation du recyclage dans la gestion des déchets	*UE, Japon et Corée* : objectif de taux de recyclage de 60 % à l'horizon 2030, 80 % à l'horizon 2060. *Reste de l'OCDE, Chine* : objectif de taux de recyclage de 60 % à l'horizon 2040. *Reste hors OCDE* : objectif de taux de recyclage de 45 % à l'horizon 2040.	*UE, Japon et Corée* : objectif de taux de recyclage de 60 % à l'horizon 2030, 80 % à l'horizon 2060. *Reste de l'OCDE, Chine* : objectif de taux de recyclage de 60 % à l'horizon 2040. *Reste hors OCDE* : objectif de taux de recyclage de 45 % à l'horizon 2040.

	Amélioration de la collecte des déchets plastiques	*Niveau mondial* : taux de réduction des pourcentages de déchets mal gérés à l'horizon 2040 conforme au scénario *Action mondiale sur le cycle de vie, Rigueur élevée*.	OCDE : réduction totale des pourcentages de déchets mal gérés à l'horizon 2040.
Fermer les voies de rejet	Amélioration de la collecte des déchets sauvages	*Pays à revenu élevé :* augmentation des taux de collecte de 5 points de pourcentage à l'horizon 2040. *Pays à revenu intermédiaire* : augmentation en fonction du revenu (proportionnelle entre les taux des pays à revenu élevé et à faible revenu, respectivement). *Pays à faible revenu :* augmentation des taux de collecte de 10 points de pourcentage à l'horizon 2040.	*Pays à revenu élevé :* augmentation des taux de collecte de 5 points de pourcentage à l'horizon 2040. *Pays à revenu intermédiaire* : augmentation en fonction du revenu (proportionnelle entre les taux des pays à revenu élevé et à faible revenu, respectivement). *Pays à faible revenu :* augmentation des taux de collecte de 10 points de pourcentage à l'horizon 2040.

Note : le degré de rigueur des instruments d'action assortis d'une date cible est établi par interpolation linéaire entre 2023 et la date cible.

Note

[1] Le scénario *Action mondiale sur le cycle de vie, Retardée* constitue une variante du scénario *Action mondiale sur le cycle de vie, Rigueur élevée* [*Ambition mondiale*]. Il modélise la mise en œuvre de l'ensemble de mesures du scénario *Action mondiale sur le cycle de vie, Rigueur élevée* sur une plus longue durée et se donne pour objectif l'élimination des rejets à l'horizon 2060.

www.ingramcontent.com/pod-product-compliance
Ingram Content Group UK Ltd.
Pitfield, Milton Keynes, MK11 3LW, UK
UKHW051644031026
15588UKWH00007B/1321